谨以此书纪念崂山小学六十周年校庆

山高水长

崂山小学成长记

娄 凤·编著

上海社会科学院出版社

图书在版编目(CIP)数据

山高水长：崂山小学成长记 / 娄凤编著 .— 上海：上海社会科学院出版社，2021
ISBN 978-7-5520-3537-7

Ⅰ.①山… Ⅱ.①娄… Ⅲ.①小学教育—教育研究—浦东新区 Ⅳ.①G622.0

中国版本图书馆CIP数据核字（2021）第058958号

山高水长
——崂山小学成长记

编 著 者：	娄　凤
责任编辑：	周　霈　陈　军
封面设计：	黄婧昉
出版发行：	上海社会科学院出版社
	上海顺昌路622号　邮编200025
	电话总机021-63315947　销售热线021-53063735
	http://www.sassp.cn　E-mail: sassp@sassp.cn
照　　排：	南京展望文化发展有限公司
印　　刷：	上海丽佳制版印刷有限公司
开　　本：	720毫米×1000毫米　1/16
印　　张：	17.75
字　　数：	252千字
版　　次：	2021年5月第1版　2021年5月第1次印刷

ISBN 978-7-5520-3537-7/G·1080　　　　　　定价：128.00元

版权所有　翻印必究

序：一个学校的生态

摆在我们面前的,是崂山小学校长写崂山小学的书。

崂山小学是一个不起眼的学校。上海的名校太多了。

但却是一个有内涵的学校。

我们随便看看几个例子。

学校的"小百灵口琴社团":获得上海国际艺术节口琴合奏邀请赛金奖、上海第四届学生艺术节"口琴项目"百花奖、上海市"三好杯"亚太地区口琴邀请赛三等奖、2019年第三届华夏口琴艺术节网络口琴大赛学生专场合奏金奖等殊荣。

学校的国际象棋:2017学年,学校的7个男孩获得"上海市棋协大师"称号。在上海市"阳光体育大联赛"国际象棋赛中,获得男子乙组团体第一名;上海市"国际象棋俱乐部联赛"获男子乙组个人第一名;2018上海市"少年儿童锦标赛"国际象棋赛获男子乙组团体第一名;2018上海市"智力运动会"国际象棋赛获小学组团体第一名……

学校的足球:"全国校园足球特色学校""浦东新区校园足球联盟学校",2017年浦东新区中小学生阳光体育大联盟足球升级赛中勇夺男子U11第二名,成功晋级浦东新区超级联赛;2017年参加"绿茵盟主"华东青少年邀请赛获得亚军……

学校的"小风铃手风琴社团":"上海市优秀手风琴社团新年音乐会"受邀单位,"上海手风琴社团朝气蓬勃奖";2019年"上海之春"国际手风琴艺术周——长三角地区手风琴团队展演大赛参赛单

位,演奏的《多瑙河之波》荣获"银奖"……

在这里,我看到的,不是一两个技能培训或知识积累,不是升学率、考试成绩,也不是所谓的特色教育或教育特色。

我看到的,是一个学校的生态。

好的学校应该是一个生生不息的生态圈,孩子们在里面个性化成长人格,老师们在里面自由的成就事业。

一个生态圈,需要阳光、水、土壤、适宜的温度。

崂山小学生态圈的阳光是什么?是理念,是"人人有才,人无全才,扬长补短,人人成才"的校训,是校训每时每刻的被贯彻。

崂山小学生态圈的水是什么?是责任感,是老师对学生、对教育、对自己职责的责任感和工作成就感,是他们细致入微地对学生能力和天赋的观察、发现、呵护和滋养。

崂山小学生态圈的土壤是什么?是老师、学生、家长共同构造的整体教育氛围。

崂山小学生态圈的温度是什么?是爱,是老师对学生的关爱,是学生对老师的敬爱,是同事之间的互帮互助,互相促进。

要打造这样的教育生态圈,需要一个理想主义的校长。

崂山小学的现任校长娄凤,我对她的第一印象,是十几年前我太太带回来一份校长告家属书,一般这类东西,我瞄一眼就放一边了,因为都是套话客气话。但是,这份一千多字的告家属书,我从头到尾看完了,看完后,对太太说:"你们校长很有水平啊!"

太太说:"我们校长很喜欢读书,每天都读书。文章也写得很好的。"

从此,我对这个不曾见过面的校长有了很大的好感。后来,见过校长几次,受邀参加过她们学校的几次活动,觉得娄校长谦和、大气,办学校有理念,有想法,更重要的是有教育理想和情怀。

我最看重的,就是一个人有无理想和情怀。没有,就是职业人;有了,就是事业人。

娄校长就是有情怀有理想的校长,事业人。

有了有情怀的校长,才会有有温度的学校。学校才能拥有这样的生态。

上海的名校太多了。但是,上海的名校和全国其他地方的名校一样,就判断教育的整体水准而言,意义不大。

崂山小学这样的普通学校,才代表着上海教育的水准和底色,体现着上海老师的素质和精神,呈现着上海教育的境界和成就。

是他们默默却激情洋溢创意不止的工作,给了我们真实的感动和信心。

鲍鹏山

2021年1月,于偏安斋

目　录

序：一个学校的生态 …………………………………………… 1

第一章　甲子华章从头越 ……………………………………… 1
  第一节　历经六十春秋的崂山小学 ………………………… 1
  第二节　奋斗中的成长与收获 ……………………………… 5

第二章　创建"新优质学校"：一把口琴一步棋 …………… 11
  第一节　铭记校训，人人成才 ……………………………… 11
  第二节　培养"四会"好少年 ……………………………… 16
  第三节　魅力口琴，活力校园 ……………………………… 20
  第四节　国际象棋："走好每一步" ………………………… 30
  第五节　快乐足球，闪亮少年 ……………………………… 34
  第六节　小风铃手风琴社团 ………………………………… 37
  第七节　向阳花街舞社 ……………………………………… 40
  第八节　"崂山春晚" ………………………………………… 42

第三章　强校良师优课程 ……………………………………… 54
  第一节　"青椒筑梦，寄望崂山" …………………………… 54
  第二节　师徒带教共成长 …………………………………… 59
  第三节　加强班主任和"三长"队伍建设 ………………… 77
  第四节　"崂山杯"教学竞赛 ……………………………… 86

第五节　倡导"研究兴教" ································· 91
　　第六节　多彩学科节和学科周 ························· 97
　　第七节　"一路书香，一生阳光" ·················· 104
　　第八节　开辟"崂山大讲坛" ··························· 107
　　第九节　师德，永恒的话题 ···························· 110

第四章　提升小学生阅读素养 ································· 119
　　第一节　区级课题研究阅读素养 ··················· 119
　　第二节　营造书香氛围 ····································· 122
　　第三节　阅读导读促发展 ································· 129
　　第四节　亲子阅读共成长 ································· 134

第五章　以特色德育引领素质教育 ························· 141
　　第一节　以诚信为基石，践行核心价值观 ··· 141
　　第二节　《崂山少年成长存折》 ························ 148
　　第三节　毕业典礼和孩子们的成长礼 ··········· 152
　　第四节　家书抵万金 ··· 155
　　第五节　"心系祖国，情系崂山" ···················· 159
　　第六节　汇聚成爱的海洋 ································· 168
　　第七节　浇灌"心灵花园" ································· 173

第六章　构建家校合作共同体 ································· 189
　　第一节　夯实家校合作根基 ··························· 189
　　第二节　充分的家校合作 ································· 194
　　第三节　热心负责的家长委员会 ··················· 197
　　第四节　开办家长学校，开展亲职教育 ······· 207
　　第五节　创新家校互动，实现家校共育 ······· 209

第七章　拥抱世界 ··· 218
　　第一节　赴港交流 ··· 218
　　第二节　宝岛台湾行 ··· 222

第三节　与青岛崂山华楼海尔希望小学结对 ………… 223
　　第四节　来自重庆的同行 …………………………… 227
　　第五节　"海外课堂　英伦印象"访学之旅 ………… 229
　　第六节　登上悉尼歌剧院的舞台 …………………… 233

第八章　依法治校　民主管理 ………………………………… 238
　　第一节　规划引领 …………………………………… 238
　　第二节　依法治校 …………………………………… 240
　　第三节　赢在中层 …………………………………… 247
　　第四节　校长的管理风格 …………………………… 250

尾声　凡是过往，皆为序章 …………………………………… 266

后记 ……………………………………………………………… 270

第一章

甲子华章从头越

1961年11月正式创办至今，崂山小学历经六十春秋，一代代师生用心血赋予了"崂山小学"四个字越来越丰富的内涵，交出了满意的成绩单。

第一节 历经六十春秋的崂山小学

浦东新区崂山小学原名黄浦区崂山路第二小学，1960年由黄浦区教育局筹建，1961年11月正式创办。教学大楼建筑面积2 443.6平方米，拥有24个常规教室、4个辅助教室。建校初期，教学设施齐全，各项工作步入正轨。

1983年以来，学校积极有序地进行教育教学改革，在老校长武金凤老师的带领下，以不断提高管理水平和教育教学质量为目标，全校师生共同努力，1986年11月通过了黄浦区教育局合格校的检查、验收。

浦东新区成立以后，1993年学校更名为浦东新区崂山西路小学。1994年初，全校各授课教室均添置了"两机一幕"，实现电教化，改善了办学条件。学校还创造性地利用大楼屋顶，开辟了一个600平方米的敬师苑和苗苗圃，使各班级都有一畦种植的园地，开始摸索城市小学劳动教育的路子。学校鼓号队的成立、国际象棋和口琴的普及，已成为学校的办学特色。1996年5月校口琴队亮相浦东新区首届中

图1-1-1 陆家嘴校区教学楼

小学生艺术节开幕式,200名国际象棋小棋手参加"奔向2000年,千对棋手群英会",首次对大众展示了我校的办学特色。

  随着改革开放的进一步深入,陆家嘴地区居民人口的导出,学校规模逐渐缩小。学校以改革为动力,以特色为重点,以质量为目标,扎扎实实地开展各类教育教学活动。期间,我校的"小学家校合作的实践研究"被批为浦东新区区级课题,促进了学校、家庭及学生的共同成长。"感动崂西"好人好事评选活动范围也由原本的校内评选,扩展到家长共同参与。同时,邀请全校家长观摩学校年度迎新活动——"琴声悠扬,伴我成长"口琴音乐会,在宣传学校艺术教育特色的同时,也让家长们感受学校艺术教育的氛围。

  2004年9月,学校有学生300余名,教工44人。目前,学校有学生1 294人,在编教工98人。共有39个教学班,其中陆家嘴校区14个班,周浦校区25个班。

  2011年8月承办了周浦校区,整体兼并了原栖霞小学后,崂山西路小学从此更名为崂山小学(陆家嘴和周浦两个校区)。陆家嘴校区

图1-1-2 周浦校区校门

地处浦东小陆家嘴金融贸易区——陆家嘴街道(南泉北路300号),区域内名校林立,教育资源优质、丰厚,学校周边交通便捷,毗邻地铁二号线东昌路站。周浦校区地处大浦东腹地周康地区——周浦镇(康浦路111号),毗邻地铁十六号线周浦东站。陆家嘴校区占地面积4 050平方米,体育用地1 000平方米。周浦校区占地面积16 389平方米,其中操场占地面积4 988平方米,集中绿化面积3 760平方米。硬件设施已完善,两校区所有教室都配备了多媒体设备,电脑房、实验室、美术室、音乐室、图书馆、录播室、安全体验室、体质测试室、心理健康室、国际象棋室等共26间专用教室。学校现有电脑380台(平板电脑80台),图书5万余册,空调86台,专用教室和办公室全部安装了空调,配备了饮水机。学校中心机房有两间,校园WIFI和监控全覆盖,食堂明厨亮灶正常投入使用,LED大屏幕共5个,学生室外活动场地充足。

我校教师队伍是一支充满朝气与活力的团队,我们积极培育优秀教师、青年教师,确保了教师队伍的稳定与发展。其中35岁以下

图1-1-3　2021年3月崂山小学教师大合影

的青年教师66人，占69.5%。近年来，学校已基本形成了区、校两级骨干教师梯队，骨干教师在各自岗位上充分发挥引领、带教作用，为青年教师的培养做出了贡献。

学校形成了规范、民主的办学文化。学校重视依法治校、以德立校，从建立健全各项规章制度，到加强师德建设，再到紧抓教育教学常规工作，不断完善民主管理。学校管理工作不断向规范化、制度化和科学化迈进。

崂山小学自1961年建校以来，历经六十春秋。一代代"崂山人"用心血赋予了"崂山小学"四个字越来越丰富的内涵，这种内涵是一代代崂山教师勤于耕耘的精神动力，是莘莘崂山学子乐于学习的不竭源泉；这种内涵是"崂山"的教育精髓，是"崂山"的文化传承！回顾崂山小学发展历程，几辈"崂山人"不辞辛劳，甘于奉献，用青春谱写了崂山小学教育的动人乐章。让我们衷心地向在崂山小学工作过的所有领导、教师和员工致敬！

历任校长和书记如下：

历　任　校　长	历　任　书　记
杨广成（兼）　1961.11—1966.9	杨广成　1961.11—1966.9
郭超英（副）　1961.11—1973.9	朱寅坤　1966.11—1973.1
张荩业　1962.9—1966.11	王志囡　1973.9—1978.9
翁传森（兼）　1978.9—1982.9	翁传森　1978.9—1988.2
王秀珍（副）　1982.2—1985.1	武金凤（兼）1988.2—1989.9
武金凤　1985.1—2000.1	刘玉梅　1989.9—2002.12
史美芳（副）　1991.9—1996.7	娄　凤　2001.10—2004.3（主持工作）
卫　方　2000.2—2004.3	娄　凤　2004.3—2004.9
娄　凤　2004.3至今	张婉娣　2004.10—2006.8
	陈　红　2006.9—2007.7
	娄　凤　2007.8—2011.7
	俞建明　2011.8—2015.10
	娄　凤　2015.11至今

注：1966—1976年"文化大革命"期间，工宣队进驻，王志囡、朱寅坤曾任学校负责人。

第二节　奋斗中的成长与收获

学校重视家校合作，近年来以区级重点课题"构建家校学习共同体，提升小学生阅读素养的行动研究"为引领，开展学生阅读素养研究，在师生、家长们的共同努力下，学校先后获得了诸多荣誉称号：① 全国足球特色学校（周浦校区）；② 上海市家庭教育示范校；③ 上海市依法治校示范校；④ 上海市花园单位（周浦校区）；⑤ 浦东新区新优质学校；⑥ 浦东新区素质教育实验学校；⑦ 浦东新区心理健康示范校；⑧ 浦东新区体育传统项目学校（国际象棋）；⑨ 浦东新区优秀家长学校；⑩ 浦东新区健康促进学校；⑪ 浦东新区戏剧传承学校（陆家嘴校区）。学校办学质量的稳步提升，更是赢得了家长、

图1-2-1 2021年陆家嘴校区教师合影

图1-2-2 2021年周浦校区教师合影

师生的信任和社会的赞誉。在学校党政工的领导下，经返聘教师唐莲妹的努力，全体老同志的鼎力支持，现有257名退休教工组成的庞大的崂山退管会大有作为，曾先后荣获浦东新区"模范退管会""星级模范退休教工之家"等荣誉称号。

2017年9月，浦东新区人民政府教育督导室组成13人的督导评估组，对浦东新区崂山小学进行了发展性教育督导评估。

督导组认为，崂山小学积极践行"人人有才，人无全才，扬长补短，人人成才"的校训，致力于培养"会求知、会做事、会生存、会共存"的"四会"学生，管理团队团结合作，积极奋进，不断优化办学策略，由重点项目突破、引领，向学校文化建设及浸润迈进，推动了学校教育稳步发展、办学质量稳步上升，成为深受百姓欢迎和称誉的家门口的"新优质学校"。作为地处浦东中心区域的学校，跨越了艰难办学、稳中求升、规模壮大的三个阶段，已经成为拥有两个校区、31个班、1 200多名学生、近90名教职工的大型学校。实现了师资、课程、活动、项目的统一配置、统一要求、统一评价等管理机制，为区域教育均衡化发展发挥了良好作用。学校课程建设规范、有序、有效，以"文化浸润"为主题，以开放、多元为目标，积累课程经验，促进师生共同成长。德育工作以课题研究为引领，德育实践有实效，积极创建多种平台，通过多样式的民主互动，促使学生在参与体验中获得感悟和成长。同时，重视青年教师的培养，不断提升青年教师自主发展的意识和专业发展的能力，取得较明显成效。

督导组对学校申报的个性特色"培养艺体特长，构建活力校园"予以认定，认为学校的主要成绩与特色有：

一、探索构建家校合作共同体，打造"新优质学校"

学校制订并积极启动主题为"构建家校合作共同体，促进学校优质发展"的"新优质学校"创建方案。在充分分析学情、校情的基础上，坚持以"融合"与"发展"为目标，以市级、区级龙头课题"小学开展亲子活动的实践与探索"和"构建家校学习共同体，提升学生阅读素养的研究"为引领，重视学校教育与家庭教育、社会教育的整

合，利用"父母效能训练指导课程"和家委会参与学校管理等手段，充分发挥家校联动作用，发掘家长资源为学校课程建设服务，提升家校共育能力，助推学校稳步发展。学校积极为均衡化教育作贡献，在周浦地区开办崂山小学分校，办学规模和成效不断提高，深受周边百姓欢迎，实现了新优质学校的跨越，社会效应不断扩大。

二、扎实推进课程实施，形成鲜明艺体特色

学校组织全体教师学习各学科课程标准，提升了教师的理论水平，在潜移默化中建立起正确的教学观、质量观和师生观，引导教师依据课程标准规定的内容和要求，组织教学管理，展开教学活动。结合教材内容和学生实际，编制"学期课程实施计划表"来规范教师的课堂教学行为，并在规范的基础上走向优质和个性化。组织开展"梦想从这里起航"崂山小学一年级准备综合活动评价和"崂山农庄快乐游"期末学业评价。三至五年级试行、推行学科等第制评价。一、二年级不布置回家作业，三至五年级严格控制作业时间和作业量。通过"精心设计作业方式，开展表现性评价"等专题研究，完善一至五年级语、数、英学科的《有效作业》的编制、出版和使用。

学校积极传承发展学校的艺体特色项目，促进了学校艺体特色的不断深入创建，形成了鲜明的艺体特色。传承传统的口琴特色项目，遵循"普及与提高相结合"的原则，开发了"口琴"校本课程，列入音乐课教学内容，开展口琴吹奏方法的指导与普及，实现"人人会吹口琴"的目标。在此基础上，学校组建"小百灵"口琴社团，聘请上海口琴会会长陈宜男老师定期开展辅导，并开展特种口琴的学习，提升学生演奏水平与审美能力；学校每年举行新年口琴音乐会，被师生亲切地称为"崂山春晚"，充分展示了口琴学习成果；同时，引进手风琴专业音乐特色教师，在一、二年级学生中开设少儿手风琴启蒙教学课程，促进了学校艺术特色课程的延伸，更丰富了校园艺术文化生活；传承传统的国际象棋特色项目，开发校本课程，在一、二年级中开展国际象棋教学，实现"人人会下棋"的目标。在此基础上，建立校队，形成甲组、乙组年龄段梯队，积极承办、参与"上

海市国际象棋升级赛""上海市少年儿童国际象棋锦标赛"等比赛，屡获佳绩。同时，与上海市毅涛足球俱乐部合作，加入浦东新区"校园足球联盟"，引进足球专业教练，开设足球课程、组织校内集训、校外参赛，开展校园足球运动，促进体育特色课程的延伸，更丰富了校园的体育文化生活。

三、课题引领，创建平台，提升德育实效

学校以"在少先队活动中进行诚信教育的策略研究"课题为引领，不断完善《崂山小学行为规范分年级达标要求》和《崂山小学诚信守则》，签订"好习惯，我承诺"承诺书，开展队活动课、诚信辩论会、核心价值观歌曲表演等，学期结束或假期结束时由学生自评、家长评的方式，评选"诚信好少年"。学校德育工作每学年主题由学生、教师、乃至家长参与共同确定。如，通过征集家长对校名"崂山"的文化诠释，发动学生和家长设计LOGO、编写诗歌、制作小报等，层层参与，促使学生从中受到潜移默化的熏陶。

学校积极探索评价机制，自主设计《"崂山少年"成长存折》。学校将"好习惯，我承诺"、各项德育、少先队主题活动、各学科竞赛活动等都纳入"成长存折"，由师生、生生、亲子间展开评价，在"成长银行"里存入一枚枚大拇指奖章，引导学生开展自我管理、自我教育，培养学生逐步成为"四会"少年。

四、注重青年教师培养，提升新教师专业素养

学校鉴于新开设的周浦校区每年有一批新教师入编，青年教师比例逐年升高的现状，将青年教师培养作为师资队伍建设的重点工作，积极推进。一是选配师傅扶成长。每学年学校立足校情，为每一位新教师配备师傅，举行见习教师拜师会，签订"师徒带教协议书"。每一位新教师配备了两名师傅，分别在班主任工作、学科教学两个方面给予带教，使新教师一开始就有良好的起点。二是创设平台助发展。在妥善安排新教师参加区级见习教师规范化培训的基础上，积

极为青年教师创设多种锻炼的平台，如随堂互观课、组内研讨课、家长开放课、青年教师汇报课、"崂山杯"青年教师教学竞赛、校级骨干展示课，以及市、区级公开课等不同形式、不同范围的教学观摩与展示，尤其是自2012学年起，学校连年举办"崂山杯"青年教师教学竞赛，使青年教师在观摩中感悟，在实践中成长，有力地提高了青年教师的专业素养。

督导组建议学校聚焦"崂山文化"，充分体现"崂山文化"建设及浸润的要素，形成较为系统的目标管理体系；围绕规划目标，确立学校重点项目，使规划得以有序落地；合理、科学设置岗位，明确职责，提高管理队伍的专业素养和执行能力，向精致化管理方向迈进；加强学校课程的整体规划设计，构建具备"崂山文化"特质的学校课程体系；改进优化课堂教学行为，推进课堂教学效益的不断提升；制订学校骨干教师培养方案，促使青年教师快速成长；在周浦地区打造和弘扬崂山品牌，做大做强，加大辐射效应，开辟崂山品牌的新天地。

第二章

创建"新优质学校"：
一把口琴一步棋

学校提出明确的办学目标：师生、家长共同努力，把学校办成艺体特色鲜明、师生喜爱、家长放心、社区认可的百姓家门口的"新优质学校"。为此，学校努力落实"人人有才，人无全才，扬长补短，人人成才"的校训，培养"会求知、会做事、会生存、会共存"的学生，打造"向上向善，阳光合作"的校风、"敬业爱生，尚德博学"的教风、"好学善问，自信自律"的学风，营造浓郁的校园文化和"幸福、快乐、健康"的成长环境。

第一节　铭记校训，人人成才

每一位走进崂山小学校园的人，都能看到教学楼上醒目的金色大字"人人有才，人无全才，扬长补短，人人成才"。

金丹青老师回忆她2016年冬天第一次来到崂山小学陆家嘴校区面试时，一看到这句校训就非常感动："原来这所学校可以人人有才，能看到每个学生身上的闪光点啊。简简单单的一句校训，它所传达的教育理念，击中了我的心，让我对崂山小学留下了些许期待与向往。"

我们可以发现，在课余时间，经常能听到校园里传来悠扬的口琴声，见到孩子们在足球场上热情奔跑的身影，还有教室里认真对弈的场面……那个时候，她常常在心底感叹：我们的学生真幸

图2-1-1　2020年，陆家嘴校区学生参加浦东新区学生广播操比赛

福！学校给他们提供了多种不同方向发展的可能性。每一位"崂山人"努力践行着校训，挖掘每一位学生的潜能，将每一位学生培养成才。

后来成为班主任的金老师，通过深入地了解自己班级中每一位学生的性格、特长、不足等，对校训有了更全面的感悟：

金老师班级中有一个女生（暂且称她为小A同学），尽管学习很认真，家长在家也常常辅导她，但她在独立练习时结果总是不太理想。面对这一状况，金老师从未批评过她，因为她的学习态度是值得肯定的，只是抽象思维较弱，心理压力过大。相反，金老师发现她的形象思维较强，在绘画方面有突出的能力，构图和色彩搭配总能让人眼前一亮。于是，当学校有一些绘画方面的活动时，金老师总是第一个想到她，鼓励她在绘画领域绽放自己的光彩。在家长的支持与配合下，暑假期间，小A同学参加了"我们的新时代"艺术作品绘画比赛，交出了一份让同学们赞叹不已的画卷。

金老师从小A同学脸上洋溢着的灿烂笑容中更加明白：作为教

师,善于从学生的身上找到长处,找到其成长、发展、成才的闪光点,加以发扬光大,扬长避短,鼓励和激励他们上进是多么的重要。身为人民教师,首先要相信每一个孩子都有闪光之处,否则,那一定是还没有被发现。每一个孩子都是一个宝藏,只要我们善于观察、善于发掘他们的潜能,他们一定能给我们带来惊喜。

杨燕燕老师也始终坚信每一个学生都有闪光点,作为老师要善于发现他们的闪光点,并鼓励他们做得更好。从事美术教育十年有余,杨老师教了许多"崂山娃",她回忆道:"有一名学生使我久久难忘,正是因为他,我知道了如何正确地去对待每一个学生。"

这名男同学在班级里是以调皮捣蛋出名的,经常违反课堂纪律。有一次杨老师非常气愤地批评了他,这位同学从此不再听她的课,上课时不是看童话书就是趴着睡觉。

"过了一段时间后,有一次上课时,学生们在画画,我在他们中间巡视指导着,当我走到这名学生桌边的时候,正巧他桌子上的文具盒掉在了地上,我当时也没有多想,就弯腰把文具盒捡了起来,放到了他的桌子上,没想到就是这样一个无足轻重的举动竟改变了我和他的关系。"杨老师抓住契机,不断地鼓励他。"我也总是有意识地对他进行一些指导和帮助,并且鼓励他参加一些绘画活动及比赛。每次他都能在比赛中取得好成绩,令我欣喜。原本不喜欢学习的他也因此爱上了其他学科,各科的学习都积极主动起来了,不但如此,原本一个十分调皮的学生居然也能在各学科的比赛中都有获奖,真是令人不敢相信。"

陶行知有过这样的比喻:"培养教育人和种花木一样,首先要认识花木的特点,区别不同情况给以施肥、浇水和培养教育。"陆丽佳老师一直以这样的教育观念来指导、鞭策和反省自己。作为一名青年教师,她时刻以校训督促自己,把"人人有才,人无全才,扬长补短,人人成才"的校训理念贯彻在平时的教育教学工作中。"校训犹如一面旗帜,引领着我不断成长和前进。"她认为,一名教师应注意营造出一种宽松、和谐的教育氛围,拓宽教育渠道,不断增强教育效果,关注学生的身心健康,培养学生健全的人格,注重学生的个性发展,致力于学生的灵魂塑造。面对我们学校的随迁子女们,需要付出

更多的耐心和爱心来教导他们,把孩子内在的东西调动出来,为他们提供展示自我的舞台,让他们能真正地去实现自我。

陆老师认为,"人人有才"的校训告诉我们,学生在学校里不仅仅只是读书,还要发掘培养不同的兴趣爱好……学校的"国庆诗歌朗诵活动""六一爱心义卖""学科(节)周"等活动以及口琴社、手风琴社等社团活动,丰富了学生的校园生活,陶冶了学生们的性情,培育了他们真善美的情感。

学生培养得怎么样,要看拿什么尺子去衡量,以什么眼光去发现。一段时间以来,以分数贴标签的做法屡见不鲜,千篇一律的应试模式抹杀了学生成长的个性。过度关注学习好的学生,导致很多学生被忽视、被遗忘,班级里总有被视为"差生"的学生,他们对学习不感兴趣、学习成绩差、爱玩游戏、不听父母的管教。陆丽佳老师坦言:面对这样的孩子,一开始也不知所措。

小方就是这样一个孩子,他沉迷于电脑游戏,学习成绩差,不服父母的管教,经常和家长之间爆发冲突。观察该生一段时间后,我决定对该生动之以情,晓之以理。在班会课上,我给学生们播放了《放牛班的春天》,让孩子们知道每个人都是独一无二的,都有自己发光的一面,都有自己的特点,小方也是如此。经过细心观察,每节体育和体锻课,小方都非常活跃,积极参与。正值学校的班际足球赛,我决定选小方代表班级参赛,小方先是有些错愕,继而表示一定踢好这场比赛,为班级争得荣誉。比赛当天,小方早早地来到学校,和同学们确定比赛战略;绿茵场上,小方竭尽全力,和同学们配合默契,最终为班级赢得了荣誉。经历了这场足球赛,小方也在慢慢蜕变,上课时不再懒洋洋的了,课后主动帮助老师整理运动器材,整个人都阳光了起来,还立志长大后成为一名体育教练。

小方的案例诠释了"人无全才,扬长补短"的校训。小方也许不是传统意义上的"好学生",但他依然有着珍贵的闪光点,他热爱运动,能与同学友好相处,有集体荣誉感。每个学生身上都有自己的闪光点,如果教师能把握好,闪光点就会成为学生进步的起点;教师要善于用宽容的双眼去发现学生身上的闪光点，切忌一叶障目，也许一块顽石就会变成一块金子。

"白日不到处，青春恰自来。苔花如米小，也学牡丹开。"清代诗人袁枚的这首诗启迪我们：教育的目光不能总是盯着花园里耀眼的牡丹花，而要更多投向墙角处不起眼的苔花。事实上，牡丹也好，苔花也好，都应当给予悉心呵护、精心浇灌；公平公正对待学生，让每一个孩子都能够快乐成长，成为有用之才。始终秉持"人人有才，人无全才，扬长补短，人人成才"的校训理念；给予学生们更多的尊重和理解，更多的信任和激励，让他们的闪光点和特长能够通过教育引导，实现更大的突破，才能为他们的人生提供更多出彩的可能。

每天清晨，金艳芝老师总是早早就到校了，收拾教室、开窗通风，准备得妥妥的……偶然间，她发现班级里有些孩子早上来得特别早，只能在校门外闲逛。经过了解，他们大多都是因为父母上班时间早，无人接送。"我欣然向家长们提出由自己来看护孩子，一来可以保障孩子的安全，二来可以辅导辅导孩子学习。就这样，二年级的深秋，三个孩子每天早晨在我身边开始学习。我给孩子们复习没有掌握的课文，也帮助他们解决数学难题、拼读英语单词，俨然成了他们的家庭教师。"

其中有一名女孩儿"小付"，性格内向，做事、写字动作都非常慢，她妈妈为此特别担心。虽然，小付的各科成绩没有什么明显的起色，但渐渐地，金艳芝老师发现原来她的表达能力还是很不错的。"由于她上课不太主动回答问题，三年级前，她的这个优点并没有表现出来。直到有一次，当堂作文练习，她写了一篇《我和妈妈》的作文，令我惊讶不已。可以说这样的语言表达能力是老师之前没有想到的——语言流畅，生动、形象，超过了三年级学生的普遍水平。每个孩子都是一块金子啊！我立刻意识到必须抓住这个机会，好好鼓励她。于是，在一次下午的语文课上，我第一次在课堂上把小付的作文当作范文念给了大家听。同学们无不感到新奇，个个竖着耳朵，要仔细聆听一番！我用余光观察到小付绯红的双颊，似乎感受到了她的心跳，她是害怕？是兴奋？我用最深情的声音念了起来，想要给她

一些自信。当同学们认真倾听,又时不时露出了欣喜的神情时,小付也坐直了身子,盯着讲台的目光渐渐变得坚定起来……不到四百字的文章,仿佛让每一个人都重新认识了小付。"

这一刻,金艳芝老师非常欣慰,因为她再次想起了崂山的校训,并坚信:只要我们用心发现,孩子的每一个小小的闪光点都可能成为他人生的转折点。

第二节　培养"四会"好少年

崂山小学对学生的培养目标是:培养"会求知、会做事、会生存、会共存"的学生。

学会求知:养成阅读好习惯,好学善问肯钻研;

学会做事:勤劳笃行乐奉献,勤俭节约护家园;

学会生存:明礼守法讲美德,自强自律健身心;

学会共存:诚实守信有担当,孝亲尊师善待人。

《崂山小学"四会"少年标准》以及分年级的培养目标于2015年10月29日学校少代会闭幕式上表决通过了。

一年级	学会求知	上课认真听讲,大胆发言
		学习和生活遇到问题,先思考后请教
		课余参与亲子阅读,感受阅读乐趣
		学会国际象棋的走法和基础搏杀方法
	学会做事	在校能独立完成学习生活的自理(用餐、系领巾、绑鞋带、如厕、保管个人物品等)
		在家个人生活能自理,自己的事情自己做
	学会生存	学会管理自己的学习用品
		养成良好的个人卫生习惯(衣着整洁、勤洗手、勤剪指甲等)
	学会共存	遵守课间休息秩序(不奔跑、不大声喧哗、上下楼梯靠右走等)
		遇人主动打招呼,融入并适应班级集体生活

（续表）

年级		
二年级	学会求知	上课开动脑筋,积极参与讨论
		课后及时完成作业,书写工整
		积极参加读书交流,分享亲子读书心得
		能完整吹奏口琴音阶,能演奏简单的小乐曲
	学会做事	每学期担任班级中的一个服务小岗位（值日生、午餐管理员、节电员等）
		在家能承担两件力所能及的小家务（扫地、倒垃圾、叠被子、为长辈、客人端茶倒水等）
	学会生存	能准确表达自己的需求
		养成每天锻炼身体的好习惯
	学会共存	参加各项活动能守纪律,有集体荣誉感
		尊敬师长,会用礼貌用语
三年级	学会求知	养成课前预习、课后复习的好习惯
		积极参加拓展活动,培养一项兴趣爱好
		在阅读中积累优美词句,逐渐养成独立阅读习惯
		学习掌握国际象棋的基本搏杀技巧和常用的技术
	学会做事	每学期承担一次少先队服务工作（升旗手、小蜜蜂监督员、礼仪监督员等）
		热爱班级,主动为同伴服务（布置班级环境、图书管理、假日小队等）
	学会生存	掌握基本逃生技能,会拨打紧急电话
		合理使用零花钱,养成勤俭节约的好习惯
	学会共存	同学之间相互关心,会感谢别人的帮助
		会控制自己的情绪,有烦恼学会向身边人倾诉
四年级	学会求知	能为自己制订一份学习计划,明确学习目标
		阅读中外名著,完成读书心得
		学做读书笔记,开展自主阅读与交流
		会进行二声部演奏,自主学吹歌曲,并参加一次口琴表演活动

(续表)

四年级	学会做事	有责任心,答应别人的事要努力做到
		在队活动做一次小主持(十分钟队会、主题班会、假日小队活动等)
	学会生存	学会一项生活技能(买菜、烧菜、洗衣服等),自主解决生活中遇到的小困难
		虚心接受别人的意见,有错必改
	学会共存	尊重他人,善于发现别人的长处
		真诚待人,讲诚信,守承诺
五年级	学会求知	善于总结学习经验,与他人分享自己的学习方法
		热爱科学,能参加一次科技实践活动
		会做读书笔记,参加读书沙龙活动
		积极参加口琴、国际象棋各类比赛及社会活动
	学会做事	会明辨是非,看到不文明的现象能及时制止
		学做小小志愿者,积极参加社会实践活动
	学会生存	提高安全意识,掌握自护自救的小本领
		遵守社会公德,做合格小公民(爱护公物、遵守交通法规、遵守公共秩序等)
	学会共存	学会与伙伴合作,共同克服困难、解决问题
		关爱他人,向需要帮助的人献一次爱心

　　夏丹老师对"四会"有着独特的理解,她认为,"学会求知",除了教孩子知识以外,更重要的是教给孩子科学的学习方法。正如著名的科学家达尔文和哲学家笛卡儿都指出的"最有价值的知识是关于方法的知识"。"学会生存",则是以"学会求知"和"学会做事"为基础,是培养人的人格,并能以不断增强的自主性、判断力和个人责任感来行动,如"寒假自我能力培养"引导孩子寻找一个"家庭小岗位",主动承担力所能及的家务劳动,培养生活自理的本领,争做"自理小能手",养成热爱劳动的良好品质。在"传承劳动精神,致敬抗疫先锋"的劳动教育周活动中,学校开展了"小岗位,大成长"劳动

习惯21天养成计划,以"好习惯,我承诺"活动为载体,激励学生以承诺的形式签订"家庭劳动小岗位"承诺书,在家主动完成力所能及的家务,感受劳动的快乐,督促学生养成参与家庭劳动的好习惯。并结合"家长讲师团",让爸爸妈妈们用真实的劳动教育故事,培养学生学会一项劳动技能、体验劳动的艰辛并享受收获的快乐,从而把"劳动最光荣"思想扎根于学生的心灵深处。

"学会共存",正是反映时代特征的教育目的。从学会生存到学会共存,教师要重视对学生的道德价值观念的培养,不仅要培养他们的基本生活技能,更要培养他们的社会责任感。大队部组织队员讨论制定了学校"学会共存"的目标:能积极参与学校和社区活动,学会互相帮助,学会与他人合作,共同解决困难,学会控制自己的情绪,关爱他人。围绕这个目标,学校开展了一系列的活动,如每学期寒暑假,学校都会组织学生积极参加家庭所在小区的社会志愿者活动,填写《志愿服务记录卡》,假日小队活动也经常在社区开展,如"我与节俭交朋友"活动,队员们向社区居民开展节约用水、用电、用气、用钱的宣传。班级也是个"小社会",在班级中,班主任们注重对学生集体荣誉感进行培养,要求每个人都要为"集体"出一份力,让每个孩子学会发扬自己的优点,善于发现别人的长处,懂得在人与人的相处中尊重他人,真诚待人。

徐雪华老师认为,小学生学会求知是一项非常重要的能力,而作为老师,我们有责任去帮助学生获取这种能力。现在的学习首要的不是知识本身,而是要具备获得知识的能力、方法和技巧,即学会掌握知识的工具,学会掌握认识的工具,掌握终身学习的工具,同时学会掌握应用知识与实践的手段。

作为一名数学教师,徐老师在教学中很注重培养学生数学核心素养——自主探究能力,按照教育学家叶圣陶先生提出的"教是为了不用教"为目标,改革教学方法,使学生由"学会"转化为"会学"。如在"三角形面积计算"的教学中,课前徐老师让每位学生自己准备一样的锐角三角形、直角三角形、钝角三角形各一对,课堂上让学生分组合作进行"剪""拼""移"等活动,然后各小组交流、讨论后,最终归纳出三角形面积的计算公式。整个学习过程以学生自主活动为主,教师作为引导者、组织者把数学学习的主动权交给学生,鼓励学生积

极参与，大胆探索。学生经过动手操作，用"剪""补""拼""移"的方法来推导出了三角形的面积计算公式，尝到了成功的喜悦，真正当了一回"小创造者"。我们的教学就是要让学生感到数学课的有趣，并为今后学习深层次的数学奠定基础。此外，学生的学习兴趣是培养他们自主探究能力的关键，而学会求知的根本就是要有自主探究能力。

成磊老师记得，三年级时班里有一名女孩子，她的周记本上面赫然写着："在今天这么重要的日子里，父母依然无动于衷，就好像我从这个世界上消失了一样。真想从这个世界上消失，活着真是一点意思都没有……"多么令人担心、害怕的文字啊！成磊老师马上找到这名女孩，和她进行了一次谈心。

原来是她家中有了二宝，父母对老大的关注就少了，平日的问候变成了敷衍，甚至之前的拥抱也消失无踪。这次连最重要的她的生日也忘了，把关爱全都给了刚出生的妹妹。生日的第二天，她赌气连早饭也没吃，就想看看父母的反应。令她失望的是父母一点反应也没有，于是她把这些都写进了这次的周记里。

"学会生存"不正是我们学校对于学生的要求之一吗？成磊老师切实地感受到开展"生命教育"的紧迫性和重要性。

成磊老师组织了一次主题为"生命教育"的班会。接下来，成老师又任命她当了小组长，负责收发作业。在别人看来"芝麻绿豆的官"，可她竭尽自己所能去做好，周围同学渐渐把她当成了榜样，成老师也见到了她久违的、甜甜的笑容。

"学会生存"就是要教学生过好当下的生活，知道生命的价值和意义，从现实出发去追求未来的幸福。成老师认为，孩子的成长路上总有许多的坎坷，成年人往往无法理解其中的难处。教会他们生存，就要让他们明白自己是世界上独一无二的，这是他们人生起航的第一步！

第三节　魅力口琴，活力校园

为了让孩子在校园里度过自己最美好的童年，学校精心设计艺术活动，搭平台让孩子展示自己的"十八般武艺"。我们有一支训练

图2-3-1　2015年,陈宜男老师在周浦校区指导学生口琴

图2-3-2　2020年,陈宜男老师在口琴塑像前给校口琴队员们讲故事

有素、专业能力十分强的鼓号队，是浦东新区的第一支鼓乐队，创立至今已有20余年，曾连续获得多届浦东新区鼓号大赛金号奖、银号奖。自1994年始，学校将国际象棋、口琴引入校园，还有一个"小百灵"口琴社团。此外，我校还有手风琴、街舞、足球等社团，丰富多彩的社团活动使学生增添了自信、展示了活力。

褚婷婷老师曾充满诗意地写道：

课间，总会看见同学们在教室、走廊或者室外休息区吹奏口琴。同学们都想把小小的口琴放在一个安全的地方，可又总会情不自禁地拿起它，放在嘴边轻轻吹着，好像是聆听风抚过的声音。把口琴放在包里，把它装在心里，总感到包里沉沉的，也总感到心里似乎珍藏着一件美好的往事。一段故事，一支口琴，正编织着一篇童年的乐章。

若是问孩子们，如果你独自旅行，如果你只能带一样供自己娱乐的物品，你会带什么？也许有的孩子会选择一台照相机、一本笔记本、一本画册。但是我们"崂山娃"会毫不犹豫地选择一支口琴。

我们坚信：学好口琴，既能带来美妙的音乐，也能带来无穷的乐趣，快乐时吹，伤心时也可以吹。

每一次呼吸，

都是一个最完美的音符，

风吹来校园花朵的芬芳，

所有美好记忆的归处，

是我们每一次的精彩演出。

随着校长妈妈指挥的手轻轻扬起，几十名学生和老师，用几十支精致的口琴完美演绎了一首首曲子，这一刻，"崂山人"在梦想的舞台上如花绽放。让我们共同祝愿孩子们以学校为起点，争取迈入更高的艺术舞台，再创辉煌。期待崂山小学的艺术教育璀璨绽放！期待孩子们健康成长、积极向上，实现"崂山之梦"！

当太阳越过地平线，

微风带着花香拂过青春的面庞，

图2-3-3　2013年,我在音乐学院贺绿汀音乐厅指挥师生口琴队

　　生命在春天里积蓄能量,
　　然后静静等待着绽放。
　　春水初生,春林初盛,
　　春风十里不如我在"崂山"——遇见你。

　　轻便的口琴,是众多乐器中较容易学习的,只要懂得音阶、练好呼吸,并加以练习,很快就能吹奏自如。现如今,它凭借着优美的音色、小巧的身躯,征服着大批的"崂山学子",在校园艺术文化的熏陶下,不断有孩子加入"口琴爱好者"之列。在崂山小学的校园里,小伙伴们聊到口琴就会眉飞色舞,只要是有琴声的地方就充满着无限的欢乐。

　　我校积极实践素质教育,开展口琴特色教学20余年。我们以口琴活动为抓手,深入开展艺术教育活动。自2003年开始,学校正式将口琴探究课排入课表,在低年级音乐课堂全面普及口琴教学的基础上,挑选优秀学员和热爱口琴吹奏的学生加入社团。口琴是学校音乐课的必修项目,每年一年级的学生都会收到学校赠送的口琴,因此每一名崂山学生都会吹奏口琴。一般来说,每名学生每年都能学会3至4首乐曲。通过学习口琴,也让孩子们具备了一定的音乐素

养。每年年底，学校都会以"新年音乐会"为契机，开展校级口琴展示活动，真正做到了"班班有琴声"。

我们以学生发展为本，努力提高教师的艺术教育理念，提高学校艺术教育工作的管理水平和教育水平，为开创学校特色做出了贡献。2007年3月，学校被命名为浦东新区艺术教育特色学校，学校还是"上海市口琴会"的实验基地。我们以"人人会吹口琴"的艺术教育理念，致力于丰富学生的艺术生活，使口琴特色在新区乃至上海市拥有了良好社会效应。

我们将口琴特色与少先队争章活动相结合，设立口琴章；将评价的权利交给学生，由音乐教师和班级选举产生的两位学生组成考章三人组，由考章评委根据学生吹奏情况给出Yes或者No，只要有两票Yes即认为考章成功。为了激励学生对于口琴的兴趣，我们还在"六一"表彰中增设"口琴小达人"这一表彰项目，经班级、年级至学校，层层选拔，以激励一批口琴吹奏的佼佼者，鼓励更多的学生发扬学校特色，以此推动学校特色进一步发展。

在全面普及的基础上，学校还非常重视特长生的培养，为此学校成立了"小百灵口琴社团"，社团活动坚持面向全体、培养特长、提高素质、讲求实效，以全新的观念、科学的方法，使学生得以全面和谐的发展。学校出资购置训练用服装、爵士鼓、特种口琴、手风琴等，丰富训练内容，提升学生的演奏水平。通过组织社团成员定期排练、外出比赛、演出等活动，为孩子们提供了了解、感受音乐，提高审美能力，丰富舞台表演体验的机会与平台。"小百灵口琴社团"特邀上海市口琴会会长陈宜男老师深入第一线，对社团成员进行手把手的教学指导。在两校合并、开设分校后，我们还吸纳了许多青年教师加入口琴的团队，为在青年教师中普及、推广特色，以教师的发展带动学生的发展，我们成立了"崂山青年教师口琴队"，创设校园艺术氛围，提升师生的艺术素养。

满怀着对口琴艺术的热爱及对教育事业的真诚，1994年陈宜男老师应邀踏入了崂山小学校园。这一来，就坚持了二十余年！陈老师站在三尺讲台，用真诚和爱心浇灌着一棵棵幼苗茁壮成长，先后教导了不下三千名学子。

陈老师，是已故口琴大师陈剑晨先生的女儿。1935年，陈剑晨先生斥资成立了上海口琴会，迄今已有86年的历史了。1980年，陈老师接过了会长的接力棒，父女两人继续推广着口琴教学艺术，全国各地都留有上海口琴会人的足迹。

小小的一把口琴，陈老师吹了一辈子，她将自己毕生都奉献给了自己钟爱的口琴事业。陈老师说："我只希望中国内地的口琴艺术继续传承，发扬光大。"

或许没有人能想到，站在台上痴迷口琴的陈老师已经拄了很久的拐杖。由于长期站立授课，陈老师的膝盖骨已经严重变形，膝盖僵硬、不能弯曲，疼痛不已。医生叮嘱陈老师一定要换成人工膝盖，不然很可能以后不能行走。从2004年起，医生就劝陈老师尽快开刀，但陈老师总是说："我要去学校给孩子们上口琴课，实在没时间做手术。"一拖就是十余年。

多年来，陈老师始终坚守在口琴教学的第一线，她担任了多所学校的口琴教学指导工作。陈老师从家到我校要横跨3个区，可她无论刮风下雨，每周三、四都准时到两校区上课。业余时间，陈老师更是热心口琴公益演出，常常自筹经费组织口琴专场演出活动，让更多的人能欣赏并喜欢上口琴艺术！

林康宁老师没有想到，自1994年开始，学校就已经将小巧、轻便的口琴引入音乐课堂，那时她刚好上小学一年级。今天的她，不仅是一名音乐老师，还是学校"小百灵口琴社团"带队人。作为一名社团老师，每学年她都会吸收口琴吹奏能力突出的孩子们加入"小百灵口琴社团"，壮大口琴社团的队伍。她说："我刚进入社团带队训练时，陈宜男老师给我详细介绍了口琴的吹奏方法。如两手如何正确拿琴、吹奏时的口型要求、口琴上音阶的排列顺序等，陈老师给我上的这一节口琴课，让我对口琴有了全新的认识。"在林康宁老师的带领下，"小百灵口琴社团"的孩子们掌握的乐曲越来越多。只要是学校有展示的机会，社团的孩子们都能出色地完成演出任务。如每年年底，学校都会以"迎新"为契机，开展校级口琴展示活动。节目的亮点在于舞台上孩子们不光吹着口琴，还载歌载舞、动静皆宜。孩子们跳着优雅的舞步、奏着动听的旋律，向大家展示着快乐的校园生活。"崂山春晚"的压轴节目当之无愧属于"小百灵口琴社团"的演出。

经过多年不懈的坚持，学校的"小百灵口琴社团"得到了家长、领导、专家们的一致好评。"小百灵口琴社团"曾获得上海国际艺术节口琴合奏邀请赛金奖、上海第四届学生艺术节"口琴项目"百花奖、上海市"三好杯"亚太地区口琴邀请赛三等奖、2019年第三届华夏口琴艺术节网络口琴大赛学生专场合奏金奖等殊荣。此外，"小百灵口琴社团"每年都参加浦东新区艺术节器乐专场比赛，屡获佳绩。

春华秋色，岁月更迭，校园里悠扬的口琴声滋养了一代又一代"崂山娃"的心田。无论是世界名曲，还是中华传统乐曲，抑或是流行歌曲、网络神曲，孩子们都能"信口吹来"。每年的"崂山春晚"上，孩子们一人一把口琴、一班一个节目，秀出了自我风采，也展示出了老师、学生和家长的共同智慧。乔蕾老师印象很深的是，学校把办学特色普及每一个孩子，让他们都能有机会展示自己的才华，家长们也为此而高兴。一年级新生家访的时候，总有家长会迫不及待地问老师要不要准备口琴，要准备什么样的口琴。他们表示，不到崂山小学，还真不知道，小小的口琴学问极大。它种类繁多，孩子们平时要学习掌握的就有重音口琴、半音阶口琴、贝斯、和弦等品目繁多的特种口琴，这些造型奇特，甚至是让人觉得闻所未闻、见所未见的口琴组合在一起，毫不夸张地说，绝不逊色于任何一支大型乐队的排场，效果惊人。《多瑙河之波》《土耳其进行曲》《啤酒桶波尔卡》……这些耳熟能详的经典名曲都曾由我们的孩子们精彩演绎过，还有不少孩子掌握了同时演奏两支口琴的专业级技能。两支口琴上下转换，娴熟的演奏技巧离不开勤学苦练，动听的乐曲背后是孩子们坚忍的意志和惊人的毅力。

一支小小口琴琴韵悠长，二十多年日月如梭，数不清的孩子从这种人人都能拥有的乐器上获得了音乐的启蒙，然而音乐带给崂山小学师生的却早已远远超越了音乐本身。乔蕾老师记得，三年级的一个孩子被确诊为多动障碍、躁狂，因为疾病的折磨，平日这孩子很少能安静地坐上哪怕几秒钟。2016年初"崂山春晚"登上了东方艺术中心的舞台，还记得他们表演的曲目是《最好的未来》，这一次的表演，他极其难得地在舞台的中央保持了最端正的站姿。整整五分多钟的表演过程中，老师给予了他最温暖的鼓励，伙伴们传递了最坚定的支持。镁光灯下，他和小伙伴们一起随着音乐做出熟练的手语和舞蹈动作，在场观众无不为之动容。每个孩子都应该被宠爱，他们是我们的未来，这是最好的未来，我们用爱筑造完美现在。属于每一个崂山小学的孩子的最好未来就从这一把小小的口琴，以及每一首乐曲中扬帆起航。

许多老师还对口琴教学进行了研究，所得颇丰。李蓓蓓老师撰写的《在高年级音乐课堂中的口琴教学和运用》中谈到多声部练习中口琴的学习和运用：

> 歌曲学完以后我们开始进行二声部合作演唱，在最初的合作中经常容易出现问题，那就是一个声部被另一个声部带走，本来是两个声部的合作，往往到最后就变成了一个声部。我们也可以利用口琴来帮忙。口琴演奏相对于演唱来说更加稳定，不容易串声部，我们可以先用口琴吹奏来代替演唱，听一听两个声部合作的效果，找到两个声部的感觉。然后再尝试一个声部唱一个声部吹的方式逐渐巩固，提高多声部演唱的能力，完成二声部演唱，达到学习目标。

刘雯婷老师想到了利用口琴来进行辅助教学，也取得了事半功倍的效果，她在《低年级音乐课堂中的口琴教学》中写道：

> 当学生们基本掌握了口琴的演奏技巧以后，我就让他们跟老师进行演奏比赛，细心的学生总会发现他们的演奏与老师之间有着这样或那样的不同，总是不如老师吹奏的好。他们还发现老师在吹奏时，有的地方将旋律吹得声音强一些，有的地方声音弱一些；有的地方越来越快，有的地方越来越慢；有的地方吹得很有跳跃性，有的地方吹得很圆滑。当他们提出这样的问题时，我就给他们解释：当看到在歌（乐）曲谱上标注有"f"的地方，是要求将这个地方的旋律演奏得重一些，那么这个"f"，就是强音记号；在标注有"p"的地方时，要演奏得弱一些，这个"P"就是弱音记号等等。虽然这些内容对于低年级学生来说有点超纲了，但这样一来，学生为了自己的口琴演奏水平越来越高，就会感到学习乐理知识的重要性，他们就会从原来的"要我学"改变为"我要学"。他们对乐理知识的学习兴趣调动起来

了,那么音乐学习的效率就大大地提高了。

令我无法忘却这一段段属于崂山师生的高光时刻:

2013年12月30日下午,崂山小学青年教师口琴队与小百灵口琴社团的同学们,来到了上海音乐学院贺绿汀音乐厅,参与上海市民文化节的口琴展演活动。我亲自登台指挥,时任浦东新区副区长谢毓敏女士出席了此次活动,并在贵宾室与大家合影留念。

2014年1月14日下午,全体崂山小学师生在浦东新区青少年活动中心隆重举行"琴韵声声颂,师生情意浓——祝贺陈宜男老师在崂山从教口琴廿周年音乐会"。我又一次兴致勃勃地登台指挥,时任第二教育署党委书记田志明和王华副署长也来上台献花,祝贺亲爱的陈宜男老师。

2014年8月9日下午,崂山小学师生口琴队来到上海茉莉花剧场,参加中日口琴演奏交流30周年纪念活动。当时正值暑期休假期间,师生们积极参与排练,热情献演,演出获得了经久不息的掌声。本次演出的指挥、钢琴伴奏、手风琴演奏、口风琴吹奏、鼓手都是我校的青年教师。

2015年11月14日,第十七届中国上海国际艺术节——暨上海口琴会成立80周年专场音乐会在上海音乐学院贺绿汀音乐厅隆重举行。

图2-3-4 2013年,我和陈宜男老师(右二)与谢毓敏副区长(右三)合影

图2-3-5 2014年,崂山小学纪念陈宜男老师从教20周年口琴音乐会

崂山小学师生口琴队再次惊艳亮相,副校长黄轶英老师登台指挥。

一把小小的口琴,一个大大的舞台,带给崂山师生最真实的自信与骄傲,我们愿为此不断努力,继续传承口琴文化。

图2-3-6 2013年,校青年教师口琴队在贺绿汀音乐厅演出并合影

第四节　国际象棋："走好每一步"

"走好每一步"，在我们崂山小学的棋室里挂着这样一幅书法家作品。千里之行，始于足下，成功始于第一步的基础。走好每一步，才能奠定扎实的基础；走好每一步，才会走向成功！

从一开始只有几个人参加的学校"国际象棋队"，发展到现在"人人会下棋"的"浦东新区国际象棋项目重点学校"，离不开历任领导一贯的重视与坚持。学校于2006年在一、二年级中分别开设国际象棋启蒙课程，中高年级开设拓展班，让学生们人人得到了学习机会。每年，学校积极组织校队队员参加市、区乃至全国的各级各类比赛，团体、个人屡获殊荣，学校连年获得上海市象棋协会先进单位称号，还培养出了李明瑞、高隽丰、滕泽信、滕泳信等一批有较高水平的"少年棋手"。

每年我校都和小世界俱乐部合作，承办至少4次市级或区级比赛。分别为1月的"上海市国际象棋升级赛"、3月的"上海市少年儿童国际象棋锦标赛"、4月的"上海市幼儿园国际象棋锦标赛"、10月的"浦东新区阳光体育大联赛中小学生国际象棋竞赛"，每次比赛都得到了领导与社会的高度肯定。崂山小学精心组织的国际象棋赛事

图2-4-1　2018年，国际象棋大师Ziga（右二）来校指导

图2-4-2　2019年，学校承办浦东新区阳光体育大联赛

让家长们放心、满意，棋手们踊跃参与。比赛精彩纷呈，棋弈对阵，智谋比拼，在这场思维战中，每张桌子都是一个迷你战场，棋盘上你争我夺，纵横交错，战火熊熊。棋手们或雷厉风行，或精雕细琢，招招都是智慧的火花。

自2011年9月学校在周浦地区创办分校后，两校区共同发扬了这一传统。两个校区都各有1间国际象棋专用教室，室内设备齐全，棋类器材均达到规定标准。我校校队在市、区级各类比赛中，渐渐崭露头角，特别是在2017学年，学校的7名男生获得"上海市棋协大师"称号。学生们先后在上海市"阳光体育大联赛"国际象棋赛中，获得男子乙组团体第一名；上海市"国际象棋俱乐部联赛"获男子乙组个人第一名；2018上海市"少年儿童锦标赛"国际象棋赛获男子乙组团体第一名；2018上海市"智力运动会"国际象棋赛获小学组团体第一名的好成绩；浦东新区阳光体育大联赛中，成绩更为突出。

我们每学年组织各级各类竞赛：采用"班际赛""校级赛""亲子赛""爱心棋艺大赛"的竞赛方式，融入国际象棋比赛规则，营造竞赛氛围，提高了学生参与的兴趣和竞争意识，很好地锻炼了学生的棋

图2-4-3 2017年,我校三位国际象棋"上海大师"合影

图2-4-4 学校国际象棋所获荣誉展示(部分)

艺,也培养了他们的体育精神和顽强沉着、机智勇敢的意志。

  自从开设国际象棋课程后,周浦校区在周浦地区的影响力日益扩大。全校学生普及国际象棋的同时,还邀请周浦地区的幼儿园参与我们的活动中,如观摩国际象棋教学,了解我校的特色课程等。从2015学年开始,我校优秀的教练员每周一次送教到周边幼儿园,给孩子们免费上课、义务训练,受到了孩子、家长和园方的欢迎。我们不仅为之后的幼小衔接和人才输送做准备,也为浦东新区南片的棋类发展作出自己的努力。

2018年3月,我们接待了来自日本筑波师范大学的师生一行30余人。在崂山小学执教了数年的朱慧老师,执教"中路攻王",为他们展示了精彩纷呈的国际象棋公开课,获得好评;5月,接待了青岛崂山华楼海尔希望小学师生一行30余人,为他们开设了启蒙速成课,激发了他们学习国际象棋的热情。6月,我和朱慧等几位老师带领学生们游学英国西厄勒姆小学,把国际象棋的学习成果分享到异国他乡。

对此,朱慧老师很有成就感:

> 其实国际象棋比赛过程中孩子收获的远不止输赢与荣誉,对于初次参加比赛的孩子而言,比赛是一次难得的体验,对于经常参加比赛的孩子而言,又何尝不是一次棋力的检验呢?赛场上孩子们沉着冷静,或屏息凝神,或冥思苦想……这小小的棋盘就是有这样大的魔力,深深吸引着一批又一批的孩子,他们从中得到的快乐岂止是作为赢家的自豪!
>
> 列宁说,国际象棋是智慧的体操!歌德说,国际象棋是智慧的试金石!可是训练之余很多家长都难免有疑惑,平时花大量时间训练下棋是否会占用孩子的学习时间?下棋对提高成绩真的有帮助?如果单纯的回答"有帮助",可能缺乏说服力。但从我们崂山小学开展国际象棋至今20多年的实例中,不难看出棋队的孩子尽管训练占用不少时间,但学习却很轻松,个个成绩优秀,堪称"学霸"。我们也常常问孩子们这个问题,孩子们都认为学习之余下棋,既能当作娱乐,缓解学习压力;又能锻炼思维和逻辑能力,学习自然轻松驾驭。也许孩子们习得的棋谱和各种棋艺技战术等专业知识并不会直接帮助孩子提高学习成绩,但它会养成一种独特的思维方式,教会孩子在棋盘外怎样去与人合作,怎样去以永不言败的精神坚持奋斗。孩子们从小小的棋盘里获取受益终身的良好品格才是更加重要的。就像国际象棋中小兵的精神——扎扎实实努力,勇往直前不退缩。可见国际象棋确实对启迪少儿的心智有着超凡的功效,是当之无愧的"启智的魔杖"。

简单的下棋,却蕴含深刻的教育意义。让孩子爱上下棋,真的很简单!但爱下棋的孩子,绝对不简单!学棋的孩子都有梦想,但梦想不是心想事成,而是漫长地沉淀和长期地积累!世上只有拼搏出来的精彩,没有等待出来的辉煌,小棋手们加油往前冲啊!崂山小学就是你们切磋技艺,结交朋友,竞赛交流的大舞台!

第五节　快乐足球,闪亮少年

崂山小学周浦校区自2015年开始引进少儿足球项目。"人人有才,人无全才,扬长补短,人人成才"的校训,"五育并举,体艺见长"的理念,鼓励引导着学生参与活动,营造了良好的足球氛围。

金丽老师记得,刚开始发展校园足球时,学校与俱乐部相互合作、相互配合,在现有的班级中挑选球员。"看着当初一二年级的学生从什么都不懂,到现在赛场上能够独当一面,心里别提有多自豪了。"

目前,学校与上海深诣体育发展有限公司十号足球俱乐部签订了合作协议。每学期选派专业足球教练深入班级,开设足球课,为每一位崂山小学的学生提供了学习足球、了解足球的机会,让他们通过课堂上的足球练习感受足球的魅力。

为了丰富校园足球的生活,我们还在每年体育周中举办班际足球赛,每个班级都参与其中。班中小球员在校队球员的带领下,在赛场上共同挥洒汗水,努力拼搏,场下啦啦队尽情地为自己的班级加油助威,增强了班级凝聚力,学生体会到了运动带来的快乐,身体素质也得到了锻炼与加强。各个球队也表现出比以往更高的参赛热情,足球竞技水平也有了一定的提高。班际足球赛不仅丰富了我校学生的课余生活,也增进了班级之间的情感交流和联系。

学校还在班级普及和比赛的基础上,挑选优秀小球员组建年级代表队,做好梯队建设。经过层层选拔,现在学校各年级都有一支代表队,在专业教练的指导下,每周至少三次利用放学后的两个小时参加校队训练,进一步提升足球技术。

学生的踢球热情高涨,周浦校区校队学生家长也积极配合教练

图 2-5-1　2020年，我与校足球队部分学生合影

的安排，利用周末时间，带孩子到各个球场与其他学校球员进行实战比赛，收获甚佳。

短短的五六年时间，我校已发展为"全国校园足球特色学校""浦东新区校园足球联盟学校"，这离不开全校师生的共同努力。

校足球队的孩子们积极参与各级各类比赛，取得了不俗的成绩。特别是在2017年浦东新区中小学生阳光体育大联盟足球升级赛中勇夺男子U11第二名，成功晋级浦东新区超级联赛。2017年获得绿茵盟主华东青少年邀请赛亚军；2018年我校王康毅同学通过足球特长生选拔，被杨思中学（浦东二少体）录取；2019年我校安兴宇、张岚枫、李振阳三名同学通过选拔也被杨思中学录取，学校积极向有关中学输送人才，为足球队员进一步深造创造条件。

金丽老师印象深刻的是2017年浦东新区的一场足球比赛。因为参赛学校众多，举办了一场U11的升级赛，参赛球队为浦东新区足球联盟新晋学校的16支队伍，争夺两个晋级超级联赛的名额。

赛前，足球队张教练在四、五年级校队中通过训练表现、平时表现以及心理素质等各方面挑选出12名球员，进行强化训

练。小球员们在训练中认真刻苦、反复地练习张教练教给大家的技术动作，通过一段时间的专项训练，小球员们有了很大的进步和提高。从刚组队的懵懂到后来能够自信大胆地带球突破，不时出现的完美传接，都展示了小球员们刻苦训练的成果。

　　临近比赛，小球员们都有些焦躁，害怕无法取得好成绩。这时张教练通过和体育老师以及家长之间的沟通，帮助他们缓解紧张的情绪，并且通过与其他学校约赛，让他们能尽量多地积累实战经验。这些比赛有输有赢，但小球员们的状态越来越好。

　　比赛那天，天气突然降温，教练因有事又不能到场，幸好委托国米教练到场，为球员们加油打气。得益于充足的赛前热身与动员，我校足球队在第一场对战东方阶梯学校的比赛中，从开始阶段就完全掌控局势。7号队长张岚枫展现大将之风，在他的带领下，我校足球队11∶0大胜，取得开门红；第二场比赛对阵南汇实验小学，实力相近的两支球队杀得难解难分，我校足球队在3∶1领先情况下，出于练兵目的换上大量低年级球员，而对手也抓住机会于下半场连扳两球。不过，在比赛最后一分钟，后卫王康毅带球推进，在20米区域起脚远射，足球门前弹地后守门员扑救不及，绝杀，4∶3取胜；第三场比赛对阵六师附小，我校球员展现了统治力，以5∶0的比分轻松拿下。三战全胜，狂轰20球，取得第一轮小组循环赛的胜利，成功晋级八强。第二轮的淘汰赛如约而至，在第一场的比赛中，我校5∶0大胜张江镇中心小学，轻松挺进四强；在关键的半决赛中，面对老对手南汇实验小学，球队三军用命，全主力出战，完全占据了场上优势，10∶0成功杀入决赛；在最终的决赛中，面对实力强大的金陆小学，尽管我校球员拼尽全力，但无奈差距过大，最终屈居亚军，晋级超级联赛。

　　在特殊的2020年，疫情肆虐，校足球队员们也几乎没有停下训练的脚步。他们按照教练和老师的要求，开展居家自我训练。7月份获得了第一届"道生天合杯"青少年足球赛事的冠军，打响了2020年的第一炮；接着，在足球教练的带领下，8月份又远赴青岛崂山参赛，获得了青岛"海西杯"的冠军。可喜可贺！

第六节　小凤铃手风琴社团

当柴颖佳老师还是幼年时，第一次在小学艺术培训班招生会上接触手风琴，红色的手风琴、黑白的琴键、悦耳的琴声吸引了她所有的注意力，她从此产生了学习手风琴并在舞台上表演的梦想。在父母的支持下，她走上了学习手风琴的道路，从此与手风琴结下了一生的缘分……

通过多年的努力，柴颖佳成功考取了上海师范大学音乐学专业，主修手风琴，那时的她已经拥有多次登台演奏的经历，更是在全国手风琴展演大赛中荣获自由低音组独奏金奖的好成绩，圆了年少时的梦。还记得获奖后，她的导师、国际手风琴联盟副主席李聪老师问她："你的下一个梦想是什么？"作为音乐学专业的学生，她不假思索地回答："我想成为一名手风琴教师，让更多孩子和我当时一样学习手风琴，爱上手风琴。"当时的柴颖佳并不知道，想要实现这样的梦想需要付出多少常人不能体会的艰辛，只记得李老师的一句话："孩子，未来的手风琴发展就靠你们这一代年轻人去传承了，这条路很难，努力奋斗吧！"

2012年大学毕业后，柴颖佳应聘进入了崂山小学，成为一名音乐教师。我果断支持她组建崂山小学"小凤铃手风琴社团"。

"'小凤铃手风琴社团'的成立，为我圆'手风琴梦'开启了新的大门，同时也是新的挑战，"柴颖佳老师回忆道，"第一次手风琴新生招募，吸引了20余名感兴趣的学生及家长，当时我信心满满，认为自己一定能吸引一半以上的学生报名学习手风琴。但最终仅有6名学生向我递交了报名单，这让我很受打击，甚至有些打退堂鼓。'我真的有这个能力吗？我该继续坚持吗？'我心存疑惑地向娄校长汇报了这个消息后，本以为会得到'那就算了，等明年再试试招生吧'。这样的答复，没想到校长却是极力支持：'人少，没关系。先试着做起来吧！加油！'这句鼓励的话语，支持着我，在后来每一次遇到困难想放弃时，都给了我坚持的动力。"

图 2-6-1 2020年，我与校小风铃手风琴社团部分队员合影

每周一节放学后的手风琴社团课程，对于上班单程就20公里的柴颖佳老师而言，是一个很大的考验，她不得不牺牲自己的休息时间及可以搭乘校车的福利，每次要多花费一个半小时才能到家。有一次回家已将近晚上9点了，看到一脸疲惫的她，母亲含着泪问："这么辛苦，学生也不多，值得吗？""我还没有出一点像样的成绩呢，我还不能放弃。""校长那么支持我，我不能放弃。""学生还在进步，我不能放弃。"……柴老师将心中诸多感慨付诸行动，她相信：坚持就是胜利！

酷暑寒冬，日复一日……2016年4月23日"琴声圆梦"——浦东新区学生手风琴演奏交流活动中，柴老师带领的"小风铃手风琴社团"在舞台上展现了自信的风采，得到了业界专业老师的肯定。2018年10月，"上海市优秀手风琴社团新年音乐会"向"小风铃手风琴社团"发出了邀请，柴老师好几晚睡不着，既兴奋又害怕。这次音乐会不仅是学生的展示，更是整个上海市手风琴社团指导教师的展示啊。她顶着压力与学生一同努力，终于，在2019年1月26日，"小风铃手风琴社团"在舞台上大放异彩，得到了许多表扬与掌声，更是获得了"上海手风琴社团朝气蓬勃奖"。

2019年"上海之春"国际手风琴艺术周暨长三角地区手风琴团队展演大赛，是"小风铃手风琴社团"成长的里程碑。经过连续近两

图 2-6-2　2019 年,校小风铃手风琴社团参加长三角地区手风琴展演

个月大强度集训,最终社团演奏的《多瑙河之波》荣获"银奖"的好成绩,让所有崂山小学"手风琴人"感受到收获的喜悦。

　　冬去春来,"小风铃手风琴社团"逐渐崭露头角,得到家长的关注与认可,手风琴学员人数也不断增长。2016 年新招募手风琴学生 23 名,2018 年新招募手风琴学员 48 人,在崂山小学学习手风琴的学

图 2-6-3　校小风铃手风琴社团部分队员

生至今已累计超过90人，考级通过率100%。"小风铃手风琴社团"也已成为崂山小学的一抹亮丽风景，这一路走来，离不开学校和家长的支持，更离不开柴颖佳等老师的执着与孩子们的坚持。

第七节　向阳花街舞社

2018年12月29日，崂山小学"琴声悠扬·同心绽放"新年口琴音乐会的现场气氛，被一支校园街舞点燃！观众席内掌声雷动，经久不息。表演视频更是在老师和家长们的微信朋友圈里一再刷屏，获得无数点赞！

是一支怎样的队伍在表演？他们是崂山小学特色"明星"社团——向阳花街舞社的队员。这个充满青春活力的社团成立于2016年9月新学期伊始。当时恰逢周浦镇青少年街舞社团（公益社团）深入校园，它成为周浦镇青少年街舞社团下"Forever 9校园街舞联盟"的最早一批成员之一。取名Forever 9，寄托着团委希望所有学生保持童真、可爱和自由的初心。

图2-7-1　2021年，向阳花街舞社荣登市少儿春晚

"如今的'纷纷点赞'与老师和学员每周五下午刻苦认真的训练息息相关。老师带着同学们学习舞蹈小组合,并手把手教同学们动作的基本要领。同学们跟随老师,学得有模有样,踏着音乐的节拍,挥洒着汗水,自信地把动作完成,尽情地享受着舞蹈带来的快乐。"周佳颖老师感触很深。每当有节目演出时,抬手角度,迈腿大小等细节都要一一细化。练得满头大汗的学生兴奋地说:"我来学习街舞,是因为它的乐趣就在于你可以拿它来锻炼身体,而且在跳这个舞蹈的时候你会很自信,觉得自己好帅。"三年级的曹同学则表示:"坚持学习街舞3年了,这都是因为我喜欢街舞!"

周佳颖老师认为,向阳花街舞社在享受公益的同时,也在服务着大家。给学校带来的"福利"不仅局限于公开表演,还有全校性的街舞广播操的推广。可别小看了这一个个才三、四年级的小学员,他们已然成了"全校追捧"的小老师了!在街舞老师的带领下,他们将课堂内所学的街舞利用全校体锻课教给了每一位崂山小伙伴。而这个意义深刻的行动社团,学员们已坚持了2年,帮助崂山学子完成了2套完整的街舞广播操的学习,使他们成为校园街舞的领军人之一,同学们锻炼身体的方式不再局限于传统的广播体操,校园广播操融入

图2-7-2 2021年,校向阳花街舞社部分队员合影

了更多的热情与朝气。

动感时尚的街舞不仅能令学生热情澎湃，更是有利于提高学生的整体素质，促进学生的全面发展。从街舞进校园，到街舞广播操，崂山小学的孩子们活力四射！

第八节 "崂山春晚"

"宛如一朵白色的莲花，又似一朵美丽的蝴蝶兰，盛开在葱茏的绿树之间，这就是东方艺术中心。在这里，我聆听过著名音乐家演奏的世界名曲，欣赏过各类经典不朽的歌舞剧，却从未想以参与者的身份迈入这样的高雅艺术殿堂。2016年1月19日这一天，我怀着无比激动的心情与崂山小学师生、员工、家长们相聚在一起，共同参与了崂山小学'琴声悠扬，爱满校园'2016年新年口琴音乐会暨'感动崂山'好人好事颁奖活动。在此，'崂山人'用曼妙的歌舞、悠扬的琴声和感人的事迹共贺金猴新春。"张炜老师用诗一般的语言表达她对"崂山春晚"的赞美。

图2-8-1　2016年，东方艺术中心音乐厅"崂山春晚"主持人团队

图 2-8-2　2016年，我与周汉民（右一）、陈宜男（右二）合影

东方艺术中心的音乐厅内，来宾们济济一堂。时任全国政协常委、民建中央副主席、上海市政协副主席周汉民，全国政协原常委、民建中央原副主席黄关从，浦东新区教育总督学赵连根，浦东新区教育局第二教育署署长吴燕、副署长王华等嘉宾亲临现场，与崂山小学师生、家长一同欢度新年。

图 2-8-3　2016年，周汉民为"崂山春晚"题词

在宽敞的舞台后方，一段温馨华丽的视频记录了崂山小学令人难忘的2015年，展现了蕴含学校文化的动感背景，吸引了观众们的目光，为即将启程的2016年吹响继续前行的最强音。在舞台的中央呈现的一首首赞歌，倾注师生们的汗水。即使作为一名观众，我也能感受到从未有过的激动，那已经不能用任何语言形容了，因为我从没想到过一所普通的小学——崂山小学的新年晚会能够在上海的高雅艺术殿堂里上演，我由衷地感到骄傲。

张炜老师记述了2016年1月这场难忘的"崂山春晚"：

　　倾听着动人心弦的口琴曲和感人肺腑的颁奖词，我思绪万千，仿佛回到了这场演出前的那段日子。方案一稿又一稿，排练一个又一个，评选一轮又一轮，节目初审紧锣密鼓地进行着。"你们的动作还可加上这几个。""孩子们都穿得下演出服吧？""孩子们吹奏的音符都准吗，需要帮助吗？""张老师，能借用一下你们前年演出时戴在身上的翅膀吗？""行，当然可以！"那一句句叮咛，一声声关怀，时时响彻耳边。走廊里，操场上，总能听见从教室里传出的悠悠琴声。而这一年我担任二年级班主任，由于演出名额有限，我参与到了班级组织纪律保障的工作。为了保证纪律的严明，保持会场的安静，围绕着社会主义核心价值观，我用生动形象的德育小故事引导孩子们做一个守纪律、讲文明的小观众；与此同时，我又与其他老师一起在第一时间向QQ、微信等各类家长群中发出邀请，欢迎家长们一起参与到"崂山春晚"的活动中，观赏这台来之不易的首次大型庆典。各班的家长们纷纷响应，踊跃报名。

　　孩子们伴随着优雅的旋律，或翩翩起舞，或吟诵歌唱，或沉着走步，整齐的动作，有力的步伐，用灵动、用豪情编织出一个个精彩的画面；陆家嘴校区和周浦校区的同学们载歌载舞，在悠扬的琴声中放飞自己新年的梦想。学校小百灵口琴社团和青年教师口琴队联合上海口琴会演奏家们齐聚舞台，共谱华章。

　　听，鼓乐齐鸣。铿锵有力的鼓乐声奏响了"崂山人"的心声，奏响了"崂山人"的梦想，奏响了"崂山人"的华彩乐章。口琴曲声声入耳，精彩纷呈：时而舒缓如流泉，时而激越如飞瀑，时而清脆如珠落玉盘，时而低回如呢喃细语。洁净的琴声，载着人们的心灵驶向音乐深处，寻找精神的寄托……《童年》《拨浪鼓》等校园民谣朗朗上口，让人仿佛感触到孩子们在校园中追逐嬉戏，以美丽校园为最好的画布，尽情挥洒七彩梦想；《G大调小步舞曲》《神隐少女》等经典作品，曲调优美，让人仿佛感受到为了孩子们的快乐成长，多少人在默默付出！走进崂山，就像走进了一个温暖的大家庭；《最好的未来》《让爱传出去》等流行音乐，温暖人心，让人仿佛感悟到爱像阳光温暖着你和我，温暖着每一个人……"夏练三伏，冬练三九。"没有一股韧劲，哪能换来如此天籁的琴声？孩子们也用小小口琴，吹出了快乐，奏出了自信；口琴就像一把钥匙，打开了孩子们的世界。

学，榜样典范。两年一度的"感动崂山"好人好事如涓涓细流，灌溉着每个崂山人的内心，激励、感动、指引着大家更好地学习生活。这些好人好事均由崂山小学全体教职工、学生和家长推荐、投票产生，其中有助人为乐的学生，有处处为孩子着想的老师，有尽心尽力为师生分忧解难的教工，也有热心为班级服务的家长……更令人敬佩的是已故口琴大师陈剑晨先生的女儿、在崂山小学执教20余年的上海口琴会会长陈宜男老师。作为这台"崂山春晚"的指挥，陈老师拖着已经严重僵硬变形的膝盖，坚持到演出结束。

台上，无论是孩子们出色的表演和专业演奏家们精彩的吹奏，还是感动崂山人物事迹的讲述；台下，观众们总是着急举起相机、手机想拍下他们一个个清晰的身影；只要一曲完毕，或感人事迹讲述结束，观众们总会情不自禁地爆发出热烈的掌声。台上台下，我们心心相印，激荡了对方的心灵，也阐述了无言的感动。

光阴荏苒，日月如梭。许多教师都感慨庆幸自己成为崂山小学的一员。愿崂山小学在广阔的教育事业舞台上，奏响更辉煌的乐章。

金晶老师说，一年一度的"崂山春晚"对崂山学子们来说是一年里最期待的活动。"作为班主任老师的我，在和学生一起排练节目的过程中感受到了学生的成长。一方面，这一难得的登台机会促进了学生主动发展、主动学习的意识；另一方面，在班级合奏的过程中培养了学生团结合作的意识，增强了班级凝聚力。"

为了能够登上舞台，在舞台上展现出更高的水准，学生们从学期初就开始学习练习表演曲目，每位同学都有自己的分工，不同声部的合奏加上打击乐器的配合，让原本单一的歌曲瞬间饱满了许多。学生在学习吹奏的过程中坚持虚心学习、刻苦钻研的精神。同学们经

常利用下课时间拿出口琴和曲谱反复琢磨,还自发地聚在一起合奏练习,化被动为主动,积极投入节目的排演。

合奏表演不仅激发了学生主动学习的积极性,也增强了班级凝聚力,对形成良好班风的形成起到了积极作用。合奏表演与独奏不同,相较于技巧更注重整体的整齐和谐。金晶老师回忆,刚开始排练《掀起你的盖头来》这首歌时,同学们在节奏和音色上存在着明显的差异,舞蹈动作也不太整齐。为了达到更好的舞台效果,她利用午休等时间带领学生一起排练,引导学生学习倾听他人的演奏,从而调整自己的演奏,根据节拍做出相应动作,反复练习形成记忆,达到整齐的要求。学生在合奏的过程中逐步意识到:一滴水只有汇入大海,才能掀起惊涛骇浪;一个人只有融入集体,才能体现才华。在班级表演中不能以自我为中心,只有团结协作、互相配合才能吹出美妙的音乐。在练习过程中,学生们遇到不少困难,有的同学音找不准,有的同学节奏把握不好……这时,她号召班级中吹得比较好的同学发扬关爱互助的精神,鼓励他们一对一地指导有困难的同学,形成互相督促、互相帮助、互相学习、共同进步的良好氛围,使学生在训练过程中感受到集体的温暖和团结的力量。经过一个学期的训练,同学们终于整装待发,精神抖擞地登上了"崂山春晚"的舞台,他们娴熟的表演最终赢得了全校师生的热烈掌声。

金老师认为,"崂山春晚"的舞台不仅丰富了校园文化,帮助学生更好地树立了自信心,收获了主动学习的快乐,也让学生感受到了关爱互助的班级氛围,提高了学生的集体荣誉感,进而增强了班级的凝聚力。

"林老师,我的特种口琴没带,忘在学校的音乐室里怎么办?"小A同学急匆匆地来找我,看着孩子都快急哭了的模样,我还不能表现出不知所措。要知道"崂山春晚"马上就要开始了,今年可是崂山娃第一次登上东方艺术中心那么高雅的音乐殿堂,这对于孩子们来说可是千载难逢的好机会。这一时半会我到哪里去帮他借特种口琴,急得我满头大汗。"咦!"我怎么那么热,我霎时睁开了眼,幸好,这只是一个梦,抬头看了一眼台钟,早上5点,离正式演出还有8小时……

类似的梦，林康宁老师不知做了多少回，不过所幸所有梦中的突发事件都没有发生，每一年的"崂山春晚"都在来宾的掌声中圆满落幕，而老师就像在惊险和兴奋中坐着过山车，十分刺激。

林老师来到崂山小学11年，参与了10个"崂山春晚"，她从来没有在观众席看过一场完整的演出，因为她不是在钢琴前伴奏，就是在后台掌控整场节目节奏。身为一名音乐老师，每年的口琴音乐会她都要为自己教的班级挑选适合的口琴曲目，带领同学认真排练。作为带队老师的她，凭着和孩子们的齐心与付出，协奏出了大气磅礴的"交响乐"。每年的"崂山春晚"之前，她总是忙碌地穿梭在学校的各个地方，身上有使不完的劲，班级节目与社团训练两手同时抓，精益求精力求达到最佳演出效果。

孩子们常说，在演出前的林老师，就像孙悟空会72变，一天里会看到很多个不一样的林老师：温柔的、生气的、活泼的，以及那个最较真的。"其实，我也想对孩子们说，你们辛苦了，你们特别了不起，我为你们自豪！只要能站在舞台上演出，这就是一种自我的突破，"林康宁老师说，"不知从何时起，我爱在舞台边看着闪闪发光的孩子们，当他们表演时，稚嫩的脸蛋上的表情是如此投入、专注，我被深深的感动。每一场演出的孩子们都是那么的自信。当孩子们站在舞台中央，演绎出一首首乐曲时，他们就是最闪耀的星星，以汗水换来丰硕的成果，完成他们人生起步阶段的一个又一个小小的成就——正如崂山小学的校训，'人人有才，人无全才，扬长补短，人人成才'。孩子们的生命在艺术方面初露嫩芽。"

舞台前，我们看到的是"成熟的果实"——学校成功举办了一场又一场盛大的口琴音乐会；舞台后，我们看到的是"地下的树根"——无怨无悔、甘居幕后的"崂山人"。除了工作人员，还有兢兢业业的学校其他同仁，更有乐于奉献、团结合作的家长志愿者。"一切为了孩子"，我们坚信每一年的"崂山春晚"都将深深烙印在每一位参与者的心间。愿"崂山春晚"经久不衰，愿这支小小的口琴一直伴随着孩子们成长。

"崂山春晚"，是孩子们的狂欢节，是孩子缤纷才艺的展示，人人参与，一个不落。台上是孩子的舞台，台下是教师的汗水。

郭向英老师从"崂山春晚"中意外地看到了孩子的特长。当孩子找到自己的长处，就会触类旁通，一通百通，从而带动了他们的薄弱环节，特别是那些学困生恢复了活力，对于学习任务，也就显得不那么头疼了。

她印象深刻的是曾经有那么一个孩子，成绩垫底，家长对老师带着一股怨气，说："老师，你说谁家的孩子家长会不管呀？怎么能说我们家长一点也不负责任？哪个孩子不是父母的宝贝，怎么会不希望他好呢？"郭向英老师暗暗下决心，要找出这孩子身上的长处，让他找回自信。

于是，我郑重其事地告诉他："这次郭老师要重用你，让你担任领唱，班级的荣誉就看你啦！"果然，他可认真了，下课也不皮了，不停地哼着这首歌，回家的路上也听到他在哼这首曲子。当然，为了让他能够成功，我也用了很多时间排练，因为红花需要绿叶衬托，我要把绿叶也就是全班同学排练好，来更好地衬托他这朵"红花"。

不唱不知道，一唱不得了，他的嗓音竟然得到领导和老师们的认可，被选为"崂山春晚"的主唱。

于是，我又告诉他："你将在东方艺术中心的舞台上演唱。"他高兴坏了，家长也高兴坏了，不相信这是真的。终于在东方艺术中心，他跟那些成绩优秀的孩子一起演唱。从那以后，他开始主动做作业了，学习成绩也慢慢上来了，不再落在后面了，竟然跑在了中游。

"崂山春晚"年年办，虽然大家都觉得很辛苦，但是就在这辛苦中，老师们发现了学生除学习外熠熠发光的另一面，也使更多的学生脱颖而出，这正验证了我们的校训：人人有才，人无全才，扬长补短，人人成才。

李蓓蓓老师就"崂山春晚"想到了三个词："忙""幸福""收获"。

"忙"。音乐组可能是为"崂山春晚"动员最早的那一批老师。每年从暑假开学后的两三个星期就开始组内动员，宣布当年春晚的主题和节目要求。我们就开始行动起来。首先构思：哪些形式可以用，哪些曲目符合要求？可以使用哪些道具？哪些班级适合什么风格？都在脑子里反复思考和筛选。有的时候，因为在排练过程中遇到了各种各样的问题，不得不一次又一次地推翻和修改，只为了排练出质量更高、效果更好的节目呈现在春晚的舞台。口琴表演上台的演员最多，涉及的班级也最多。音乐老师不仅要负责节目的编排，还要负责协调节目所需要的各方面的配合。如果是班级的节目，要和班主任协商表演的服装、妆容，还有特定的道具；如果是跨班级或者校队的节目，音乐老师需要跟节目涉及班级的班主任做好沟通工作，协调排练时间，以免排练时人员不能到齐影响排练效率。音乐老师还要负责"社团"节目表演小朋友的服装，男生的上衣、裤子、背带、领结、袜子；女生的裙子、裤袜、腰带……尺码、颜色都要做详尽的记录，一一对应发放，并且在节目表演结束以后收回并清洗、装箱收纳。所有环节都要仔细，不能有错，否则可能会影响下一次的使用。

"幸福"。在辛苦的排练过程中，同学们会和老师一样，克服各种各样的困难，坚持参加排练。有的同学为了不让老师和家长反对他排练，家庭作业和课堂表现更认真了；有的同学为了在集体排练的时候能有优异的表现，利用课余时间偷偷加练；还有的节目需要跨年级合作，高年级的同学主动在课余时间一对一帮助低年级的同学……每天我都被这些大大小小的事情感动着，为我们有这么好的学生而倍感鼓舞，这也激励着我更加努力指导。要说到最幸福的时刻，那一定是看到自己排练很久的节目终于在舞台上上演啦！小演员们穿着漂亮的服装，拿着精美的道具在舞台上表演，接受着全校老师和同学的喝彩，我由衷地感到幸福，感觉自己付出的心血没有白费。最初的设计编排，一次次的排练，终于孕育出美丽的花朵。看着舞台上的孩子们，感觉自己所有的付出都是那么有意义。

"收获"。经过几次崂山春晚的历练，我的能力有了长足的提高。从原来的紧张和慌乱变得从容镇定，从原来的没有头绪变得思路清楚，从原来的手忙脚乱变得井井有条。从节目的选曲开始我会主动去寻找适合表演的曲目，在排练过程中遇到的

图2-8-4　2020年，东方艺术中心音乐厅"崂山春晚"主持人团队

问题我也有更多的办法去调整和处理，甚至对服装和道具我也有了更广泛的了解。"崂山春晚"的排练甚至对我平时的课堂教学也有很大的帮助，孩子们因为参加了春晚的训练，更守纪律性了，对音乐的兴趣更浓厚了，能力也更强了，师生之间的感情也更加深厚了。这些都是"崂山春晚"带给我的收获和进步。

2020年1月17日，是一个值得"崂山人"纪念的日子。崂山小学"浓浓崂山情，悠悠赤子心"新年音乐会又一次在东方艺术中心隆重上演。我校的"小百灵"们用甜美的音符，奏响童年的梦想，闪亮东方艺术中心的舞台，给现场的嘉宾与师生带来了一场视听盛宴。刘雯婷老师看到的是这样的景象：

　　早上8点，演职人员各就各位，马上就要投入到紧张的排练中。这批孩子第一次来到东方艺术中心参加表演，心情激动万分。校车上，同学们你一言我一语好不热闹。来到东方艺术中心的后台，安顿好每个班级的休息场地、道具服装、人员安排，小演员们开始进入了紧张的彩排中。彩排的顺序是严格按照节目单进行的，由催场的老师通知提前到达指定地点做好准备。原以为候场是件很无趣、很懒散的事儿，没想到大家在拥挤的休息室也能自得其乐，轻声细语地交流，并且自始至终手里紧握着口琴不敢放开，生怕自己会不小心把它弄丢。轮到彩排的同学们在舞台上很认真很投入，全然不像刚刚在来的路上叽叽喳喳闹个不停的模样。

参加口琴表演的同学，可能身兼数个节目。这些孩子克服各种各样的困难，演完这个节目马上奔赴下一个节目的候场区域换服装、换道具。虽然外面天气寒冷，但他们的脸上流下了晶莹的汗水，我的心也被他们不惧困难、毫无怨言的精神感动着。最开心的时刻应该是孩子们的化妆时间，看到自己精致漂亮的妆容，孩子们一改彩排时的紧张，恢复了轻松快乐的模样。

"崂山春晚"让奚晓骅老师也激动不已。"我们带班的老师是第二批来到现场的，第一批前期准备的老师已早早来到这里，当我带着观众学生落座时，不少老师已在如火如荼地忙碌着：灯光、道具、餐点等，老师们一遍一遍地仔细核对着，等表演的小朋友全部到齐，音乐老师们又马不停蹄地开始了彩排，后方维持秩序的老师也时刻准备着，确保演出前的万无一失。全体崂山师生在此时，齐心协力，众志成城。"

第一个节目是我校在市、区级比赛中多次获奖的花样跳绳队，他们跟着音乐变幻着各种跳动的姿势，用充满激情、活力四射的表演点燃了舞台，也瞬间点燃了场下观看表演的师生家长的热情。曲毕，如雷般的掌声不绝于耳，接着"校音之翼"学生合唱团表演《爱我中华》、口琴合奏、国学吟唱、街舞"HARDCORE"……一个个精彩绝伦的表演撼全场。穿插在整场音乐会中的"印象崂山"年度大事颁奖典礼也让全体家长和师生重温了发生在崂山小学的一件件感人、温情的事迹。

"听着听着，我不觉感到眼眶泛红，再回头一看，小朋友们也都全神贯注地听着，不知不觉眼眶湿润了，"奚晓骅老师真情流露，"整场音乐会洋溢着欢快、活泼的氛围，表演曲目时而深情舒缓，时而热情澎湃，体现了孩子扎实的口琴基本功，台下观众听得如痴如醉……"

图2-8-5　2020年，区小学教育指导中心孙海洪书记（左一）和青少年活动中心王华主任（右一）颁奖典礼留影

学生们在"崂山春晚"上吹奏口琴。　□本报记者　黄日阅　摄

崂山小学在东艺举行"春晚"

本报讯（记者　沈馨艺）1月17日，"浓浓崂山情 悠悠赤子心"2020新年音乐会在东方艺术中心上演。崂山小学的学生们走上舞台，一人一把口琴、一班一个节目，秀出自我风采。他们用琴声吹响喜悦与欢乐，与老师、家长们，共同拥抱美好的新年。

作为浦东新区艺术教育特色学校，崂山小学于1994年将小巧、轻便的口琴引入课堂，在学校音乐课中全面开展口琴基础教学，并与音乐教学相结合。2000年起，学校每年都会举办新年音乐会，为孩子们搭建展示口琴学习成果的舞台，这场盛会也被崂山师生们亲切地称为"崂山春晚"。崂山小学周浦校区学生宋海睿告诉记者，为了这次演出他每天坚持在家练习一个多小时，"虽然辛苦，但能登上这么大的舞台表演，我觉得很值得。"

"我们希望孩子们能有更多机会走上高规模的舞台，培养他们对舞台演出的激情。同时，这对他们的人文艺术素养都将有很大的提升。"崂山小学艺术辅导员柴颖佳说。

图2-8-6　2020年，《浦东时报》报道"崂山春晚"

活动末尾,全场在副校长黄轶英老师指挥下,唱奏《我和我的祖国》。"崂山人"用熟悉的旋律祝福祖国明天更加繁荣昌盛,祝福祖国的明天欣欣向荣。

2020"崂山春晚"在浦东新区小学教育指导中心孙海洪书记热情洋溢的致辞中徐徐降下了帷幕,孙书记充分地肯定了崂山小学的办学理念与教育教学成果,鼓励学校在教育改革的道路上继续开拓创新,锐意进取,脚踏实地,办一所当之无愧的老百姓家门口的好学校。

口琴音乐会结束了,大家久久不愿离去,曲终人不散!学生们都激动地说,他们的心情无法平静下来,没有老师的帮助、支持和鼓励,音乐会不会那么精彩。大家在兴奋中度过了一天,连剧场的工作人员都对我们说:"我见过如此多的音乐会,你们的音乐会是最真、最用心、最让我感动的。"这就是"崂山人"的风采!更是"崂山人"的精神!

梦想不息,追梦不止,我们的口琴音乐会一定会越办越好。

第三章

强校良师优课程

我们努力提升教师师德修养，以及专业水平、教育科研等方面的能力，努力打造一支师德高尚、教学技术精湛、勇于开拓的师资队伍，为学校的可持续发展奠定良好的基础。

第一节 "青椒筑梦，奇望崂山"

周青老师记得，来到崂山小学实习让她开始真正了解这所学校。"很幸运，最终崂山小学选择了我，我光荣地成为学校大家庭的一员，"周青老师说，"我也许只是一滴水、一粒尘埃，但崂山小学就像一位伯乐，关心、培养我，激励、帮助我，让我这个刚步入教育事业的新人能够快速成长。"

"小瞿，你有空吗？下周去崂山小学代课吧！"

就这样，瞿诗亭老师开始了这场充满挑战且收获颇满的旅程……

初探校园，清脆嘹亮、富有穿透力的口琴声时常萦绕在我的耳畔，这是一所到处充满着艺术气息的学校，琅琅的读书声配上美妙的口琴声，使我不由得想到《海上钢琴师》里的一句话：我和我的音乐不容分离。这大概是音乐教育的最高境界吧！

现在的瞿诗亭已走上讲台侃侃而谈。回想当初在崂山小学经历从实习生到教师的角色转换时，满怀憧憬，又感到任重而道远。

很荣幸在我教育生涯刚刚起步之时,"三人行互为师",学校就为我安排了教学和班主任工作带教师傅,不仅让我在专业上可以提升自己,还能跟着很有经验的优秀班主任老师学习班级管理,尽可能让我们少走弯路,在短时间内熟悉教育教学业务。我也迫切地期待在师傅们的带领下,尽快胜任各项工作。

瞿老师表示:在未来的日子里,我会多学、多听、多做、多思;初为人师,苦中有乐;立志从教,一生常乐!我要把我的青春,奉献给教育事业!我要成为那一朵永不凋谢的育人之花。

马盈玥老师写道:

虽然任教短短一年,但是孩子们天真无邪的面孔,唤起了我的童心和爱,多少次心中的烦恼、不快都被冲淡。这份爱,让我感觉到自己肩负的使命,哪怕"应付了事"的念头在脑中一闪,也觉得愧疚。这就是我们崂山小学的老师,对待学生,像对待自己的孩子一样。我也懂得,老师对学生的爱是教育的催化剂,往往一句暖人的话语,一个赞许的眼神,一个会心的微笑,一次细微的关注,就会使学生由稚嫩变茁壮,由懒惰变勤奋,由软弱变坚强,由消沉变进取。为学生的每一点进步而骄傲,为自己付出后的收获而欣慰。"捧着一颗心来,不带半根草去",这不正是教师精神的写照吗?选择当教师,我无怨,无悔!

2020年是个特别的一年,在严峻的就业形势下,夏嘉毅老师很庆幸自己成为崂山小学教师队伍中的一员。他理解的仁爱之心,就是一定要平等对待每一个学生,尊重学生的个性,理解学生的情感,包容学生的缺点和不足,善于发现每一个学生的长处和闪光点,让所有学生都成长为有用之才。

开学了,面对一张张稚嫩的脸庞,夏嘉毅老师心中充满了欣喜和激动,他暗下决心:一定要按照习近平总书记要求的,做一个"有理想信念、有道德情操、有扎实知识、有仁爱之心"的好老师,为学校争光,为祖国培养栋梁!

2013年,袁海燕一毕业就踏入了心仪已久的教育行业。来到崂山小学时,她已经顺利考取信息科技的教师资格证,我问她:"我们学校需要语文教师,你能教语文吗?"从此,袁老师开始了信息科技和

语文两头抓的教师生涯。接下来的两年里,袁老师一直很茫然,总在不停地问自己:我适合做信息技术学科老师吗?谁能想到,在崂山大家庭的全力支持下,经过区教育发展研究院专家陈久华老师的精心指导,袁老师刻苦努力,茁壮成长,一举荣获了"2018年上海市中小学中青年教师教学评比信息科技学科一等奖"!太棒了!这个奖项的含金量只有业内人才会懂。多么光荣,多么来之不易!回忆起在崂山的进步,袁老师很感慨:

  2016年,我通过努力争取到了一节信息科技的署级公开课,却是"失败"的公开课。课后,我认真地反思自己的教学。从教学设计到课堂安排及课堂教学,我逐个环节地分析,发现我的失误在于忽略了备课中对学生学情的分析,盲目觉得孩子可以同时学会两款文稿编排软件;教学目标制定得过高,从而也出现试课和上课时的极大反差。更重要的是,这一段经历让我意识到了专业成长的紧迫感和危机感,让我懂得了一名教师必须具备精深的专业知识和一颗博爱之心。我常常会去反思自己的教学方法、教学理念。教学中,我也试着去尊重每一个学生,发现他们的美,放大他们的优点。孩子是一颗种子,教育是土壤。我们给孩子怎么样的土壤,孩子们就会开出什么样的花。如果都是正面管教,善的教育,我们的孩子也会模仿,结出善的果实。陶行之先生说"漫天撒下爱心种,伫看他日结果时",这就是一个教育家的教育情怀,我要倾尽一生来修炼。

袁老师记忆最深的是2016年:

  那年的我们始终围绕着"青椒"这个关键词,无论是"青椒团队","青椒培训"还是"青椒讲座"都和我们息息相关,因为我们就是"青椒"的代名词。作为"青椒团队"的我们:才华横溢,朝气蓬勃;走上讲台,让无数学子梦想启航;回归生活,用热血谱写青春之歌。我们就是崂山小学里一支充满活力和梦想的教师团队。

2016年3月7日那天,"青椒团队"正式成立——"青椒"取"青(年)教(师)"谐音,寓意崂山小学的青年教师们能像青椒一样充满生机、蓬勃向上。当时的"青椒"培训持续了整整一个学期,分别邀

图 3-1-1　2016年，崂山"青椒"风采展示

图 3-1-2　2016年，崂山"青椒"团队

请了上海市朗诵协会、故事家协会及上海电影艺术学院的专家现场授课。当时参与培训的青年教师一共27位，每次都安排在周一下午4点后，大家忙碌了一天后仍然保持了十二分的精神积极参加。从最开始的语言表达、朗诵指导到后来的仪态、站姿等培训，老师一次比一次投入，以至于学期结束后还意犹未尽。

袁老师还记得，第一次来主持培训的是浦东新区优秀主持人何骁老师。大家都热情高涨，有很多老师都很崇拜何主持，他一开口那声音就让老师们沉醉其中。何老师博古通今，介绍了中外历史上著名的演讲者，向大家诠释了演讲的重要性；指明了演讲和朗诵两者的区别；又从语言、逻辑以及体态三个方面为青年教师们深入浅出地介绍了演讲基本功的训练方法，激发了大家的学习热情。何老师每一次激情澎湃的授课都让老师们直观地了解到语言艺术的重要性，老师们经久不息的掌声充满着整个会议室。

当时，何老师还为大家准备下一年的教师节活动开了一场动员会，鼓励老师们积极参与各项工作报名，如导演、文案、剧务、主持、拍摄、演员等。当时袁老师积极报名了朗诵这项节目，从第一次朗诵的有点胆怯，到之后勇于参加不同比赛，其间何老师都参与指导并亲自示范。在此期间，袁老师还获得了首届浦东新区"校园阅读好声音"大赛三等奖，并担任了崂山小学第32届教师节庆祝活动主持人。

这支"青椒"团队代表学校参加了"致青春，致梦想"浦东新区第二教育署青年教师风采展示大赛。袁老师记得：

  当时的第一个环节就是"教师风采"展示，为此我们邀请到优秀模特指导邢丹丹老师授课。邢老师从教师的仪表开始，强调服饰、表情和举止这些都是青年教师需要关注的内容，包括站姿、坐姿和走姿都进行了严格培训。之后，大家来到形体教室，对着镜子尝试走起了"猫步"，一个转身、一下抬头、昂首挺胸、露出微笑。看似简单的动作，我们都练习了很久。在邢老师的指导下，我们不断修正一些小细节，提升自己的形体和气质。经过培训，我们的气质和能力都有提升，回想起自己第一次穿着旗袍，踩着高跟鞋在"教师风采大赛"的舞台上的形象，是那么的青春与美好。但每个看似简单的动作和表情，实则都不易，是我们反复练习的成果。

  经过一番激烈的角逐后，我们顺利入围浦东新区青年教师风采大赛决赛。第二关是"才艺展示"，我们团队最终决定以扇子舞《青花瓷》作为决赛的参演项目。每当耳边响起"天青色等烟雨，而我在等你。炊烟袅袅升起……"这熟悉的旋律，心中总有一份自豪和难以割舍的情怀。还记得每一个动作：下腰，翻扇，转圈，劈叉，下蹲舞扇子；全体小碎步站成一排，扇子做成波浪形，向上、向下起伏。已经记不清我们排练了多少个日夜了，只记得那时的我们如此团结，如此的热血，如此的全力以赴。在台上的我们起舞弄扇，展现风采，取得喜人的成绩。"青椒"团队荣获了浦东新区第二教育署青年教师风采展示大赛"最佳组合"奖。在当时《青花瓷》扇子舞可是"红极一时"啊，无论校内校外的演出都要来上一曲《青花瓷》，名声在外的我们被多次邀请参加表演，并获得大家的一致好评。

第二节　师徒带教共成长

自2009年初，我校制订了《教师专业发展三年规划》之后，每位在职教师也作了"个人三年发展规划"。

随着我校办学规模的不断扩大，许多青年教师加入我们的队伍中。他们具备了教师的基本专业素养，但是教学能力还有待进一步提高。为此，学校成立了师徒带教工作领导小组，由教导处专人负

图3-2-1　2013年，师徒结对签订带教协议

图3-2-2　2020年，师徒结对签订带教协议

责，安排教学经验丰富的骨干教师，全面关心青年教师的思想政治、工作生活等各方面的成长。她们对"徒弟"的展示课、研讨课、复习课，进行跟踪听课、指导，青年教师在师傅们手把手地指点和相互切磋中，快速成长着。师徒结对、取长补短，既发挥了骨干辐射作用，又能营造同伴互学、互助的合作氛围。

在一次学期工作务虚会上，我和老师们这样交流：

本学期，我个人共听课80节课。主要包括老师们的随堂课、互观课，还有新进教师的观察课、新老师的复习课等。大多数老师的课都非常有质量，精心备课，条理清晰。我重点关注青年教师的课堂。一学期中，我着重跟踪了一些青年教师的课，尤其要表扬新教师诸燕丽的复习课"句式改写"。复习课教学很少有区级公开课，最近一直在听复习课教学，今天欣喜地发现了一个好苗子，才一年多教龄，能紧扣本册教材，梳理知识点，能够及时总结归纳学习方法，练习设计形式多样，PPT制作与演绎接地气。过程扎实，复习效果显著！我很是欣赏，期待小诸老师再接再厉，百尺竿头更进一步！在两个校区的巡视观察中，老师们的工作氛围，教研态度，敬业精神等都值得我在这里好好表扬一番！蔡朝晖老师耐心帮助年轻老师成长，得到了大家的尊重赞赏。老师们互相团结、互相帮助，师徒带教，老教师兢兢业业，青年教师虚心好学。这正如我们一个青年老师在工作小结中所述，大家"朝气蓬勃，欣欣向荣"。分校正在壮大，事业发展需要更多优秀人才进入，我们期待每一位进入崂山小学的老师都能继承分校老师创业阶段的勤奋努力精神，以爱校为荣，以爱生为荣！积极作为！事在人为！

"遇到了娄校长与我的导师黄老师，我仿佛找到了奋斗的方向和目标。"柴颖佳如是说。2012年毕业后，她进入了崂山小学担任音乐教师工作，作为刚走上社会的"小萌新"，不断在课堂中尝试自己的方法。她说："值得庆幸的是在我的带教导师——区级音乐骨干教师黄轶英老师的耳提面命下，我迅速成长。"

2017年3月初，我接到了区音乐教研员李老师的电话。她让我准备一节器乐教学区级研讨课"哦，十分钟"，我激动得好几晚睡不着，既惊喜又害怕——我能行吗？在自己的研究琢磨和师傅的指导下，3月底我进行了第一次磨课。教学环节不够严

图3-2-3　区骨干教师黄轶英公开教学

图3-2-4　校骨干教师柴颖佳公开教学

谨、教学内容太多,抓不住重点、学生学习效果未达到……诸多问题让我不知所措,甚至有了退缩的想法,但师傅黄校长耐心地对我说:"别急,我们一起把思路再理一下,再想想哪里可以调整得更好,这两个环节衔接语言组织还太啰唆……"师傅都没有放弃我,我为什么要放弃自己呢?经过一次又一次打磨,4月中旬,教研员李老师走进了我的课堂,她对我给予肯定的同时,又对我提出了更高的要求,教学方式还需要更适合学生特点,环节要更清晰。在教研员的指引下,我又对这节课的环节进行了调整和加工,一遍又一遍地在脑海中重复教学重点、教学环节、教学语言……终于,在5月16日,"功夫不负有心人",我交出了一份满意的"答卷"。这节课得到了区内同行的认可和市级教研员席恒老师的赞扬,让我找到了自己前进的方向,也让我对当年的职称评审有了信心。

2018年参加浦东新区中青年教师课堂教学评比并获得一等奖,同年接到教研员邀请,进行区级公开展示"童年多美好"一课,2019年被评为浦东新区青年新秀,并加入音乐名师陈璞老师的基地培训,

2020年进行区级微讲座"'琴声悠扬,伴我成长'浅议器乐辅助线上音乐教学的实践研究",提升学生歌唱、欣赏与表现能力的实践……区级公开课的亮相、教学论文评比获奖、参加区级课题"小学音乐学科德育教学设计及案例资源建设"等经历,让柴颖佳老师积累了很多同龄人不曾有过的体验,更是成为学校第一位90后小学高级教师的一个"幸运儿"。

"说到'崂山',真是和我有不小的缘分呢!"吕锦燕老师感慨万千,"当年,我是坐在窗明几净的崂山西路小学的教室里跟着老师驰骋在知识海洋里的学生。那时候的我有很多梦想,也憧憬着自己的未来。11年后,我又踏进了崂山的校园,只是这一次,我的身份转变了,我成为一名语文教师。站在母校的讲台上,我按捺不住心中的激动,将在这里继续追逐自己的梦想!"

吕锦燕老师还记得为了学校课题的研究,要求语文老师上导读课。可到底什么才是导读课呀?

带着心中的无数个问号,我忐忑地备好了自己的第一稿教案——选取《稻草人》中《芳儿的梦》和《燕子》这两篇童话。我忐忑不安地走进教室开始试教。孩子们好像都知道老师的心思似的,我心里没底,他们也有些懒洋洋提不起精神,为数不多的孩子勉强和我互动着。"尴尬""死气沉沉"可以说是这堂课的氛围的主旋律了。下课铃响时,我不由自主地脸红了,都不敢看孩子们的眼睛,径直走向听课老师。他们就像我的救命稻草一般,我希望他们能赶快给我提出改进意见。

评课时,周梅芳老师一针见血,首先问我:"到底什么是导读课?"我语塞。"导读课不应该是教方法讲理解的阅读课啊,既然是导读,就是要引导孩子们去读,让他们有兴趣去读,你的重点应该放在激发他们的兴趣,比如这本书作者有很多头衔,这本书的学术地位也很高,有许多名人推荐,你把这一点介绍给学生,肯定能引起一定的兴趣。""还有你说画线写批注,现在我们鼓励孩子去图书馆借书,借来的书怎么在上面画和写呢?"同组老师补充道。老师们这番话我一直记在心中,回去也思考了很久。

"引导孩子们去读,让他们有兴趣在课后自己去读。"对啊!这

才是导读课啊！只讲方法让他们去画去写，怎么会有乐趣呢？为什么一定要讲喜欢在哪里呢？为什么喜欢呢？很多时候喜欢就是一种感觉，很难言表啊。

正式上课时，吕锦燕老师根据自己的第二稿教案一步一步有序、有趣地上了下来。尤其让学生朗读的环节，同学们都争先恐后地举手。这次上完，吕老师认真地和孩子们对视，他们意犹未尽的眼神和嘴角的微笑都是对这节课最好的褒奖。吕老师非常感谢同组老师的点拨让她有了改进的方向。崂山小学就是这样一个温暖的大家庭，大家互帮互助，共同进步。

2015年正式踏上三尺讲台的李怡冰老师用春的喜悦、夏的炙热、秋的收获、冬的守候概括这五年的成长历程。

每一个足迹，每一滴汗水，每一分收获，仿佛四季在歌唱着我艰辛而幸福的成长之路。回想五年前实习期间，自己带着贫乏的知识和经验置身于此，未曾听过见过的名词、理念扑面而来，一时之间，我竟有些不知所措了。幸好，我的指导老师——金艳芝老师对我悉心指导，我也开始学着钻研教材、学习理论知识、网上浏览交流……

一次，我非常精心地准备了一堂课，想展示给大家我刻苦钻研的成果，娄校长听完后，却很不满意，说："你的课堂语言啰唆，整堂课一味地教，却忽略了学生的学。"出师不利，我委屈得几乎要哭出来，产生了"我为什么不会上课"的困惑，甚至打算放弃教师职业。可金老师对我说："新手上路难免会出现各种各样的问题，但办法总比问题多……"这些鼓励和支持坚定了我继续前进的决心。

9月，我正式踏上三尺讲台，又有幸拜得周梅芳老师为师，周老师经常与我探讨课堂教学，从理念和实践上给予了我莫大的启示与帮助。认识到自己的稚嫩，从此我更加用心了，并制定了"个人专业发展三年规划"。

辛勤耕耘喜得收获，李怡冰老师所带班级连续两年获得学校庆国庆活动"最佳表演奖"，2020年初班级节目有幸登上了东方艺术中心的大舞台，当年6月班级学生还获得了校"优秀中队"的称号；

学生获得的区级、市级奖项不胜枚举，作文也多次登上《作文大王》。当然，李怡冰老师也迎来了收获的季节：区板书大赛二等奖、区青年教师"爱岗敬业"教学比赛二等奖，多次获得新区"教师好声音"大赛一、二等奖；刻苦钻研，在"崂山杯"的各类奖项中有所收获；用心教育，摘取了2019学年校级"优秀辅导员"称号……

乔蕾老师最喜欢罗曼·罗兰的一句话：与其花许多时间和精力凿许多浅井，不如花同样的时间和精力去凿一口深井。

崂山小学教研氛围浓厚，每周二就是我们语文组的教研活动日。娄校长和老教师费莉霞深入课堂听课、评课，给予我们年轻老师专业细致的点评。听课专家、领导与被听课教师之间，是知识经验的传承；每周的听课评课中流淌的，是集思广益的碰撞与细致入微的指导；每一节课的积累是从量变到质变的飞跃。

结束了又一堂常规的随堂听课，刚一坐下，腾讯通突然"滴滴滴……"地响了起来，点开一看，原来是娄校长，心里不由得"咯噔"一下，"小乔，《真正的友谊》这篇课文，你研读教材很认真，几个动词挖掘得透，讲得细，引得巧，进步很大。我想给你压压担子，你有没有勇气接受挑战？"原来，下周有广东省教育代表团要来校访学，校长要求我下周上一堂公开课。不到一周的时间，没有试教的机会……脑海里闪现了打退堂鼓的理由，但可能是初生牛犊的倔强，也或许是少年意气，我明知难为偏要有所作为。

乔蕾老师迅速投入到紧张的备课环节中。按照教学目标逐步细化设计课堂环节，"我先向同年级组的各位老师请教讨论，各位老师主动为我解答了众多细节问题，指导我仔细推敲文本特点，打磨课堂的重点、亮点；指出课件中仍存在的影响教学流畅的关键之处，并将她们在本节课授课中使用的经验和技巧倾囊相授。与同年级组老师们的磨课，让我颇受启发，顿觉醍醐灌顶，"乔蕾老师感动地说，"感谢学校的培养、领导的信任与同事的帮助，单丝不成线，孤木不成林，是他们为我遮蔽那烈日，抵御那风霜，让我登高望远，砥砺前行！"

2015年12月23日，来自广州南沙区的35位小学老师莅临崂山校园交流访问。乔老师不负众望，她执教的语文课"一夜的工作"声

图3-2-5 青年教师乔蕾参加"崂山杯"公开教学

情并茂,语言功底深厚。课堂上师生深情缅怀共和国首任总理周恩来同志,一句句朗读、一幕幕对话,情真意切,令人印象深刻。

一年级第二学期开学才两周,一天早晨,周佳颖老师就气呼呼地走进办公室,着急地询问金艳芝老师:"男生小熙当众与我顶撞,我生气了,于是在全班面前厉声道:'明明是你错了,还嘴硬!'班里的气氛紧张起来,同学们都你看我,我看你,我很尴尬。为了挽回我的面子,我硬是强迫他出了教室,我想和他好好谈谈,可这孩子太倔了,真不知道怎么教育呀!"

金老师让周老师先不要告诉家长,这只能加深师生矛盾,僵化师生关系,要稳定自己的情绪,不要急着去处理此事,先放一放,给彼此思考的时间,留有余地,留有空白。要一如既往地和蔼地对待小熙,不要再提此事。周老师虽然生气,但还是接受了金老师建议。

没过几天,周佳颖老师高兴地跑来告诉金艳芝老师:"金老师,您知道吗?小熙向我承认了错误了!他不仅跟我承认了自己的错误,还说希望能得到老师的帮助。我很意外,没想到一年级的孩子这么有想法。其实这么想想,我也要找找自己的问题,有些话批评得不明确,把对其他孩子的不满一起说了出来,造成了更深的误会。"从这件事中,周佳颖老师领悟到:即使学生出言顶撞,老师也不要火冒三丈,即使学生的过错大大出乎老师的意料之中并伤害了老师的自尊心,也必须克制自己,冷静加以处理,留有余地。这样既避免了师生之间的冲突,又给了学生改过的机会;既体现了老师的大度,又维护了学生的自尊心。

金艳芝老师认为,班主任工作要讲究艺术,犹如"好雨知时节",在潜移默化中影响学生的内心,学生自然就"亲其师,信其道"。掌握班主任工作的艺术性意味着对教师素质和水平提出了更高的要求,意味着教师对学生的管理要更有科学性、艺术性。班主任工作与其说是学习,更是一种与学生心与心的交流。我们要相信和尊重学生,了解学生的思想,诚恳、宽容地对待学生。这样,学生就不会有一再被"穷追不舍"的感觉,逆反心理就会锐减,愿意跟老师说心里话,接受老师的帮助。但是,如果我们不懂得"空白效应",总是喋喋不休地批评学生,就会使学生心扉紧闭,甚至"顶起牛来",越顶越厉害,问题也更难得到解决。因此,教师在教育学生时如能注意"空白效应",一定能起到较好的"内化"作用。

从2012年到2019年,崂山小学的数学学科导师蔡朝晖老师先后与金晶、倪玲、邬晨燕、马爱丽、吴晓菲、徐雪华、金丹青、顾珊珊等见习教师签订了带教协议,从此她的工作中多了一份沉甸甸的责任。

  我本着对学校发展负责、对青年教师成长负责的高度责任感,高标准、严要求,认真履行和承担培养新教师的义务。根据学校对新教师的具体要求,认真做好全面的指导和督促工作,如指导备课、上课、课后反思、每周检查教案等。为新教师们做好示范和引路工作,带头制订学期教学计划,从教材分析、备课、上课、听课、评课,到批改或评点作业、学科竞赛辅导,再到辅导青年教师上好考核课、汇报课和各类公开课。了解青年教师在教育教学工作中的困难和要求,尽力帮助解决。指导青年教师进行教育教学的研究,如指定、提供学习资料,指导教育教学故事及论文的撰写和修改等。定期不定期或推门听课,或预约听课,听课后及时点评,并客观填写课堂观察记录,实事求是评价,

指明努力方向。他们也经常出入我的课堂，听我的随堂课。每次的研讨活动，我都力争把我的一些新想法呈现在同事面前，大家共同探讨，共同进步。指导青年教师不仅要在工作学习上帮助他们尽快成长，同时也要在生活上关心他们，让他们感觉到集体的温暖。我想作为带教导师应该严谨笃学、与时俱进、勇于创新、求真务实，要用自己良好的师德、精湛的业务帮助年轻教师，使他们成为新时代的优秀教师。

蔡朝晖老师认为，带教要努力做到"三带"：一带师魂，敬业爱岗、无私奉献；二带师能，掌握教学基础知识与技能；三带师德，育德之道。崂山小学的党员教师、老教师传递的是正能量，榜样的力量，感谢老教师们的言传身教！

金晶老师仍记得刚走上三尺讲台时的自己，一言一行都模仿着师傅蔡朝晖老师，总想着把师傅的做法照搬到自己的课堂教学中，觉得那样就能上好一节课。然而，事实却让她大受打击，课堂氛围死气沉沉，学生的回答让她惊慌失措，学习效果大打折扣……为此她迷茫了很久，明明很努力地研究了教学内容，借鉴了许多优秀的课堂教学，认真地进行备课，到底问题出在了哪里呢？

直到有一次，老师们来听我的随堂课，在评课的时候找出了问题的症结所在，从此我豁然开朗。原来，在教学过程中，我使用的教学语言不够规范，语言啰唆，当学生讲完后，我还要再重复一遍。当时执教的是一年级，我并未考虑到一年级孩子的年龄特征，为了让学生"明白"，花费了大量时间反复讲述知识点概念，讲得学生疲惫不堪，教学效果很不理想。

在了解了问题所在后，我努力改变自己的教学观念，把自己从讲解者的身份转变为引导者。在备课时，我更加注重语言的规范精炼，逐字逐句地修改教案，力求用带有启发性的问题引导学生思考探究，用最简单明了的语言归纳知识点。比如在《登月》一课的教学中，需要学生探究题包中的规律，我以"你有什么方法做得又快又好"这个问题引导学生讨论自己的做法，当学生无法表述清楚的时候，我不急于代替学生回答，而是通过让其他学生补充的方式来归纳整理，最后从学生的口中得到"一个加数增加几,另一个加数减少几,和不变"的规律。当学生归纳出相关规律后,我以激励性的评价代替知识点的复述,让学生得到成功的体验。

师徒带教共成长,是崂山小学的一大特色和优势。

"徒弟"蒋伊莹这样描述带教师傅倪玲老师:

  平时,倪老师总是亦师亦友般的与我相处,也许因为年龄差距不大的原因,感觉格外亲切。我们一直在同一个年级教学,工作内容和工作性质相似,这为我向师傅学习创造了得天独厚的条件。师徒带教的一种基本活动形式就是互相听课评课,这也是我学习过程中最直接的一种方式。听课过程中,她总是认真记录每一个教学环节,做好相应的批注,在各个方面及时给我点评,每一次听课后,她总会给出中肯的意见,有褒奖,也有指出需改进的地方。她会把她上课的经验与我分享,告诉我该怎样把课上得更精彩,怎样能让学生的知识学得更扎实,我教学环节中不合理的地方她会一一指出,并耐心地教导我如何修改教学设计,指导我如何措辞才能更好地引导学生,所以我觉得每一次的听课评课都是我的一次蜕变,让我在成长的道路上受益良多。

  备课是教学中很重要的一个环节,当备课过程中我遇到不知道一些知识点该以怎样的方式让学生理解得更清楚等问题时,她总会不厌其烦地倾囊相授,让我对数学教学有进一步的认识。在这样一次次磨课的过程中,对于该怎样上课这件事,我慢慢变得有那么一些心得体会,有了一些自己的感悟。

"师傅"倪玲老师这样提起"徒弟"蒋伊莹:

  蒋老师的基本功很扎实,教学环节设计合理并能突破教学重难点,但最大的问题在于上课时激励性语言比较匮乏,对于低年段的学生而言过于严肃。在提出这个情况后,蒋老师积极想办法改进,她预先准备了许多激励性的评价,从原来单一的"你真棒!回答正确!"到"你真是个爱动脑筋的孩子!你的声音真响亮,回答的真完整!"慢慢地,语言丰富起来了,整个人也由内而外地变得和蔼可亲,一下子拉近了与学生的距离,课堂氛围活跃起来了。

图3-2-6 校骨干教师汤郁萌公开教学

图3-2-7 青年教师成磊参加"崂山杯"公开教学比赛

蒋老师勇于直面自己的问题，并且大胆尝试改变，在教学中充满了热情与探索精神。

师徒带教是一个教学相长的过程，如果说作为师傅，我给蒋老师提供了一些教学经验参考，那么蒋老师带给我更多的应该是精神层面上的触动。她对知识的渴求与教学的热情，让我不由得时刻鞭策与提醒着自己"后浪"的强大，只有不断地学习与更新自己的知识储备，才能在教育教学的这条道路上继续不断前行。"徒弟"成磊这样记述带教师傅汤郁萌老师：

之前班上有个让人头疼的学生，背诵、朗读作业总是完成得不好，预习作业也不肯去做。我和家长沟通，家长也很无奈，说每天上班回家已经很晚，没时间监督孩子的作业，问我有没有什么好的学习方法。作为新教师的我，一时间也有点摸不着头脑，不得不向汤老师求助。她耐心地和我说，我不是第一个问这个问题的人，在她的班上，也有同样的问题。那我就更好奇了，据我所知汤老师班的预习、朗读做得还是很不错的。我赶快寻求解决的办法，让汤老师给开一服"灵丹妙药"。汤老师微笑着对我说，其实她把当年她母亲的做法和家长们分享了一下：母亲要求她只能在20分钟的朗读后，才能看电视或玩会儿游戏，当然时间不能超过15分钟，之后朗读时间再加长，但看电视时间决不能超过30分钟。我恍然大悟，立马把这个方法告诉了家长，听了我的话，他们觉得方法非常不错。随后汤老师建议我在家长会时，向其他家长推广，因为大多数家庭可能都面临类似的问题。汤老师的这个建议也给了我启发，我之前确实也忽略了对家长辅导方式的指导，家长会时只告诉家长做什么，没有告诉他们如何做。

这件事提醒我，教学不仅要传授书本知识，也不仅仅是告诉孩子们背课文或者告诉家长督促孩子，还要告诉他们具体怎样做更加有效。汤老师曾对我说过："至少可以把我的经验介绍给大家。也许我的学生今后能够在学业上比我更加出色，了解到更好的方法，但我的经验能够引领他们走上正确的学习道路，起到抛砖引玉的作用，也已经足够了。"

"师傅"汤郁萌老师这样描述"徒弟"成磊：

有一天，一向淡定的成老师神色有点异常，一进办公室就跟我讨论遇到了突发事件如何处理。原来他们班的学生小王在走廊里奔跑，把隔壁班同学小许的牙磕了，流了很多血，及时处理后并无大碍。他也已经把事情经过在电话中告知双方家长，让家长下午来办公室处理善后。成老师很担心家长在电话中虽能跟老师达成共识，但是现场处理问题时不愿意配合，所以跟我讨教经验。确实，班主任常会遇到突发事件时，而事情也往往会不按照自己所想的方向发展。

此时我想到了在我刚当班主任时的情景，一个孩子被另一个孩子推倒，起初并没有发现大碍，对方家长也很客气地赔礼道歉。但是后来发现被推倒的孩子有轻微的脑震荡，家长就要求赔偿，对方家长却改口称那不是自己孩子推倒的。为此，我不停地调解，找学生证实当天的情况等，虽然最后事情解决了，但是被这件事折腾得身心疲惫。于是，我把这件事告诉了成老师，然后我们一起探讨下午家长来了以后该如何调解此事。

考虑到后续医药费的事情，应及时分清双方责任，以免事后发生反复。于是我们经过讨论设计了一份表格，在双方家长认可的情况下签名。表格如下：

×× 小学 ×× 班突发事情

时间		地点	
事件 （起因、经过、结果）			
签名 学生、家长			
见证人			
备注 （处理结果等）			签名：

在填写表格时，需要老师或者第三者根据学生描述填写突发事件的起因、经过和造成的结果，比如：哪一方受伤了，受到什么样的伤害等。签名那一栏主要是双方学生和家长在认可该事件后签下名字。如果有见证人，需要见证人签名。备注一栏可以不填，协商的结果确定后再填写，最后签名。表格一式三份，学校保留一份，双方家长各执一份。

另外，我还建议成老师让他们班小王同学的家长陪同小许家长一起去医院就医。如果牙齿果真磕坏了，那么修补牙齿可能会有不同的方案。如果双方家长能同时在医院，可以及时了解到孩子受伤情况，以及医生对于孩子的处理意见。如果牙齿没有被磕伤，那也能让小许家长感受到小王家长的诚意，就能把事情更快解决好。

在后来的调解过程中，家长也非常配合。成老师事后在班级里还开设了安全校园的主题班会，对班级学生进行安全教育，让学生从小事做起，珍爱生命，安全第一。

在这件事情结束后，我也不断反思，在我自己遇到突发情况时，一定要及时想对策，冷静处理。经过成老师这件事后，我也更加成熟了。班主任的事情是琐碎的，繁忙的。但是每天还得静下心来，花点时间总结一下得失，遇到事情冷静处理，更细心点，想得更全面点，才能做好。

再看看一对师徒的"家书"：

亲爱的徒儿：

我很骄傲，也很自豪，你义无反顾地报名加入了援疆队伍！这个决定需要勇气，需要决心，更需要大爱！

记得2014年就认识你了，你刚来实习就跟着我，听课、批作业、学习。后来没多久，我让你独立上了一节课，惊喜地发现，你语速飞快，思维敏捷，设计新颖。我发现你有上数学课的灵性。

之后，每每课后指导你，你总能精准地接收我的想法和意见，并结合自己的特点进行内化。我又发现你很有悟性。

每次的组内听课、专家听课或是教研员听课，你的课总是那么有特点，引入直接明了，设计层层递进，环节紧紧相扣，总能收

获到意想不到的教学效果。就连听课老师都不禁感叹："这个老师上课挺有意思的！"我又发现你上课很有个性。

在我晚下班的时候，常常看到你还在不厌其烦地给班级的学困生补习。又会常常听到你着急地叙说，这个孩子本来底子差，家长又不配合该怎么办之类的问题。但你一边急，一边下苦功夫，收效甚好！我又发现你好有爱心！

2019学年你新接手了四年级两个班级的数学课，家长们的那句"张老师如果早点接我们的班级就好了"就是对你最大的肯定。做班主任不到一个月，排练的国庆红歌表演就夺得全校第一的好成绩，这是学校对你工作的最大认可。孩子们课后时不时围着你，用"张大帅哥"称呼你，是孩子们对你的爱的最好反馈。

从刚到学校时的一点小迷糊，到现在的认真细致，我看到了你的成长。有时我都佩服你，怎么会考虑这么周详。线上教学阶段，每课的学习提示备课中，你总能找出大家的一些小差错，然后不声不响不计得失地去制作一张清晰明了的线段图，让大家共享。

图 3-2-8　校骨干教师方妹公开教学

图3-2-9　2020年，青年教师张晨祥（右三）援疆支教

　　说了你这么多好，当然也要说你几句不好的地方。听说，上班时，有时中午你都不吃午饭，早上的一个面包能撑到下午，这可不行啊！到了新疆更加要按时吃饭注重营养哦！道理我就不说了！哈哈！还有，听说那里晚上11点天还很亮，但也不要把这作为你熬夜的借口哟！这个道理我也不说了！

　　好男儿志在四方！这个选择我绝对支持你！愿你归来时，更自信，更阳刚，更让大家骄傲！

你的师傅：方妹
2020.4.30

敬爱的师傅：

　　能够在遥远的祖国边疆收到师傅的来信，真是比在寒冷的冬天里吃火锅还要温暖！师傅在信中细数了我在崂山小学后的点点滴滴，就好像发生在昨天似的。

　　第一次见到方老师您的场景还历历在目，那是在2014年暑假的某一天，骄阳似火，我第一次来到崂山小学面试。我清晰地

记得在崂山小学见习的第一年，师傅您的每一节课我都跟着学习。在您的课堂中，我学到了许多影响我职业生涯至今的教学技巧、思路以及方法。一节课话不用多，将课堂交给学生，每一个问题都问在刀刃上，具有指向性以及引导作用。这几点其实也是我刚进课堂时做得不太好的地方，因为我有个缺点就是太啰唆，一个要点反反复复讲好几遍，就怕学生记不住。后来在您的耐心指导下，我也渐渐改掉了这个缺点，这要归功于您肯放手让我去尝试。您常常给我提供上课的机会，在不断的练习讲授中与我一起归纳经验、纠正错误，让我很快地适应课堂。那段时间我也感受得到自己提升很快，真的要感谢师傅您的耐心、细心以及指导有方。几年来，您见过我犯错、跌跟头，也被您批评教育过，但是您从来没有对我失去耐心，从教的这条道路上，您是看我走过来的。

来到新疆也有一段时间了，其实这里的生活和工作节奏我已经慢慢适应，空气的干燥和弥漫沙尘可难不倒我这个援疆男儿。其实有一件事情非常想和师傅炫耀一下，我在新疆有自己的徒弟了！在莎车一小，我们每一位援疆老师都与校内的一位老师签订了带教协议，在之后的日常教学、教研活动中我们都会倾力合作。虽说自己也成了"师傅"，但毕竟我的教龄并不算长，成为他人的指导者对我来说也绝非易事。这段时间以来，为了更好地评课、开展教研活动，我查阅了大量人教版数学教学的文章，在每一次听课前都做好了充足的准备。在这一过程中，我真真切切感受到了作为师傅的不易，认真听课评课有时比自己上课还要耗费精力。现在，我成了别人的师傅，我定会将您的职业精神传承下来，将浦东的教师精神、上海的教师精神传承下来，为莎车的教育事业添砖加瓦，贡献自己的绵薄之力。

一个当年上课时说话都紧张的新人教师，到现在能够在一定程度上独当一面，成为他人的指导者的援疆教师，我的成长都是师傅您陪我一步一步走出来的。我觉得一句简单的"谢谢"绝对不足以表达我对您的感谢，但还是请允许我对您真诚地道一句：谢谢！谢谢您这一路上对我的帮助和指导，没有您的付出，就没有今天这个我，更没有这个来到新疆提升自己的机会。

这次援疆之行，是我第一次独自踏出家门。这里有新的同事、不同的学生、不同的生活作息、不同的饮食和风土人情，对我来说这绝对是一次历练和宝贵的经验。请师傅放心，我一定会照顾好自己，正如您所说：好男儿志在四方。这一年半的历练，我一定会让您、让家人、让学校看到自己的成长！

您的徒儿：张晨祥
2020.5.15

第三节　加强班主任和"三长"队伍建设

　　班主任和"三长"（教研组长、备课组长、年级组长）在教师队伍中发挥了骨干作用。

　　我校现有区、校级骨干教师13人。两年一度校骨干教师申报和每学年一次优秀骨干教师评比，积极组织骨干教师参加各项比赛交流展示活动，充分发挥了骨干教师的辐射作用。

　　班主任队伍也是学校教育教学工作中不容小觑的一支重要的队伍。因此，我们精心选择有热情、有责任心的中青年教师担任班主任，优化班主任队伍结构；成立崂山班主任工作室，定期召开会议、开展活动，培养团队意识，舒缓工作压力，明确工作职责，解决工作困惑；安排有经验的班主任带教新班主任，促使新班主任尽快成长；每学年我们还进行优秀班主任、优秀辅导员的评比，通过表彰树立榜样，提升班主任队伍整体水平。

　　大量的实践经验证明，偶发事件常常集中暴露了学生思想品德的弱点，给其思想品德、个性和身心健康等造成巨大的影响，有的甚至会产生不少意想不到的严重后果。老教师刘奋认为，一发现不良现象的苗头，班主任就要因势利导，将事件解决在萌芽状态，不让其发展、蔓延而变得复杂化。虽然，由于偶发事件具有多样性特点，班主任在处理时，也必须根据其特点选择恰当的方法去处理和解决问题，但是，偶发事件总是在突然之间就发生了，在什么场合、什么时间、谁的身上表现怎样，班主任都难以预料和防止。因此，班主任对

偶发事件不仅应有心理准备,而且应掌握处理偶发事件的技能,这显得尤为重要。

一提起小何同学就让任课老师"头大"。暑假里,宋佳玫老师的一次家访,却让宋老师对她有了全新的认识,也给这个孩子带来了全新的变化。

那天,听说老师要来家访,她的爸爸妈妈早早地就在楼下等候。一走进她家我就惊呆了,我没想到她家的生活环境与她本人的精神面貌竟然有如此大的反差:家里面干净整洁,满墙的字画;爸爸、妈妈也都是有较高学历和修养的文化人,待人热情、礼貌。在整个家访过程中,我感到她之所以会成为今天这样,主要是因为从小爸爸妈妈对她要求过高,她经常受到打击而却没有品尝到成功的快乐,缺少了起码的自信。对这样的学生,"训"和批评是不起作用的,帮助她建立自尊,应该是一个突破口。

在家访中,宋老师对她在学校的表现作了公正、客观的评价,尤其对她后来的变化提出了表扬,并且希望她的爸爸妈妈今后能够在生活方面继续帮助她。她在一旁专心地听着,没有了在学校时的那种无所谓。后来,宋老师提出到她的房间去看看,她勉强答应了。她的房间很乱,但墙上却贴满了她画的画,有几幅还画得很不错呢。宋老师当着她父母的面对她说:"你能画这么好,如果语数英成绩再好一点,将来等你长大了,你完全可以去应考大学建筑设计专业。"她立即说:"老师,你说的是真的吗?你是第一个夸奖我的画的人。"宋老师立即对她说:"你的画画得这么好,肯定可以的!"她的爸爸妈妈一听,眼睛一亮,她的脸上也浮现出她这个年龄的孩子才有的激动。在回家的路上,宋老师又给她妈妈发了一条短信,希望她能在生活上继续帮助孩子找回自尊,自己也会在学校里给予机会助其树立自信。

宋老师认为,"一把钥匙开一把锁"。每一个"问题学生"的成长环境、家庭教育背景都是不同的,班主任只有深入了解学生的行为、习惯、爱好及其问题产生的原因,确定行之有效的对策,才能因材施教,正确引导。小何的情况比较特殊,主要是自制力差,对自己的错误、缺点认识不足,对老师的批评教育产生厌恶、憎恨心理。因此,作为老师,就要以爱心为媒,搭建师生心灵相通的桥梁,与他谈心、与他交朋友,使其认识错误,树立做个好学生的念头;充分发挥学生的力量,安排一个责任心强、学习成绩好、乐于助人的同学跟他坐,给予学习和思想上的帮助;自己面批面改他的作业,让他感到老师的关心、重视……用关爱唤起他的自信心、进取心,使之改正缺点,然后引导并激励他努力学习,从而成为品学兼优的学生。

2017学年正式担任三年级二班班主任的李怡冰老师,起初将班级目标定位在学生的全面发展,关注学生的身心健康发展和学业成绩。

学校每年国庆节都会举行相应的主题活动,有一年国庆节的主题是"感恩",李怡冰老师便想到了这一年春晚上大红大火的《时间都去哪儿了》,然后找了首感恩的诗歌,直接布置任务:周末必须背出来!接下来便是无休止的训练,却从未和学生探讨过此次活动的意义,学生就如同吊线木偶般任其摆布……比赛那天,只获得了个鼓励奖。

活动过后,李怡冰老师进行了自我反思,其实这样的主题活动,它的意义不仅仅在于活动后的结果,更重要的是活动的过程,这才是提升班风、学风的关键所在。

2018年的国庆节活动如期而至,李老师决定最大限度地发动学生参加这一次活动,并在活动的准备环节中充分体现学生的主人翁地位,让学生在活动中锻炼自我,展示自我。

活动前,确定了表演节目——《满江红》后,学生们便开始集思广益地讨论表演形式,朗诵、武术操、歌曲都被融入了这次活动表演中,后期的训练也成了不断调整的艰辛又漫长的过程。集体训练时,为了让每个学生投入训练,李老师必须表现得精神饱满,充满激情,有时还要自己亲自示范,喊口令。她又一次真正体会到班主任的艰辛。正式表演的那天到来了,她鼓励孩子们:"我们付出大量艰苦的努力,已经达到了很高水平,只要大家尽力把平时的训练水平展示出来,肯定能拿到好成绩。"结果出来了:"最佳表演奖——四(2)班。"话音刚落,全班同学雀跃欢呼,相互击掌、拥抱,李老师也兴奋不已。

作为班主任李老师感悟很深:只有真正明白了学校主题活动本身的意义,以此激发学生的潜能,锻炼学生的才干,才能有效地增进

师生间的理解和沟通，建立良好的师生关系，提升集体荣誉感和班级自豪感，从而真正实现师生共同成长的目标。

崂山小学校"三长"队伍以青年教师为主。在"三长"队伍的培养上，我们注重德才兼备，任人唯贤，充分发挥青年教师的积极性。之前每个年级的平行班级相对较少，学校只是聘用学科教研组长和备课组长。自2015学年起，学校开始聘用"三长"。"三长"队伍日渐成为象征崂山小学教育教学实力的"旗帜"。

图3-3-1　2021年，青年教师培训

图3-3-2　2020年，班主任会议

根据学校文件,教研组长(备课组长)职责主要是:组织学习,明确要求;落实常规,互听互评;开展研究,控制负担;加强进修,带教青年;坚持改革,改变观念;协助管理,专室专用;积累资料,申报优秀。"三长"队伍建设,事关"抓实、创新"教育教学基础工作,是学校基层管理队伍的抓手,事关学校中层后备干部的储备。

一、明确职责,积极担当

每学期开学初,学校都会在教导处的组织下,召集"三长"们开展培训。学习先进的教育思想,以新发展理念为指导,全面深化素质教育,明确"三长"职责,要求组长们以身作则,努力成为学科教学的带头人、年级管理的带头人;深入研究精准教学,学科备课组分工合作;引导教师在管理上、教学常规上、课堂教学上下功夫,能够以课堂教学为主阵地;采用多种教研形式,致力于课堂教学的研究,致力于教学质量的提高,致力于学生的全面发展,致力于教师的专业成长,力求教研工作做到"实、广、活、新"。

我常说教研组长要当"领头羊"。

林康宁老师认为,如果将我校比作是一列"和谐号",那每一个教研组便是一节节车厢,身为教研组长要增强大局意识、责任意识、科研意识,才能使这列高铁跑得又快又安全。

学校音乐组曾荣获浦东新区优秀教研组。林老师担任音美组组长期间,与组内老师在艺术领域潜心钻研,勤于思考,勇于实践,教研组在她的带领下多次获得校级优秀教研组的称号。自1994年起,口琴作为艺术特色走入崂山校园,对于她来说,这也是一个新的领域,她跟随上海口琴会会长陈宜男老师认真学习,慢慢摸索出一套社团训练方法。崂山"小百灵口琴社团"在音乐组老师们的悉心指导下,屡获佳绩,并赢得了专家和领导的一致好评。近年来,音美组老师队伍从当初的3人扩充至现在的9人,逐渐壮大。虽然两校区距离较远,但同事们之间的情感越来越紧密。教研组定期开展主题鲜明的教研活动,工作中大家相互帮助、相互支持;加强师徒结对辅导,定期交流,相互听课。在音乐学科领域,大家的专业能力都有了显著的

提高,林康宁、柴颖佳两位青年在发展学生、成就团队的同时,也不忘实现个人的专业成长。目前她俩相继完成了小学高级职称的晋升,作为她俩的师傅,副校长黄轶英老师更是功不可没。作为浦东新区资深音乐骨干教师,无论校内校外,黄老师的音乐教学和指导能力都有名气。2020年疫情期间,黄轶英、柴颖佳老师的线上教学讲座,进一步扩大了崂山音乐团队的影响力。2020年11月23日,黄老师更是走进上海微校"空中课堂",录制一年级唱游《娃哈哈》教学视频。黄老师对教材的钻研、对教学环节的把控令人赞叹,已然成为我校青年教师学习的标杆。

近年来,音乐组在校领导的鼓励与支持下,不断充实学生艺术社团力量,增加了"小风铃手风琴社团""音之翼合唱团""少儿沪剧社团"等。2018年9月,崂山小学被评为浦东新区戏曲文化教育传承基地。2019年夏,"音之翼合唱团"还远赴澳大利亚,参加了第30届国际合唱音乐节活动,并喜获银奖。如今的音乐教研组长、学校艺术辅导员、手风琴教学领衔指导柴颖佳老师深深意识到,教研组长只有教研在前,专业在先,才能凝聚教研组的智慧,产生向心力、战斗力,提升学校的艺术教育水平,音乐组责无旁贷。

二、加强教研,组长争先

学校教导处每月召开一次"三长"例会,组织"三长"学习各科新课程标准,新课程标准解读、新的教学参考、教学杂志,进一步明确、理解课改精神。经常聘请学科专家莅临学校听课指导,对备课与教学中出现的问题进行研讨。教研组和备课组,还要能够根据学校工作计划,结合本组、本学科特点,制定教研活动计划,确保每两周一次的教研活动有主题、有内容。重教学反思,加强年级组之间的集体备课,实施教案资源共享的同时,要求每位教师立足因材施教,及时把课堂上生成的动态教案记录下来,完善教学调整,做好教学反思。期末还要召开"三长"工作总结会议,推荐"三长"代表发言总结一学期所做工作,并反思工作中的不足之处。

语文教研组教师队伍规模最大,如何让"大组"成为"强组"是教研组长金艳芝老师一直思考的问题。教学水平是教研组实力的重要体现，组长要以身作则，身教胜于言教。金老师结合当前语文部编版教材实际，决定借骨干展示和组内研讨的机会，潜心钻研文本，将四年级上学期第五单元16课《麻雀》的两课时完整呈现，和教研组老师共同研讨得失，以教促研。2020年11月13日周五下午，金老师在该学期的第一次骨干教学展示活动中，师生互动和谐、教学环节流畅，目标达成度高。紧接着的一个周二上午，金老师趁热打铁，开讲《麻雀》第二课时，紧扣教学目标，利用好部编教材的插图，循循善诱、层层深入，让学生在自主探究中品出真情，取得了良好的效果。

课后，青年教师们纷纷表示：金老师在如此紧促的公开教学安排下，连续上了一篇课文的两课时，给大家作了一个很好的示范。她对文本解读的用心、对语文学科"要教什么、怎么教"这一永恒的命题钻研，值得借鉴。

金老师坦言："老师只要经常钻研，一定会有提高、有成长的。我希望自己的这次尝试能带领更多老师敢于挑战自己，同组的老师也可以相互研讨合作上一篇课文的两教时，更可以是同课异构，这样的教研氛围一定是最令人期待的！"

在语文教研组良好的教研氛围推动下，语文各备课组积极实践。2017年9月，徐斐霏老师被学校聘任为周浦校区低年级语文备课组长，那是她参加工作的第四个年头。那一年，她第一次离开带教师傅遮风挡雨的羽翼；那一年，她第一次从教二年级语文；那一年，备课组注入了许多新鲜血液……徐老师坦言："正当我迷惘时，幸运的是，有一群志同道合的伙伴与我一路前行。"

正如我经常提醒备课组长的那样，徐老师渐渐成为备课组最好的"黏合剂"。组内青年教师互帮互助，共同进步。组长徐老师回忆：

> 青年教师婷婷成了我们备课组的重点关心对象：我和年级组长陈老师轮流上示范课，课后为婷婷详细讲解上课过程；接着婷婷上模仿课，每次上课，组内老师全员听课，课后开展评课。几个星期以来，婷婷上课时的教态从容多了，教学语言也进步了，在教学上的钻研也更深了。之后的日子里，备课组经常集体备课，老师们热烈地讨论，婷婷仔细地记录。天色逐渐昏暗，校

园变得一片宁静,而三年级办公室内老师们常常还在如火如荼地讨论着。

一个人可以走得更快,一群人能够走得更远。难忘教研的路程上,因为我们彼此的陪伴,才让彼此的生命留下更加美好的痕迹!

近些年,崂山小学的青年教师迅速成长。2019学年第二学期的线上教学期间,我校有5位老师陆续在语文、数学、音乐学科新区教研活动中进行了交流分享。2020年3月10日,倪玲老师在一年级数学新区线上教研活动中,作了题为《空中课堂"课后思考与讨论"交流》的经验分享;3月12日,马诗晨老师在一年级语文新区线上教研活动中,作了题为《搭建支架,激发表达——"口语指导和表达"微课制作》的经验分享;4月9日,乔蕾老师在一年级语文新区线上教研活动中,作了题为《随文潜入境,识字悄无形——向"空中课堂"学习随文识字活动的设计》的经验分享;4月24日,柴颖佳老师在全区音乐线上教研活动中,作了微讲座《"琴声悠扬,伴我成长"——浅议器乐辅助线上音乐教学的实践研究(以口琴为例)》;5月19日,浦东新区教学骨干黄轶英老师代表新区小学音乐学科中心组在全区音乐线上教研活动中,作了题为《复课后的学业评估建议》的发言,展现了我校青年教师不俗的教研实力,也推动了我校各学科的教研发展。

副校长黄轶英老师身先士卒,她说:"崂山小学的青年教师队伍是充满活力、团结协作的集体。大家不计个人得失、互帮互助,每一次教研和公开教学都是集体智慧的呈现。崂山小学良好的教研氛围促进了每一位青年教师的成长,感谢学校经常给我们搭建平台、创造机会,让我们快速成才。"

三、评比表彰,激励成长

良好的竞争与合作机制促进教师学习转型,是落实学校四年发展规划的有效手段。每学期末在教导处组织下,各教研组、备课组、年级组纷纷总结学期工作,申报参评校优秀组。新学年伊始,在聆听各位组长的申报发言中,我们既可以了解该组的教育教学工作的重点和特色,也感受到组内和谐向上的氛围。

数学教研组已多次获得校优秀教研组称号。他们是一支团结奋进的集体。在教研组长曹蕾老师的带领下，老师们不断提高自身素养，树立先进教育理念，兢兢业业专注课堂教学。教研组学习氛围浓厚，教师团结奋进，拥有两位数学高级教师（蔡朝晖、方妹），两位高级教师师德高尚，为人谦虚低调，堪称标杆。数学组近水楼台，老教师无私传授教学经验，青年教师求真务实学习，整体教学水平稳步提升。这样的团队必然是团结友爱的。为了支持组内张晨祥老师援疆支教，朱慧老师二话没说，服从校领导安排，从周浦校区回到了陆家嘴校区顶岗；疫情期间，组内全体老师一呼百应，悄悄组织线上欢送会，帮着张罗赴疆的防疫用品、生活必需品等。老师们都在用实际行动支持脱贫攻坚、援疆支教工作，为谱写教育梦想献出自己的一份力。

　　荣获2019学年校优秀年级组殊荣的五年级组，也是一个积极向上的队伍。作为"三长"的新生力量——陆丽佳老师于2020年初线上教学期间，带领大家积极开展组内协作，五年级组全体教师迅速适应工作要求，有条不紊。班主任们每天根据防疫要求统计、上报班级学生情况，通过QQ、微信、电话等多种平台主动与学生进行沟通，了解学生每日情况（所处地域、身心状况、学习情况等），做到随时关心，并及时完成每日情况上报，对不能及时回复的学生家庭进行跟踪查问。了解班级学生的心理状态，帮助学生尽快适应疫情期间停课不停学的特殊学习模式。提醒组内同事做好线上家访工作，在紧密的沟通交流中，为家长提供亲子沟通技巧和建议。学科老师与班主任紧密配合，帮助学生安排好在家的学习和活动课程，合理有序地组织开展丰富多彩的线上学习活动。老师们还关注学困生，采用录微课、制定个性化教学辅导方案等方式为他们补一补，拉一拉，帮助每一位学生养成认真踏实的良好学习习惯，保证居家学习质量。作为组长，陆丽佳老师表示，一次历练，一分耕耘，一分收获，展望即将过去的2020年，他们痛并收获着。

　　"三长"队伍建设是提高学校教育教学质量的基础和关键。"青年智，则崂山智；'三长'强，则崂山强。""三长"合力，如红日初升，定能照耀崂山小学发展的光明之路。我校将不断推进"三长"队伍建设，创新思路，提高成效，选好苗子，压紧担子，腾出位子，走好路子。

第四节 "崂山杯"教学竞赛

自2012学年开始举行的每年一届"崂山杯"青年教师教学大赛，至今已是第九届。教学大赛，可谓青年教师竞技教学技艺和展现个人魅力的舞台，从"三笔字"（硬笔字、软笔字、粉笔字）、板书比赛到征文演讲比赛，从教案设计撰写到现场公开授课，青年教师在一次次的磨砺中成长、成熟，经历着宝剑锋从磨砺出的蜕变与精彩。

曾经荣获崂山杯教学比赛优秀奖"三连冠"的倪玲老师清晰地记得：

与崂山杯结缘是在2015年3月的一个下午，我刚放完班就急匆匆赶去探究室进行初赛"教学设计"，一进门看到教室内已经坐满了老师，我心想"不好，迟到了"，让原本紧张的我一下子感到十分焦虑。我有些颤抖的手小心翼翼地翻开试题，是《三角形的分类（2）》，脑海中的记忆翻涌而出，记得去年见习期有幸听到过一节教学指导课，上的就是这个内容！于是我带着激动的心情，开始奋笔疾书。

图3-4-1 青年教师倪玲参加"崂山杯"公开教学比赛

与初赛不同的是复赛有准备期，说课稿在师傅蔡朝晖老师的指导下，通过结合班级学生情况，查阅资料，很快完成了。最终我完成了脱稿说课，掌声响起时我整个人都在颤抖，分不清是成功完成说课的欣喜还是担心忘词的后怕。

　　决赛如期而至，四楼多媒体教室内坐满了全校的老师，第一次见到那么大的场面，同年级的老师安慰我"你就把他们全部当成土豆，不要紧张"。当比赛课结束，蔡老师走到我身边鼓励我时，我才发现课堂全程中，不知是紧张还是投入，我的眼中只有学生们举起的小手，我的耳中只有学生们响亮的回答，我的口中只剩下那一句："你真棒！你真是个爱动脑筋的孩子！"

　　同事开玩笑地说"课上的你仿佛有超能力，能够洞察一切！"我抿嘴微笑，内心乐开了花。哪会有超能力，他们不知道的是，决赛前的几天，无论是在课间、上下班路上以及家中，我把教学内容反反复复进行了演练，又扮演老师又扮演学生，自问自答，把课上可能发生的情况进行预设，制定解决办法。其实我的诀窍很简单，甚至有些愚笨，就是反复练习，一定行！

倪玲老师感慨：三年的崂山杯，一节节教学比赛课仿佛就在昨天，那是我成长最迅速的三年，也承载了我与带教的第一批孩子们的满满的回忆，与他们一起从稚嫩走向成熟。

每年的"崂山杯"教学评比活动，不仅是对崂山青年教师教学水平的一次检验，也是对青年教师不断提高教学能力的一种激励。当陆丽佳老师初遇2016年的"崂山杯"青年教师教学比赛的时候，擦出了什么样的火花呢？"在我看来，那便是历练与成长；'崂山杯'不仅给了我展示的平台，也从侧面见证了我成长的足迹，我想这便是'崂山杯'的魅力所在。"陆老师说。

　　刚接到入围"崂山杯"决赛的通知时，我既紧张又期待，我执教的是一年级"Food I like"的第一课时，借助小猪和它朋友的故事，学习、操练与运用四种常见的食物名称（jelly、ice cream、sweet和biscuit），初步感知"Do you like …？/Yes, I like …/No."初步分享各自对食物的不同感受。

　　第一次试教。刚开始，我有点操之过急，粗略地整理下教案

和思路，就开始试教，我请了同年级老师听课。课后，老师们给我提出了很多意见，思路是有的，只是环节设置太跳跃，主线还不够明确，需要进一步改进。根据一年级孩子的心理特点，实物更能引起他们的兴趣，我把整个教学过程的线索放在了品尝食物上，自以为这样就是以自然的生活情景来引入教学。但试教完的第一感觉就是实物使用的频率过高，使学生的兴奋点更多地集中在吃东西上，而没有落实在语言训练上了，导致最后很难把学生的思绪拉回来。

第二次试教。找到了问题所在，我就马不停蹄地修改教案和课件，还大幅度更改了思路，力求让结构更清晰，主线更明确。第二次试教还配上了头饰、role play的环节，让小朋友带上头饰演一演，这样更能调动学生的学习积极性。第二次的试教重点放在了操练重点单词和句型，尽量去除花里胡哨的东西，让学生学得扎实。第二次试教明显进步，我也更自信了些，在时间的把控上，还不够到位。前面部分的操练环节我花的时间较多，导致后面巩固环节时间不够，在听课老师的建议下，我又稍做了修改。

图3-4-2 青年教师陆丽佳参加"崂山杯"公开教学比赛

正式比赛。经过前期的充分准备和一次次打磨，本节课结构更加清晰，我的内心也更加笃定，最后圆满地上好了这一课。整节课过程循序渐进，从热身活动到巩固练习环节，每个教学环节都是根据学生的知识水平、接受能力而设计，学生们也感受到了英语学习的快乐。

纸上得来终觉浅，绝知此事要躬行。陆老师感受到，每年的"崂山杯"青年教师教学比赛对自己而言是一个锻炼、成长的机会，让她获益良多：

一、课堂是允许学生犯错的地方。我们经常能遇到这样的情况，教师将公开课上得精彩绝伦；突然一名学生问了一个很令教师尴尬的问题，使其陷入两难境地。"崂山杯"的课堂上，我也犯了这样的错误，一个劲儿把学生往自己预设的答案上引。专家老师指出了我的错误，我也进行了反思，课堂上是允许学生犯错的。在课堂上，教师如果扼杀了学生犯错的本能，那无疑是斩断了学生发展智慧之路。有时候教师也可偶尔犯点"小错"，让学生成为发现问题、纠正问题的主角。这样做不仅能够在学生思考的过程中训练其思维能力，培养其开放思维，也使学生对知识点的掌握做到深刻领悟。

二、英语课堂不能流于形式。英语课堂上唱唱跳跳、说说演演，看似课堂气氛活跃，但容易流于形式。我第一次试教时就犯了这样的错误，通过让学生品尝食物活跃课堂气氛，加深学生印象，但课堂效果不佳。课堂教学重在扎实，要让学生在英语课堂中感悟体验、探索发展，学会学习，掌握方法，才是真正意义上的参与性学习、研究性学习。

陆老师认为，"崂山杯"青年教师教学比赛为青年教师们搭建了一个展示自我、锻炼自我、相互学习的平台，也让她收获着成长和感动。课虽尽而意无穷，赛虽止而思未尽；"崂山杯"体现的是相互的教学相长，打磨的是教师的钻研毅力，提升的是教师的专业素养，实现的是破茧成蝶的精彩蜕变。"崂山杯"是一个锻炼的契机，也是一个展示自我的舞台，在比赛中收获的经验是她最宝贵的积累，会催她奋进，促她前行！

图3-4-3　青年教师顾玲参加"崂山杯"公开教学比赛

2015学年顾玲老师第一次参加"崂山杯"教学比赛，由于自身经验不足，并没有获得比较理想的成绩。

比赛之后，她反思了自己教育教学中的薄弱方面。她努力钻研教材，有机会就外出听课，观摩区级展示课，积累教学经验，课堂教学中遇到问题及时向有经验的老师请教，大家也都会积极主动帮助她。通过努力，她终于顺利通过了第五届"崂山杯"教学比赛初赛。她说："在高兴之余，我又有一点担忧，自己能否在后续的复赛中继续脱颖而出？怀着这样的心情，我向同学科的季璐婷老师请教经验，她得知我的担忧后，不但安慰我，还向我分享了她的教学经验。"在季老师的帮助和自己的努力下，顾玲老师成功通过复赛，并在课堂教学决赛中取得了优异的成绩。她表示："每一个精彩的课堂都凝聚着老师们辛勤的汗水，'崂山杯'既是对我们青年教师的一次考验，更是一次难能可贵的学习机会。每年的'崂山杯'教学比赛都是我们青年教师们成长、历练的里程碑。精彩的课堂教学，也让学生感受到了学习的快乐和知识的美妙，真可谓是一个教学相长的平台。"

第五节　倡导"研究兴教"

一年级的下半学期,赵海蓉老师接任了小强所在班的班主任。通过一段时间的观察,发现小强上课时常动手扯前面同学的头发,东张西望,转身拉别的同学和他讲话,晃椅子、东摸西摸、玩小东西。老师批评或暗示后有一定效果,但很快他又我行我素了。

赵老师通过家访了解到:他从小就明显表现得比其他孩子更为多动。通过查阅大量资料,赵老师发现他的症状不是一般孩子的好动,而是与儿童多动症的症状非常相似,于是及时与他的父母联系,建议家长带孩子去医院向专家进行咨询。经过专家的诊断,小强是属于铅中毒引起的儿童多动症,同时进行了药物治疗。为了配合孩子的治疗,赵老师又一次查阅有关的资料,为他量身定制了教育方法与策略,努力改变他的多动行为。

赵老师受小强案例的启发,写出了《润物细无声——儿童多动症教育个案》论文,文中写道:

在对小强的整个辅导过程中,我深深了解到爱心、耐心、信心的重要性。

一、以人为本,倾注爱心

教育是心灵的艺术,教育的过程不仅仅是一种技巧的施展,而是充满了人情味的心灵交融。

作为一名小学班主任,我们平时要处理的班级日常事务就很多,很琐碎,但我还是一有空就找小强聊天,倾听他的想法,走进他的心灵,让他知道老师在关心他,他没有因为得病而遭受嫌弃和歧视。在谈话过程中,我除了注意语气温和、态度真诚外,还会留给他充分表达自己真实想法的机会。在他表达时,我会保持倾听,以使他产生被尊重感,让他感受到老师对他的信任,感受到老师的关爱,从而加强师生之间相互信任的关系。

在课外活动时,我总让他跟在我的身边,这样除了能及时给予他特殊的关注外,还能以此加强师生之间的交流和沟通,形成

相互信任的师生关系,帮助儿童克服心理问题引起的行为问题。

二、良师益友,宽容以待

教师应是学生的良师益友,应宽容以待之。对待多动症儿童的多动行为要切忌伤害他的自尊,更不能一味说他好动,注意力不集中,这样会产生负面影响,更会加剧他的多动行为。

当孩子在课间一会儿乱跑打翻花盆,一会儿乱动损坏别人学习用品时,是该一把拉住并按他坐下说:"你就不能老实一会儿吗!"还是应该边帮他擦去额头上的汗,边坐下问他有没有碰伤,然后再心平气和地告诉他行为的后果呢?

如果是前者,在这种态度和语气下,这个孩子会真像我说的一样,无法老实一会儿,并且可能会越来越不老实。大家不会忘记"皮格马利翁效应"吧,成人的态度和期望对儿童具有神奇的力量。

因此,我会坐在他的座位上对他说:"小强,汽车该进站休息了。"然后边帮他擦去额头上的汗,边问他:"小汽车有没有撞到行人呀?""没有。刚才差点要撞上婷婷,我急刹车了。"小强得意地说。"我们小强真厉害,知道要避让同学啦。但是如果下次车子没刹住撞到同学了,怎么办?"在小强思考的时候,我接着说道:"我们能不能不在教室里玩这种危险的游戏呢?老师知道,小强也不想同学受伤的,对吧?"小强点了点头,心里想"我不开汽车,我玩什么呢?""如果小强能做到,老师就陪你一起开飞机(下飞行棋),好吗?""好!"小强开心地回答。

"说你行,你就行",对心智发育尚不成熟的儿童来说具有很大的鼓励和支持作用,教师要怀着一颗拳拳爱心,对儿童加倍关心和呵护,给予宽容和理解,寄予期望,以孩子的眼光看待儿童的活动过失,不批评指责儿童,多关注其优点,多鼓励其进步,给予他们以深深的热爱和期望,相信这样的期望和力量,定会产生神奇的效果。

暂时性地容忍宽恕学生的错误,采用灵活委婉的方法去教育他,鼓励他,既保护了学生的自尊心,又促进了师生的情感交流,能达到事半功倍的效果。

三、因材施教，循循善诱

"一把钥匙开一把锁。"每个学生的情况都是不一样的，教师必须弄清楚学生的具体情况，从而确定行之有效的对策，因材施教，正确引导。

像对待小强这样比较特殊的学生时，教师就要采取潜移默化式的教育，要让他懂得"我为什么要这么做"的道理，从思想上加以认同，只有明白了道理，才能使学生自觉地按照老师提出的要求去做，变"要我做"为"我要做"。为了规范孩子的日常行为习惯，与家长和孩子一起商量制定了"天天向上"奖惩表，对他提出明确、具体、切实可行、让他跳一跳就能够得着的期待。每周与家长、孩子一起进行总结，及时在精神和物质上对孩子进行奖励和惩罚。尤其着重发现孩子的闪光点，并将其适当放大，进行表扬。让孩子充分感受到"我能做，我要做"。

另外，把他安排在教室的第一排座位上，以便在上课时能随时得到老师的监督和指导。上课时，有意识地多关注他，只要他认真地听课，坐姿端正，手脚放置规范，我就会走到他的身边轻轻地拍拍他的肩膀或者向他投去赞许的目光，并当众大声地对他进行表扬，以此激励他不断地进步。课后，给他布置弹性作业，让他和同学们一样，每天都能完成作业。

良好习惯的养成不是一朝一夕的，在养成良好习惯的过程中，往往会出现反复现象。因此，教师要通过经常性的督促检查，使学生在不断的实践中养成自觉的习惯。

四、多管齐下，树立信心

成功对孩子的发展具有激励作用，对多动症孩子尤其重要。教师要努力为他们创造更多的机会和条件，让他们从点滴的进步中，感受成功的喜悦，进一步树立自信心。如平时上课时一些较简单的问题，尽量让他回答，让他在同学们面前也能表现自己。进行测验前，对他进行个别的辅导，争取使他测验时的成绩也能及格，让他感到成功的愉悦。

每个学生的智能发展都是不均衡的，都有自己的强点和弱点，我们要善于发现学生的优点，有时可将其闪光点适当放大，

进行表扬让学生能够在成功的喜悦中体验自信。在一次的家访中，我发现小强家里有很多他的手工折纸。于是，在一次十分钟队会上我就让他教同学们折纸。这对于一个被要求天天以他人为榜样的孩子来说，是多么光荣而又自豪的事呀。站在讲台上羞涩地教同学们折纸的过程中，他的自信也在慢慢地形成。

五、形成合力，营造氛围

打造良好的班风、班规，让多动症孩子感受到老师的关爱、同学的友情、集体的温暖、校园生活的丰富多彩。我利用晨会、班会等恰当时机做好班级学生的思想工作，告诉他们不能因为种种原因而孤立班集体中的任何一员，向学生讲述团结合作的重要性，使班集体形成一致、健康的舆论，充分发挥集体舆论的作用。教育其他学生公平对待小强，同学之间要互帮互助。在我们班，经常会看到小强还在到处找着橡皮时，小A同学轻轻地把自己的橡皮放小强手上；小强的书本都掉在地上时，小B同学默默地帮他捡起来……经常会听到同学们在告诉我，"老师，小强今天休息时没有乱跑"。"小强今天做眼保健操很认真。"……小强在这样的集体中感受到自己受到老师和同学的尊重和爱护，更爱学校，更爱学习了，从而更坚定了克服影响学习的劲敌——"多动"的信心。

儿童绝大多数的时间都是在学校里，学校教育对儿童多动症的治疗具有重大的作用。但是家庭直接影响着儿童的治疗，在这种意义上，学校必须和家长保持紧密的联系。因此，我除了在学校里照顾和教育好小强之外，还与他的家长经常联系，定期将孩子在学校里的学习成绩、平时的课堂表现、课后表现以及作业情况等告知家长，使家长能够全方位了解孩子在校的学习和生活情况，及时调整治疗方案，形成家校合作的良好氛围。

教育是一项长远的系统工程，特别是对多动症儿童，不是一朝一夕能完成的。我们要有耐心，正确看待"反复"现象。只要我们真诚地接纳多动症儿童，以自己的关爱之举，与家长形成合力，付出爱心与智慧，进行有效的教育干预，幼小的花朵一定会开得绚丽、灿烂。

图3-5-1 赵海蓉老师与学生谈心

经过学校、家长和医院三方面长期共同的努力，小强顺利完成了小学五年的学习，并以优良的成绩进入了理想的中学。

小华同学违反纪律带糖果进了教室，分给了其他同学后还乱扔糖纸。金艳芝老师把他叫到办公室，毫不犹豫地说："糖是你带来的，是你违反班规在先，是一错；不听同学劝阻，是二错；推脱责任，是三错；损害集体形象，是四错！"面对老师疾风骤雨般地批评，小华彻底无语了。金老师又不动声色地说："但是，老师也要表扬你一点。你把糖分给了其他同学，愿与他人分享，就是很好的品德。老师就要赞赏你。"

这以后的几天，小华变化很大，每天课间排桌椅、检查卫生、负责班级的电灯开关、检查领巾佩戴等，什么都做、什么都管。同学们纷纷称赞他工作认真，金老师也对他刮目相看。有一天，小华妈妈给金老师打来电话："老师，今天我下班回家，看见小华竟然自己在房间安静地做作业，我真不敢相信，以前总是催啊催的，他也不肯做，现在我总算好放心一点了！真的谢谢老师啊！"其实，孩子责任意识提高，性格变得逐渐成熟，变得能静心去做一件事了，学习上效率也高了，成绩自然也会提高！这确实给整个家庭带来了幸福感。

金艳芝老师以此案例写成论文，总结道：

　　小华生性活泼好动，很难让其中规中矩地遵守一切规范，那么，何不发挥他的本性——大胆、不怕困难，让他担任一次小标兵，也来做做别人的榜样。结果，他积极投入的态度得到了同学们的赞赏，心中的满足感大大推动其不断努力将事情做好的决心，也体会了担当起责任并不是简单的事。我想，每一个孩子都有一种被赞赏的需要。发现他的闪光点，积极创造机会给予其展现自我的空间，是一种有效教育方法。这样，孩子也会学会珍惜这样的机会，更好地融入角色，负起责任。

　　当然，这是一次令人满意的角色担当。那么，如果孩子面对自己所产生的不利、不当的后果时，也应该学会担当，这就提出了更高的要求。小华是幸福的，他在担当中体验到了快乐。他可能还不了解到底什么是担当，但是他开始用行动在实践。作为教育者，我深知一个人的担当意识应该体现在对家庭、集体、社会生活的方方面面，因而对孩子担当教育也应随时随地、全方位地进行。在集体生活中，老师要让孩子们懂得，集体的荣誉要靠大家来维护，集体的财物、卫生设施，每一个人都在享用，因而每个人也就都有爱护、珍惜公共设施与环境的责任；在家庭环境中，父母要让孩子懂得感恩，父母给予孩子爱是为人父母的责任，但是作为子女也要肩负起对父母的赡养责任；在社会生活

图3-5-2　金艳芝老师与学生谈心

中，父母和老师都应教育孩子懂得珍惜别人的奉献与付出，他们将来理应担负起报效祖国和人民的责任，用自己的聪明才智去促进社会的进步发展。相信有了担当、有了责任感，一个孩子才可能具备健全的人格，他的人生才可能精彩。

第六节　多彩学科节和学科周

2016年以来，崂山小学已经开展了6届阅读节活动。

在每一届活动中，师生们充分享受着读书活动所带来的书香润泽和读书的快乐。教室里，学生们拿来自己心爱的书籍，建成了一个小小图书角；课间，学生们如饥似渴地在书海中畅游；课堂上，教师引领学生阅读课外书籍；板报中、走廊上，处处是学生的读书小报、阅读书签、书法作品，这是校园最精美的装饰；跳蚤书市中，学生们交换到心仪的书籍，这是读书带来的快乐；回到家，与家长共读一本书，这是读书带来的幸福……阅读节活动中的一幕幕生动的画面使书香浸润校园，学生们变得更充实、更自信、更乐观。

图3-6-1　2018年，"幽幽书香满校园"阅读节活动

徐斐霏老师记得：

"大家好，我是来自五（1）班的伊伊。今天，我演讲的题目是……"一个自信的女孩站在舞台前，声情并茂地诉说着自己内心的故事。果不其然，伊伊又一次获得了语文阅读节演讲比赛一等奖。谁曾想，这个自信、大方的女孩曾经是一个多么害羞的小姑娘！刚入学时，伊伊总是轻声细语，上课总是默默地听讲，却从不举手发言。"伊伊，胆子大一点。""伊伊，回答问题声音再响亮一些。"这些恐怕是每位任课老师都会对伊伊说的评价。面对老师们的鼓励，伊伊常常低着头，一言不发，似乎也在为自己的不够自信苦恼。第二届语文阅读节到来了，二年级学生开展"我是小小朗读者"视频比赛。班中学生踊跃报名参与，视频中书声琅琅，一张张认真的脸庞生动地演绎着有趣的故事。伊伊也参与其中，可视频中的她仍然那么害羞。"老师，我的朗读行吗？您能教教我吗？"课后，伊伊竟然主动跑到我的身前如此问我。她一定是鼓足勇气了吧？我惊讶地想着。"你的朗读不够生动，不过没关系，老师可以教你。""嗯。"随之，我一句一句地教，伊伊一句一句地学，念得不够好就再多念几遍，毫不气馁。晚上，伊伊妈妈又一次发来参赛视频。这一次，视频中的伊伊和之前判若两人，每一句话、每一个表情、每一个动作都好似经过精心设计与练习，把故事演绎得惟妙惟肖。很快，比赛结果出来了，伊伊获得了二等奖，也受到莫大的鼓舞。从这以后，朗读成了伊伊的爱好和拿手本领：每节语文课上，伊伊总会积极举手为大家朗读课文；每次有朗读演讲比赛，伊伊一定第一个报名。转眼间，曾经那个害羞的小女孩竟担任了校主持人、大队委员，站在台上的她总是令人啧啧称赞。

腹有诗书气自华，最是书香能致远。愿每一届阅读节给孩子们带来成长的喜悦，让书香与人生相伴。

语文教师吴晓丹，特别感谢学校对她的信任，将浦东新区"红色经典"诵读比赛的任务交给自己。她每日坚持带领学生利用早晨或是中午的时间，进行朗诵训练，渐渐地也掌握了朗诵的技巧，不久后组织了一支12人的参赛队伍。功夫不负有心人，历经近三个月的时间,经过初赛、复赛、决赛的层层选拔,我校这支参赛队伍在比赛中取得了一等奖。她也荣获了优秀指导教师的荣誉证书。在学校领导的支持下,这支比赛的队伍不断扩大,成立了由当时部分五年级学生组成的芳菲朗诵社,而此社团的朗诵节目也荣登我校2019年"崂山春晚"在东方艺术中心的舞台。"学科知识的拓展过程中,或许会擦出不一样的火花,精彩迸发,我也将继续努力。"吴晓丹老师说。

为了进一步丰富校园英语文化生活,营造快乐学英语的氛围,激发学生学习英语的热情,每一届的学生能体验到不同主题的英语周。

五月的申城春和景明,五月的校园生机盎然。母亲节是每年五月的第二个星期天。崂山师生在为期一周的以"Happy Mother's Day"为主题的英语周里,通过系列活动,营造语言氛围,拓宽学生视野,培养学生情趣,激发英语兴趣,让同学们知道母亲节的习俗和文化,从而理解母亲、感恩母亲。朱蓓老师记得,那次英语周根据不同年级阶段的学生开展了丰富多彩的比赛活动。黑板报上的英语天地、走廊上的英语绘本,每天中午播放的英语歌曲都营造了良好的英语学习氛围,让孩子们尽情遨游在英语知识的海洋中。"make a flower""make the salad"两项DIY活动,鼓励每位学生将"Do something for

图3-6-2 2020年,英语周开幕式情景剧

mummy"从学校延伸至家庭,营造温馨、美好的家庭氛围。

"填写母亲信息卡"活动,不单锻炼了学生用英语的能力,通过收集母亲信息,让学生进一步了解母亲,如母亲的生日、爱好等,在英语周活动中渗透感恩教育,营造母亲节的氛围。

"read an interesting story"活动,邀请女主角的妈妈到班级里讲故事,家校共乐,营造良好的英语学习氛围。

各年级的同学们也在"Mother's Day"这一主题下进行着各不相同的英语比赛,孩子们全情投入,场面真是热闹非凡。展示墙可真漂亮啊！同学们都化身为一个个小画家,迸发出不同的灵感,肆意挥动五彩的画笔,为自己喜爱的妈妈画了一幅幅专属画。他们还发挥自己最大的创意,为妈妈设计了很特别的母亲节卡片,别提有多棒啦！同学们的歌曲表演唱丰富多彩。华丽的演出服装,精致的妆容发型,吸引无数目光。而比赛也精彩不断,同学们歌声优美,感情充沛,不同的歌曲更是编排了不同的舞蹈,现场的观众瞬间被带入歌曲的世界中,为比赛增色不少,同时也激发了孩子们对妈妈的感恩之情。妈妈们也不甘示弱,声情并茂地在教室里讲述着她们喜欢的故事。

朱老师认为,通过开展英语周的各项活动,崂山小学的每一位学生都能感受到学习英语的魅力。同学们积极参与,大胆说英语,大胆用英语,不仅锻炼了自己的英语能力,更是感受到了无穷的乐趣,给童年生活添上了彩色的回忆。

学科活动激发了同学们的学习兴趣,提升了学生的综合素养。而校园艺术节对营造健康向上的校园文化环境,体现真善美的校园文化特质也具有举足轻重的作用。

为此,我校美术组老师们为丰富校园文化生活,提高学生艺术品位,激发学生对艺术的兴趣和爱好,培养学生健康的审美情趣、良好的艺术修养,老师们群策群力,积极筹备着美术周活动。大家一致认为,围绕国内外的民俗节日或者校园文化节日为主题展开活动,让学生们动手动脑的同时,加深对民俗文化的了解。

2016年3月,美术组初步拟定了第一届美术周的活动方案。我们以"Give me a surprise"为主题进行美术活动,通过手绘彩蛋了解复活节的风俗特色,感受西方文化。

2017年5月，借端午节到来之际，美术组策划举办了第二届美术周活动。以"粽叶飘香，端午浓情"为主题展开活动，通过包粽子、做香囊等一系列美术活动，提高学生们参与美术活动的兴趣。

2018年5月，结合学校阅读节活动，美术组开展了以"小小书签，无限创意——方寸世界蕴书情"的第三届美术周活动。在活动中，同学们热情高涨，积极参与，不仅了解了很多中外画家的小故事，还用画笔把对书籍和知识的热爱绘制在小小的书签上。本次活动有效激发了学生的读书兴趣，提升了学生审美情趣，在方寸之间展现了学生的阅读心路，展示了艺术才华。

2019新年伊始，春意浓浓，为了让同学们感受我国传统年俗文化，美术组开展了第四届美术周活动，活动以"红红火火过新年"为主题，通过画新年、做窗花、写和贴对联、制作彩泥饺子等活动，让校园也充满了浓浓的年味。

2020年是特殊的一年，5月疫情期间，美术组也依然开展了第五届美术周活动。本次活动以线上的形式进行，以"为爱描绘，同心共创；春暖花开，重返校园"为主题，通过绘画、泥塑、制作主题小报的形式表达"崂山娃们"对医护人员的感激之情，用自己的行动向所有奋战在疫情一线的勇士致敬！

2021年第六届美术周正赶上60周年校庆，以"萌娃爱崂山，彩笔绘校园"为主题。"崂山校园趣事多""崂山校园美景多""崂山未来我来绘"等系列作品精彩纷呈。

每一届的美术周活动，美术组的老师们都会经过反复对比与考虑，从不同年级的作品中评出了一、二、三等奖，颁发奖状，并精选出的优秀作品进行全校展示。每一届美术周活动都能在广大师生的参与下，顺利开幕和圆满闭幕。杨燕燕老师谈到，每一届美术周活动结束，许多学生觉得意犹未尽，仍然沉浸在艺术的熏陶之中，愉快的艺术氛围和体验为学生埋下了深爱艺术的种子。

数学周本着"营造氛围，激发兴趣"的原则，将枯燥的数学知识以"实践化""趣味化""生活化"的形式，融入日常教学中，激发学生对数学的兴趣。2016年崂山小学第一届数学周活动，在数学教研组全体教师的共同努力下，正式开始。迄今为止已经举办了五届。

图3-6-3 2018年，"玩转魅力数学，乐享趣味崂山"数学周活动

崂山小学举办数学周活动以来，每年制定不同主题。通过开展丰富多彩的数学活动，传播数学文化，感悟数学之美，让学生在活动中提升思维、在挑战中享受快乐，在全校掀起"玩数学、学数学、用数学"的热潮，形成浓郁的数学文化氛围，让学生真正走进数学、感受数学、喜欢数学，在数学中得到快乐，提升数学素养。

数学活动周还会针对不同年级制定不同比赛项目，从而开展相关活动，一个个有趣的数学游戏让学生们念念不忘：一年级——变换的七巧板；二年级——巧移火柴棒；三年级——速算比赛；四年级——竞速24点比拼；五年级——数独挑战赛。

黄维智老师把数学周的活动比喻为每年崂山学子最期待的数学盛宴。学校通过开展数学周的一系列活动，展现数学的魅力。将数学知识寓于游戏之中，教师适当穿针引线，把单调的数学过程变为趣味性的游戏活动，让学生在游戏中学习，在玩乐中收获。更重要的是让学生深刻地体会到，原来数学是这么有趣！

2017年6月，还在实习期的周裕茹老师，遇上崂山小学举办科技节活动，学校便把科技周活动的策划方案设计交给了她。"也许就是从这一刻，让我从一名大学生开始转变成了一名教育工作者，也是

图3-6-4　2018年5月,"科技进校园"活动现场

我和学校共同成长的起始,"周老师记得,"周一早晨,无人机惊喜出场,在学生们的热切期盼下,科技节开幕了。"

在第二届的科技节活动中,魔法小课堂"神奇的变色"在开幕伊始便牢牢抓住了同学们眼睛,更让大家意识到了保护海洋环境的重要性。随后的"泡泡秀"表演更是将现场氛围带入高潮。各年级同学还在老师们的带领下开展了五项不同的科技活动。一年级的同学,展开想象的翅膀进行"轮船创意涂色";二年级的同学,利用乐高搭建自己心目中的轮船;三年级的同学,开动脑筋,尝试"漂浮的鸡蛋"挑战;四年级的同学,感受水面张力进行"漂浮回形针"比赛;最后还有四、五年级同学紧张刺激的"科学知识竞赛"。

2019年的科技节开幕式是少年们的秀场,孩子们穿上了自己巧手制作的环保服装,有的变身美国队长、蝙蝠侠,有的变成机器人、小勇士,还有美丽的花仙子们……每周中午的承重小船、自制3d眼镜、鸡蛋撞地球……这一次更是将"科技馆"带进了校园的体育馆中,开启了科普之路。有套"银蛇"、针管变变变、电力脚踏车等丰富多彩的科技小活动。同学们不禁感叹科技节太好玩啦,真是既有趣又能增长见识啊!

第七节 "一路书香,一生阳光"

北宋大科学家沈括在《梦溪笔谈》中说:"古人藏书辟蠹用芸。芸,香草也。"古人在书中放置香草,不仅可以防止虫咬,还可以给书留下幽幽清香,"书香"一词便由此而来。而今,在崂山小学的校园中,在每一个"崂山人"身上,无须芸草亦飘着阵阵书香。

水流潺潺,滋润万物;书香幽幽,浸润心灵。莎士比亚说"书籍是全世界的营养品,生活里没有书籍,就好像大地没有阳光;智慧里没有书籍,就好像鸟儿没有翅膀"。每一本书都是独一无二的遇见。在书里,我们会遇见"青青子衿,悠悠我心"的纯情思念;在书里,我们会遇见"长风破浪会有时,直挂云帆济沧海"的那份雄心壮志;在书里,我们会遇见"路漫漫其修远兮,吾将上下而求索"的那份执着;在书里,我们会遇见"知否,知否,应是绿肥红瘦"的那份闲淡雅趣。

图 3-7-1　2020年,陆家嘴校区数学组合影

青年教师读书沙龙活动的开展,让青年教师们就书中的知识、读书感悟,结合自身的教学实际细细分享自己的读书故事。一个个鲜活的教学案例、一个个感人的教育故事、一个个有趣的教育方法生动地再现了他们的教学思考、教学成果。

"每一次的积极参与都让我受益匪浅:一位青年教师要成长为优秀骨干教师,成为名师,其中最重要的是责任、意识和践行。"曹春晓老师认为,所谓责任,实质是"爱",有"爱"才有动力;所谓意识,关键在于"思",有"思"才有源泉;所谓践行,归根结底是"做",做了才有结果。她这样感悟青年教师读书沙龙活动:"每一位教师都是一粒火种,蕴藏着宇宙般强大的能量。每一次的读书沙龙都能成为我们实现自身成长的新起点,把读书和学习作为终生的必修课,上下求索,不断进步,聚沙成塔,集腋成裘,成为让学校、让家长、让学生、让自己都满意的老师!"

柴颖佳老师回忆:

在校级领导的关心和支持以及全体青年教师共同努力下,2013年5月10日,我们举行了崂山小学第一期读书沙龙——"崂山人,书香情"。那是我踏上工作岗位后,第一次撰写活动策划案、第一次担任活动组织者、第一次担任主持人……至今我还能回忆起当时的紧张与兴奋,校长的鼓励与支持、前辈们的经验分享、带教师傅黄老师的层层把关、青年教师们的出谋划策……

2013年6月14日下午四时,崂山小学全体青年教师的读书沙龙活动正拉开序幕。此次活动的主题是"崂山人,书香情"。这是我校举办的第一届读书沙龙活动,青年教师柴颖佳、季璐婷、金晓燕、曹春晓、曹蕾向大家分享了他们各自的读书经验和体会,精彩的表现让在场的所有人为之点赞,观众们听得如痴如醉,受益匪浅。

活动总共有四个环节。首先,四位教师代表就关于高教授的优秀作品阐述自己独特的读后感,并进行互相加以点评,所思所想各有不同。紧接着,老师们上台纷纷回忆"我读书那些年的那些事",情感真实,幽默风趣,将整个活动推向高潮,获得了阵阵掌声。虽然本次活动要求大家阅读的是同一本书,但是每位教师都推荐了两本喜爱的书籍,借此相互学习,相互促进。整个活动在教师们的诗朗诵中

悄然结束，每位老师在台上精神奕奕，神采飞扬，充分展现了崂山小学青年教师充满活力的风采。

最后我上台致辞点评了此次活动。活动的成功，给我们增加了动力和信心。自此，每一年的教师节，青年教师读书沙龙活动成了庆典必不可少的一部分。2014年"书香校园，浸润心灵"、2015年"青春携手书香，教育承载梦想"、2016年"青椒筑梦，寄望崂山"……随着青年教师队伍的不断扩大，年轻的智慧与活力，让读书沙龙的活动逐渐丰富多彩。从原来简单的好书分享、读书心得交流、读书习惯培养等，到辩论赛、朗诵、舞蹈、风采走秀等精彩活动，让一批又一批青年教师感受到崂山小学这个大家庭的凝聚力，同时通过与书本为伴，与经典为友，与教师对话，打造教师学习共同体，更是给予崂山小学青年教师展示风采、充实自我、不断进步的平台。

读书沙龙伴随着青年教师不断成长，而随着青年教师的不断成长，"读书沙龙"活动不仅是一次单一的活动，更是激发青年教师"好读书，读好书"的梦想的契机。如今"阅读"已经成为崂山小学最重要的关键词，正是因为有着一群"好读书"的教师，才能让我们的"崂山娃"们爱上阅读。书香崂山，心存志远，一路书香，一生阳光。

袁诗逸老师对2015年"青春携手书香，教育承载梦想"主题的读书沙龙活动记忆犹新。

那年周浦校区的大礼堂早已被打扮得温馨祥和：彩色的丝带高高挂在屋顶，气球围满整个舞台，"青春携手书香，教育承载梦想"的标题伴着五彩的装饰展现在屏幕上。人员济济一堂，除了我校的领导老师，还有幸请到了浦东新区第二教育署王华副署长以及金嵘科长莅临现场。

活动在乔蕾老师的演讲《美丽中国梦》中拉开序幕。本次活动中重要的一个环节是交流读后感，阅读《罗恩老师的奇迹教育》之后，有四位老师的读后感获选上台与大家交流，袁诗逸老师也是其中之一。最后的活动，是青年教师以"微笑，是否是教育教学的有效方式"为题举行辩论赛。袁老师感慨：读书沙龙活动为提高师生文化素养搭建了一个平台，使我们深刻认识到只有"多读书、读好书、好读书"，才能不断完善自我、提升自我。

第八节　开辟"崂山大讲坛"

学校经常组织教师进行师德专题学习,邀请专家作"和孩子共同成长""今天怎样做老师"等专题辅导;组织教师积极开展"鲍鹏山新读论语"读书交流会,"与学生为友","让学生做最好的自己"论坛活动,"做学生的知心人"交流活动,"校训指引我成长"主题征文与演讲比赛等。

崂山大家庭也为老师们提供了宝贵的学习机会,我校组织老师收看人民教育家于漪老师的视频讲座。上海市杨浦高级中学名誉校长、语文特级教师于漪老师,在教育的园地里耕耘了整整60年,她的名言"如果只是教书,那么你就是教书匠、知识二传手。不能忘记教书的目的是育人,这是大目标"和她的教育理念深深地根植在我们心中,时刻提醒着我们要既教书又育人。

有一阵国人开始崇尚国学经典,电视台也热播《百家讲坛》节目。我萌发了要在崂山校园里开辟一档"崂山大讲坛"的念头。想法一出,得到了行政老师们的纷纷响应,大家开展了热烈讨论。有的老师觉得拓宽教师的眼界十分重要,希望聘请一些教研员、专家老师来校为青年教师们开展讲座;有的老师觉得德育工作中的方方面面也需要请人来指导;还有老师觉得,在鼓励教师们认真工作的同时,还希望给老师提供更精彩的业余生活……

紧接着我们开办了专家讲座、教师论坛、烘焙工作坊——都是"崂山大讲坛"的一部分。通过一场场的活动,青年教师的参与意识被充分调动,教师的教书育人能力也得到了进一步的提升。

2018年3月"崂山大讲坛"应运而生。每一次大讲坛活动,大咖云集,老师不出校门,就能领略优秀教育工作者的风采,感受别样的校园文化,接受前沿的教育理念。一次次专题学习活动,旨在塑造爱岗敬业、有团队精神、有高尚师德的魅力教师。

曹蕾老师坦言:我从教以来,一直担任班主任一职,无数次听到人们形容教师是"春蚕到死丝方尽,蜡炬成灰泪始干",无怨无悔、无

私奉献。而我扪心自问，做"春蚕"，口吐丝语，三尺讲台滔滔不绝，且算合格的"春蚕"；日常工作中也会用心去爱，用爱去点亮"微弱的烛火"，做"蜡烛"，也当属合格。但是，我从来就不想做"春蚕"和"蜡烛"！我想做的是一名幸福的教师！

当我坐在学校大礼堂，耳边回荡的是孙丽萍老师发自肺腑的幸福宣讲，立刻就唤醒了我藏在心底的执念，产生了深深的共鸣。比起枯燥的理论知识，这位睿智的班主任老师的宣讲多了一份"人情味"，她用自己的亲身经历向我们传递着她的所感所想。一个多小时的宣讲里，掌声不断，掌声里有感动、更有找到知音的幸福！原来可以这样做老师，可以这样教学生！只有幸福的教师，才会教出幸福的学生！我很佩服孙老师，在做出了一定的成绩后，能够重新思考，不忘初心，砥砺前行，回到原点再出发。她对我们说道："幸福来自尊重和信赖，幸福就是说真话、做真事、做真教育！"站在"崂山大讲坛"上的她真实而美丽，浑身释放着幸福和热情！孙老师的"做一名幸福的班主任"是"崂山大讲坛"系列活动中，我印象最深的一次。

"崂山大讲坛"系列活动为我们搭建了名师传经送典的平台，让我们领略到了专家们在读书之路、成长之路上的宝贵经验。上海话剧艺术中心钱跃书记的"教育者如何养成君子人格"从志于道（树立高远的志向）、据于德（进德修业）、依于仁（爱人）、游于艺（掌握专业知识和本领）四个方面，探讨了教育者养成君子人格的途径。诚如俄罗斯教育家乌申斯基所说：在教育中，一切都应基于教师的人格。教育的目标之一是培养学生的君子人格，而实现这一目标的前提是教育者首先需要养成君子人格。聆听了钱跃书记的"互联网时代如何读书"的讲座，我们如沐春风，确实教书人首先应该就是读书人。

上海市教育委员会教学研究室纪明泽副主任的"评价的转型实践"以"教育，培育创新人才"开题，从"教育价值取向、教育质量评价、学生培养模式、教师专业成长、教育管理方式"五个方面介绍了上海基础教育的转型发展。协力律师事务所李圆律师作为崂山小学的法律顾问，她带来的"学校常见法律纠纷的处理及应对"讲座结合

图3-8-1　2018年，上海市教育委员会教学研究室纪明泽(左一)莅临我校开展讲座

图3-8-2　2019年，上海话剧艺术中心钱跃书记(左一)莅临我校开展讲座

了校园案例的方式阐述了学校常见法律纠纷的处理及应对方法，让我们懂得如何切实维护学生、保障教师和学生的合法权益。浦东新区教育技术协会陈建国老师的"漫谈微课制作"，结合了现如今的新型课程形式——微课，这种区别于传统课堂的创新教学模式。整个

讲座过程中,陈老师用专业的话语,生动形象的案例,让我们对微课有了深入的了解。在互联网、信息技术、人工智能快速更新的今天,教育的途径和范围在不断扩展,教育的形式和形态也更多元。"未来教育变与不变"是上海市特级校长胡银弟带来的讲座。胡校长围绕着"聚焦点、变与不变"三大板块,深入分析了未来教育的模样。做课题研究是时代发展的需要,是为了解决在教育、教学中发现的问题。教育发展研究院吴为民老师的"教师研究什么"为我们答疑解惑……

曹蕾老师感慨:"崂山大讲坛"系列活动是以提升我们教师能力为目的,通过生动形象的教学案例,让我们有真触动、真启发、真提高!专家们睿智的教育技巧和娓娓道来的育人故事,让我如饮甘露,精神上的享受冲淡了教育上的困惑。通过"崂山大讲坛",我收获了很多,原来30岁的年龄应该有那样的追求和梦想,应该再难也从不言弃,坚持不懈,而不是满足于现状,停步不前。总之,每参加一次"崂山大讲坛",心灵便得到一次洗礼、一次净化、一次提升。

第九节　师德,永恒的话题

"说到师德,对于我而言,总会觉得这是一个很近又很远的话题。每一次的大会小会、每次学校组织的学习都离不开师德两个字,似乎它与我的工作息息相关。但是说起那些师德失范的行为,又觉得似乎离我很远,觉得跟自己沾不上边儿。"肖璐老师2000年从师范毕业就来到了崂山小学,那时担任英语教师、做班主任,她说:"我眼中的师德很简单,就是比我年资深厚的成熟型教师的一举一动、一言一行。"

肖璐老师觉得,每位崂山小学的老师,似乎都有一种"超能力"——有的是温柔,有的是严厉,有的是耐心,有的是幽默,在他们身上总有学不完的东西。师德二字,也在她这个初入教师圈的新手心中,深深地埋下了种子。

肖璐从一名新手教师逐渐成长为一名成熟型教师,先后担任大

图3-9-1 2019年,学校师德工作会议

队辅导员、德育主任,又在校领导和同事们的信任下担任了副校长。角色、称谓一直在变,但是不变的是自己立志终生从教的初心。她说:"大量的青年教师开始进入学校,如何将我从前辈们那里汲取来的精华传承给这些新人,如何将师德的种子深深扎根于新教师的心中,成为我需要思考的新问题。"

眼看着一批又一批的新生力量加入这个有活力、有朝气、有干劲的队伍中来,肖老师感慨万千。就是这一代代"崂山人",用自己的言行表率,用自己的精气神,传承着一种"崂山文化"。

金艳芝老师分享了她和班上学生的故事:

一个早晨,一位老人神色匆忙地出现在教室门口,她要找三年级的昊昊。原来是孩子的奶奶,她要赶十点的火车,临行前,她交代了孩子很多生活的细节,并塞了一百元钱。见老人说罢就要离开,我连忙问了个大概,才得知孩子父母都不在上海,奶奶也有事要离开,要孩子自己独自生活一周!

"这怎么能行啊!"我急切地想询求老人另想办法。

突然,我做出了一个决定:"那这样吧,我帮您带他几天!您赶紧联系他妈妈,让她尽快回来!"

老人还没缓过神来,被老师的话惊得说不出话了。她想感谢,却说不出来,竟用自己最真实的反应表达了——她一下子跪

了下来。也许老人从未想过老师竟能在这样的时刻向自己、向自己可怜的孙子伸出援手吧！

我忙扶住老人，向她频频摇头，示意使不得，让老人赶紧把孩子的换洗衣物送来，安心赶车。

就这样，昊昊第一次来到了老师家。他有些不习惯，不怎么说话。为了打消他的顾虑，我让自己的女儿陪他一起玩，找他讲故事，使他放松了心情。在那些天里，我不仅要照顾昊昊的饮食起居，关心他的学习，更是担起了母亲的角色。每天辅导完作业，总是要跟他聊上几句。昊昊的父母感情出现了问题，都各自抛下他去了外地，最近都是奶奶独自在照顾他。可老人外地的家里也不能没人照顾，就这样，昊昊成了那个可怜的孩子。我就教他怎么自理、怎么体谅父母，在一次次的谈心中，孩子似乎一下子成长了许多……

一个星期后，奶奶回来了，昊昊终于回家了。

通过这段时间对孩子有了新的认识，我走进了孩子的内心。我是幸福的。

某个学期，学校德育室收到了一封家长来信和一面锦旗，信里是这样写的：

怀着那久久不能平静的心情，向你们捧上我那颗感恩的心……我叫周××，是贵校五（2）班学生嘉浩的母亲。当人们还沉浸在春节喜庆的气氛中，天大的不幸却悄悄地袭击了我的家庭，小嘉浩的外公，我的父亲在2016年2月25日因心脏疾病住进了医院。由于病情特殊，必须每天24小时点滴硝酸甘油维持生命，待病情稳定后方能进行手术。突如其来的事件把一家人击懵了，必须每天24小时陪在病人身边，但正在读书的孩子怎么办？生活无人照料，孩子又在临近五年级毕业的关键时期。当时一家人急得团团转，一面为病人担心，一面又为孩子着急。正当我们一家人一筹莫展之际，孩子的老师——金老师亲切地向我们走来，她想我们所想，急我们所急。不但深情地慰问我们，还毅然挑起了照顾孩子的重任，亲自把我们的孩子接回自己的家中，解决了我们的后顾之忧，让我们腾出精力照顾病人。金老师也是一位7岁孩子的母亲，每天回到家中，不但要照顾自己的女儿，又要照顾我儿子的生活起居，还要帮他检查作业和解决学习上的难题，批改学生作业、备课等。

　　一个月过去了，这是何等漫长而艰难的一个月，这不平凡的一个月是金老师陪我们一步一步走过来的……经过医院医生的精心治疗，外公手术顺利而又成功，嘉浩也在金老师的细心呵护下学业和生活自理能力有了很大的进步！

　　当突发的困难降临时，我们感到不幸而又无奈，金老师的义举又让我们感到温暖和幸运。今天我们顺利地渡过了难关，我们不会也不能忘记一路上帮助我们的人，说实在话，千言万语也表达不了我们一家人的感激之情，谢谢你们培养了这么优秀的园丁。我们也要教育孩子永远怀着一颗感恩的心，为他人、为社会，献出我们的一分热、一分光。

老师的爱是鼓励、是信任、是给予、是想他人所想……金艳芝老师说：我愿在自己平凡的岗位上默默奉献，因为这也是幸福。

让我们把时钟往回拨一拨……

"浦东新区教育局正在进行援疆支教的选拔工作，你愿意报名去试试吗？"

"愿意，我马上填写报名表！"

"先别答应这么快，你征求过父母的意见吗？"

"……我相信他们一定会同意的。"

上面就是黄轶英副校长与成磊老师的简单对话。

不久消息便传来了，成磊老师成为第九批援疆人员中的一员。可他不免有些担心：父母年岁渐长，难免会有意外发生，我不在身边可怎么办？

学校的全力支持让成磊老师可以全力以赴踏上新的岗位。成磊老师回忆：

　　我记得娄校长对我说，援疆期间无论家里发生什么困难，都可以跟她说，学校一定会竭尽所能帮助我，让我可以安心工作。离沪入疆的前两天，学校各部门联合策划，为我举办了一场感人的欢送会。娄校长送上了珍藏多年的书籍和一封亲笔信；全体

老师和班上学生一一写下了祝福，真挚的话语令我动容。

机场送别，我与父母紧紧拥抱，这应该是我抱他们最紧的一次了……

在援疆伊始，由于当地与上海有时差、气候干燥，我出现了一些身体的不良反应：手上皮肤干裂、身上皮肤发痒、鼻子流血……父母也从与我的视频中看出了些许异样。尽管我让他们放100个心，但他们肯定还会有忧虑。

2018年4月，娄校长和第二教育署党委书记张立敏老师一同来家中慰问我的父母。其实在平时，除了父母外，学校老师们也经常会关心我的工作、生活是否顺利，有困难一定要跟他们说……这次的家访，让远在新疆的我和家里的父母都非常激动，倍感温暖。

一年半的援疆工作很快就结束了，在陌生的岗位上，我一步步成长，把浦东先进的教育理念带到了当地，也被评为了"第九批优秀援疆教师"。荣誉的背后是崂山小学这个大家庭带给我的无穷力量。让我从一个新手教师，逐步走向成熟。

我始终记得娄校长亲笔书信中所言："前方的路不仅是鲜花与掌声，更多的是汗水与荆棘。"相信在崂山，汗水终将会化为黑夜的明星，把梦想点亮，照亮前进的道路。

2014年第30个教师节来临之际，我校以"弘崂山文化，做优秀教师"为主题，坚持隆重、热烈、简朴的原则，在上级领导的关怀下，在全体老师的共同努力下，开展了庆祝教师节的活动，活动由柴颖佳、沈怡老师主持，还特别邀请了万航渡路小学原校长——上海市特级校长张雪龙老师共度教师节。9月10日下午，全体教师欢聚一堂，度过了一个简朴、热烈而又充实的教师节。

活动一开始，俞建明书记给全体教职员工送上了节日的祝福和亲切的问候，并进一步强调了师德的重要性，鼓舞教师们要努力工作，不断学习，加强自身专业素质和专业能力的提高，树立振兴教育、教师为本和教师教育优先发展的观念。俞书记的话进一步增强了全体教职员工的光荣感、责任感和使命感，激发了大家敬业乐教、教书育人的热情。

紧接着是隆重的颁奖环节，校领导依次颁发了区园丁奖、"我身边的好老师"、优秀班主任、优秀辅导员和学校优秀骨干等个人奖项。连续两年获得学校优秀骨干教师称号的方妹老师作为代表上台发言，讲述了她对于"优秀教师"的理解，分享了工作中的心得体会，鼓励青年教师在岗位上加倍努力，在工作中不断创新，为学生的成长和学校的发展贡献自己的力量。方老师的发言亲切自然，饱含着她对教育事业的热情，引来了台下掌声阵阵。

教导主任周梅芳老师将2013学年崂山小学优秀教研组的称号授予了英语组。在热烈的掌声中，英语组全体老师上台亮相，英语组组长赵海蓉老师分享了她的带队经验。优秀的个人引领优秀的团体，优秀的团体成就优秀的个人，在赵老师的带领下，英语组的老师们团结一致，朝气蓬勃，充满创造力，优秀教研组的称号实至名归。

校领导将沉甸甸的奖杯依次颁发到了第二届崂山杯教学比赛获奖者手中。一批批有志青年加入了崂山大家庭，在校领导的关心爱护下，优秀教师的指导下，青年教师们正飞速成长，给崂山小学带来了蓬勃的朝气。

看，舞台又热闹了起来，英语组的朱蓓老师进行了新一轮的骨干教师申报展示，在座的老师们在认真听取朱老师的发言后，投下了手中宝贵的一票，随后崂山青年教师口琴队身穿红色旗袍走上了舞台，用手中的口琴为大家带来了一首《童年》，团员教师也不甘示弱为大家带来了精彩的表演。最后，张雪龙校长作了精彩的点评，并作了"优秀教师是怎样炼成的"讲座。一次学术与艺术融合的教师节活动画上了圆满的句号。

"活动虽然结束了，但我的内心却久久不能平静，"张瑾老师说，"崂山小学是我们青年教师成长的摇篮，使我们由懵懂走向成熟，使我们脱胎换骨；我也深深地感到，崂山小学是能充分展示我们才华的舞台，为每一位教师，尤其是我们青年教师提供了一次又一次的实现自身价值的良好机会。学校领导高度重视并关注着我们青年教师的成长，为了提高我们青年教师的业务能力和科研水平搭建了一个又一个的平台，帮助我们迅速成长。这种成长是快乐的，因为在这里，我们可以感受到领导的温情关怀；因为在这里，我们认识了一群

志同道合、真诚相待的同事。也许，结束是另一种开始，崂山小学的校园文化仍将不断积淀，它将伴随着代代'崂山人'步步前行。"

"尊敬的各位领导、各位来宾，亲爱的老师们：大家下午好！我是本次教师节活动的主持人，本校青年教师：徐斐霏。"徐老师深吸一口气，自信地说出："崂山小学'一路书香，一生阳光'庆祝第34届教师节活动现在开始！"伴随着一阵阵热烈的掌声，第34届教师节庆祝活动开始了。徐斐雯老师手持话筒站在舞台上，先前的一幕幕浮现在眼前，顿觉一切是那么不可思议……开学初，徐老师收到黄轶英副校长的信息：本次教师节活动由你担任主持人。主持人？对于曾经那个害羞的小女孩而言，这是想也不敢想的角色。

对于"崂山人"而言，教师节活动就如同每年的"崂山春晚"一样必不可少。教师节表彰活动已成为崂山校园文化的一部分，是每年不可或缺的精彩节目，年年花样翻新，年年令人期待。

黄明勖老师对2018年的教师节活动印象最为深刻，那次教师节活动她有幸作为新教师代表被学校领导安排在"点赞崂山"论坛环节发言。之前，她从来没想过如此重要的活动会交给刚刚步入工作岗位的新教师。但是转念一想，这不正是崂山小学"人人有才"的校训理念的体现。崂山小学倡导课堂上信任学生，发挥学生的主观能动性；对于新教师而言，学校也给予足够的信任和支持，让他们既能上讲台，又能上舞台，礼堂就是展现能力的舞台。

2019年9月27日教师大会上，我以很少用的严厉语气说了这番话：

> 今晨校门口，偶遇一位新生家长。简单聊谈之后，感觉现在的家长不简单。教育理念很多元，对孩子的期许，对学校、老师的期许，越来越全面。我们的老师尤其是教新生的各科老师务必做好准备，我们接受挑战的时代来了！家长有需求与班主任攀谈，走访、打量、约谈一下各科老师都有可能。有些家长的理念与国际很接轨：认为小学里的孩子们不是说学得越多越好，学习是终身的事情，一辈子的事情，只有培养良好的生活习惯、学习兴趣，学会应有的待人接物的礼貌；学会与人合作与沟通，有健康的身心等都很重要。这些，不知我们的老师有过思考

图 3-9-2　师德讲座

吗？！尤其是青年老师，你们的一言一行，就是学校的形象。不适合学校的老师，我们经过教育、谈话、培训、帮助，如果还是见效甚微，我们真的要考虑，你是不是也要考虑，换一个工作环境，可能更有利于你自己的发展！

"发扬高尚师德，潜心教书育人"这是2020年教师节的主题。成磊老师主持本次活动时，心里是忐忑的。

"成老师，准备上台了！"旁边的老师提醒我。

我点了点头，深吸一口气，眼睛用力眨了两下，目光向前，走上了舞台。表演的内容是歌曲《崂山欢迎你》，是一首根据《北京欢迎你》改编的歌曲。

刚开始，我的声音是颤抖的，身体也控制不住，双腿直打哆嗦。到了歌曲第二段，嗓子眼儿的那颗心也逐渐平静了下来。最终顺利唱完了整首歌。

这是我第一次站上崂山小学的舞台，有遗憾有收获。在充分的准备下，唱歌时因为紧张而走了音；不过舞台经验的积累、

老师们的鼓励让我对下次登台演出有了更大的期待。

　　一年一度的校教师节庆典活动,简朴而隆重,俨然成了崂山小学校园文化的一部分。每次都在校内礼堂举行,每次都有一个鲜明的主题,每次都由自己的老师主持。这么多年的教师节,几乎每次都能邀请到领导专家莅临学校。有祝福表彰,有致辞鼓励,有专题学术报告。堪比精神大餐的教师节庆祝活动提升了"崂山人"的精气神,培育了崂山小学教师的师德文化。

第四章

提升小学生阅读素养

营造阅读氛围，转变教师、家长的教育观念；立足环境建设，营造书香校园、书香家庭氛围，让每一位学生能够健康、活泼、幸福地成长，依托阅读活动拉近孩子与家长、家长与学校的距离，以此来促进家长与孩子的阅读交流，培养孩子爱阅读、会阅读、乐阅读的习惯，家校一体共育共赢，把我校的课题研究和"悦读"活动推上新的台阶。

第一节　区级课题研究阅读素养

学会求知，我们把阅读作为重要抓手。2015年10月，学校开展了区级课题"构建学校学习共同体，提升小学生阅读素养的行动研究"。阅读素养是学习各门学科的基础能力，在课题正式开展之后，师生、家长们积极参与到我们的"阅读共同体"，共同营造学校的书香氛围。

同年11月，结合学校区级课题，语、数、英、音乐四个教研组分别开展与课堂实践相对应的课题研究。语文组——"拓展小学生课外阅读，提高小学生阅读能力的实践研究"，数学组——"培养小学生数学阅读能力的课堂实践研究"，英语组——"基于主题单元的文本再构对提升小学生阅读能力的实践研究"。

我校已完成的6个市级心理课题（"亲子成长工作坊的实践与研究""二期课改中教师心理冲突的对策研究""亲子成长工作坊对小

学生抗逆力作用的研究"等）为后续课题研究踏上快车道起到了引领的作用；两个区级一般课题和一个区级重点课题的研究（"小学家校合作的实践与研究"等）主要从家庭教育、家校合作教育、亲子活动等领域逐渐走向内涵发展、课堂引领、阅读素养的提升。以上课题在学校历任教科研主任毛燕菁、黄轶英、沈怡和张金老师的组织下，在各有关课题成员老师的共同努力下，有条不紊地开展研究，取得了一定的成效。我们坚信，通过学校与家庭的不断沟通、交流、分享，能让孩子们得到更多关爱，更多学习与成长。

"我亲历了四年研究过程所取得的成效，感叹崂山人在科研路上付出的种种努力，"作为学校的教科研室主任的张金老师，见证了我校区级重点课题"构建家校学习共同体，提升小学生阅读素养的行动研究"的成长，"一路走来，我们秉持'工匠精神'，用行动来研究，用研究来提升，引领学生扬帆起航，走进书香的殿堂，开启阅读之旅！在教科研的路上，'崂山人'且学且行，且行且思。我为学校点赞！更为'崂山人'敢于科研实践的'工匠精神'点赞！"

为了能使课题研究顺利地实施，我们精心布置校园环境，认真进行各年级书目分级，为课题实施建立强有力的保障机制。

区级课题的研究实施和阅读活动的有效开展，使学生的诵读和写作能力得到了提升。在市、区级"好声音"和"美丽汉字"系列活动中，我校学生均取得了不错的成绩。两校区学生的优秀习作、书法作品、校长寄语和教师撰文多次被《聪明小豆丁》杂志刊载。家长与孩子亲子共读的时间也不断增加，许多家长报名参与"家长讲师团"，主动走进校园，为班级学生推荐好书，涌现出许多"书香家庭"。

区级课题的研究实施和阅读活动的有效开展，使教师素养不断提高，教科研能力不断提升，硕果累累。2015年以来，有四位青年老师撰写了阅读素养的调查问卷报告；五位青年老师申报了区级个人规划课题，她们所撰写的论文和案例均获奖并发表；十七位老师的论文在市、区获奖或发表。

2019年12月，我校新一轮区级一般课题"全学科阅读提升小学生核心素养的实践研究"立项。以全学科阅读实践为研究方向，以培养学生的核心素养为切入口，继续打造"文化润校优发展"的教育品牌，进一步深化素质教育，促进学生核心素养的发展。让不同学科的老师一起参与到阅读教学中来，使教师、学生和家长真正爱上阅读。

记得我在"全学科阅读提升小学生核心素养的实践与研究"区级一般课题开题仪式校长致辞时说道：

各位领导、专家、老师们：下午好！

今天是我校区级一般课题"全学科阅读提升小学生核心素养"开题的日子，很荣幸邀请到了浦东新区教育发展研究院的教科研专家杨海燕老师、殷凤老师莅临学校指导。在此，表示欢迎。今天我想分享的是确定本课题后的一些思考、课题意义、研究方向。

1. 关于全学科阅读的意义与目的

关于阅读，其意义众所周知。犹太人最著名的人生格言，"如果不读书，行万里路也不过就是个邮差"。人的成长离不开独处。独处最美妙的时光就是阅读和思考。大千世界纷繁复杂，喧闹异常。独处时分，唯有阅读可以使自己的心灵得以宁静与放松。

关于全学科阅读，我们理解为在所有学科中都应有开展阅读与理解的培养需求，而不仅仅是语文学科需要阅读与理解。阅读是一种与文本的对话，当今社会科技不断影响着人类生活，生活离不开技术的支持。高质量的生活势必需要高层次的阅读与理解，实践与操作。全学科阅读能力涉及人类生存与共存的需要，包括医疗保健、健身养生、内省修养、花草养护、电器使用等无不需要与文本对话。

全学科阅读的重要目的在于拓展学生的学科学习视野，构建课内外沟通的良好阅读环境。在以往的教学实践中，阅读在其他学科几乎是可有可无，悄无声息的；但在全学科阅读体系中，阅读应"无处不在"，没有阅读，就没有学科教学，所有学科都有阅读，阅读关乎所有学科，哪怕是劳技与道德法治，音乐与体育学科，与阅读也有密切联系。

全学科阅读激发兴趣、引发思考、促使研究、促进合作、鼓励创新，是跨学科开展学习的方式。组织开展适合小学生的阅读

活动，以达到知识点之间的融会贯通，课堂内外的科学沟通，学科之间的有机整合。

2. 关于课题组成员及学科选择

我们选择了小学阶段的语文、数学、英语、体育、美术、音乐（唱游）、道德法治、科学自然、信息技术等学科主要成员开展相关课题研究与实践。

我们希望通过开展全学科阅读与研究，在小学阶段，各科老师都能行动起来，共同培养孩子们阅读的兴趣与习惯，提升学生们的核心素养。

3. 关于小学生的核心素养

核心素养不是全面的素养，而是关键的、必备的素养；不是基础的素养，而是高级的、核心的素养；不是特殊的素养，而是人人必须掌握的素养。核心素养是学生应该具备的适应终身发展和社会发展需要的必备品格和关键能力。学生发展的核心素养包含很多方面，单一的传统课程教学模式，无法满足学生的实际发展需求，他们更需要大量的课外阅读实践和整合各学科知识来解决生活中实际问题。

美国教授，《第56号教室》的作者雷夫说过，老师教的是人，不是学科。全学科阅读指向完整的人，可持续发展的人。我们开展全学科阅读，试图淡化学科阅读边界，倡导跨学科课程阅读整合，给孩子一个完整的世界。

各位老师：学校教育的有限性与知识发展的无限性，以及人的发展的无限性永远是矛盾，理想与现实总有差距，我们不做理想的现实主义者，要做现实的理想主义者！关注学生的核心素养，就是关注学生的未来！全学科阅读，我们在行动！

第二节　营造书香氛围

打造阅读环境是"提升学生阅读素养"行动的第一步。从校园公共区域、各班级教室特色角和家庭环境几个方面着手行动。

一、书香校园——设立开放式阅读区

学校利用专项资金整修了图书室,截至2020年底校图书馆有藏书53 685册。为方便孩子随时随地阅读,在学校每个楼层的公共区域都设立了开放式的阅读区。周浦校区一楼进厅,摆放着一张长长的阅读桌和彩色的圆坐凳,倚墙而立的一排书架,为学生提供了开放的阅读区域。二楼是低年级开放阅读区——整齐摆放着可容纳一个班级学生阅读的桌椅,窗台下一长排书架,陈列着拼音读物、各式绘本,琳琅满目,另一侧靠墙是两台电子阅读设备,这里成了孩子们的阅读天堂。三楼公共区域是教师阅读区——几张小圆桌和几把舒适的沙发旁,陈列着教师专用书架与杂志架,课间休息的教师们可随时驻足阅读或浏览。四楼的开放式阅读区和综合阅览室,电子阅览区供中高年级学生使用。原木色长桌、长条凳整齐排列,阅读环境朴素安宁。学校在"成长存折"中设立了"阅读区",鼓励学生在家里开展阅读,分享读书的收获体会,在"大拇指章"的获得中,学生有了阅读的成就感,有了再次阅读的渴望与激情。

图4-2-1　2020年,娄凤校长与学生合影

图4-2-2 陆家嘴校区阅览室一景

二、书香教室——个性化班级图书角

班主任在各自班级设立了小书柜,每个班级都配备多册儿童读物,每学期轮换,让同学们随时随地有书读。在班主任的倡议下,每位学生选择两三本自己喜欢的,或是本学期学校推荐书目中自己买到的书,与同学们进行分享。班级阅读区的书本种类还非常丰富,童话、科普、探险、小说、各式杂志……更有热心的家长为班级捐赠定制书柜,各班还为图书角命名,选派班级图书管理员,制定班级图书借阅规则等,班级书柜俨然成了"迷你图书馆"。小伙伴们共同营造的班级书香氛围,扩大了学生的阅读量和阅读面,对孩子们阅读习惯的养成更具感染力。

三、书香家庭——秀秀家庭阅读区

环境可以育人,家庭环境对于孩子习惯的养成有着至关重要的作用,家庭环境的建设当然离不开阅读环境建设。我们呼吁家长,让孩子爱上阅读,要先从为孩子布置一个温馨的家庭阅读区开始,同时让家长们在班级微信群里"秀一秀我的阅读区"——"一米图书馆"。家长们积极参与,孩子们喜出望外。

四、指导选择——陶冶学生美好情操

读一本好书，犹如交上一个好朋友。教师把适合本年级学生特点的，一些内容健康、形式新颖、形象生动、深浅适度的优秀中外读物推荐给学生。如三年级学生的《苹果树上的外婆》《鼹鼠的月亮河》《夏洛的网》《绿野仙踪》等，五年级学生的《草房子》《寄小读者》《稻草人》《昆虫记》等。鼓励学生多读优秀的作品，扩大视野、陶冶情操。

张金老师如此评价：从校园到班级，从学校到家庭，我们努力实现阅读"硬"环境建设的"无缝对接"！

"对人类，阅读是一种生命本体的互相映照；对教育，阅读是一种最为基础的教学手段；对社会，阅读是一种消弭不公的改良工具；对生命，阅读是一条通向幸福的重要通道。爱上阅读，成就幸福人生，崂山小学全学科阅读推广之路，正是在厚植阅读的土壤，让祖国的花朵在这块土壤上幸福地绽放。"李怡冰老师用"决定孩子生命高度和宽度的，不是成绩而是阅读"来表达自己对阅读的理解。

学校每年都会举行"阅读节活动"，曾邀请傅雷文化研究中心王树华主任给孩子们带来"傅雷家书"讲座，弘扬傅雷精神；邀请著名儿童文学作家伍美珍女士来和小朋友们交流……"作家见面会""好书推荐""悦读好声音"等活动激发着孩子们的参与热情。

秋风阵阵，秋意浓浓，2020年9月19日周六，因为疫情暂停线下授课许久的浦江学堂行周班终于迎来了2020学年第一学期的第一次线下上课。他们按照防疫要求，统一佩戴口罩进校，酒精消毒手部，经班主任周老师与卫生室周老师体温复测正常后进入班级。

两年前，即2018年9月8日的上午，浦江学堂行周班的开班仪式在学员们诵读《浦江学堂学规》的诵读声中拉开了序幕。

如今，孩子们已学完整部《论语》，正在学习《孟子》。促成这一桩"大事"的机缘，是我对孩子们、对中国传统文化的热爱。学校以生为本，努力为孩子们创建全面发展的良好环境，在会吹琴、会下棋、会踢球之余，也能传承儒学思想，逐渐养成"文质合一、内外兼修、知

行统一"的优秀品质,树崂山学风。

"回首过去的2年时光,孩子们的成长历历在目,"周佳颖老师非常感慨,"近日,由学堂发起的一项'小老师'评选活动,让我深刻感受到,学与不学的明显差异。此活动意在锻炼同学自身的表达能力,促进对经典的学习,同时也传播了优秀传统文化。"

正如浦江学堂创始人鲍鹏山教授所言:"教是最好的学。"班级几位参评的"小老师"中,四年级的陈思涵小朋友脱颖而出。他为同学们带来了《论语》中经典名言的分享。首先,陈同学为同学们详细地介绍了孔子——儒家思想的创立者。随后,陈同学选取了他最喜欢的三句名言进行教学分享。分别是:"人无远虑必有近忧""知之者不如好之者,好之者不如乐之者"及"过而不改,是谓过矣"。围绕这三句名言,陈同学不仅准确地为同学们解释了句意,而且还将名言佳句后蕴含的典故也讲得头头是道,同学们听得津津有味,在他的带领下齐声诵读。虽然,授课时间只有短短十分钟,但他俨然一个经验老到的"小老师"模样,众老师看到他的授课视频后,都禁不住啧啧称赞!

小小的个子,站上讲台,讲台的高度都快到孩子们的肩膀了,没关系,脚踩小矮凳,我们就是"老师"。肚子里这两年积攒下的"墨水"给了学堂孩子充足的自信。

曾有人问周佳颖老师,这么小的孩子学习国学,学到什么吗?起初周佳颖老师确实不知如何回答,因为这毕竟是个在潜移默化中日渐积累的过程。"但是这次,相信你我都真真实实地看到了。三年养正,五年培大,能在小学阶段精读《论语》《孟子》《大学》和《中庸》四书经典,修身立德,这将成为浦江学堂行周班学员们最宝贵的人生财富之一,影响着他们未来的成长。"周佳颖老师如是说。

2018年4月12日下午,"家校共同体,阅读共成长"——崂山小学区级重点课题暨"新优质"学校创建成果展示活动如期进行。展演活动以歌、舞、吟、诵等不同的形式展开,给来宾们带来了一场视听盛宴。

"弟子规,圣人训,首孝弟,次谨信……"听,小朋友们正在吟诵呢!《弟子规》诵读已然成为我校一道靓丽的风景线。小小少年们着汉服、习礼仪,以饱满的精神、儒雅的风姿,伴随着优美的旋律,通过吟诵,传扬着中国的优秀传统文化。

李怡冰老师指导的五(3)班包骏、秦熙、陈渝淑、郭涵涵同学带来的节目诗朗诵《少年中国说》,少年激情满怀,韵味足节奏强,气场强大。台上少年们稚嫩的面庞上带着无法言喻的自豪与刚强,仿佛站在地球之巅,沐浴阳光,为少年中国而呐喊。

"吟诵"不仅是我们鉴赏古典文学作品的手段,也是民族文化的一份珍贵遗产,而诗词"吟唱",则是文学与音乐相结合的文化艺术形式,是诗词音乐性的进一步升华。四年级同学带来的《忆江南》曲目表演,婉转动听、美丽如画,展示了学生们对诗歌这种表现形式的喜爱!观如春风拂面,听来洋洋盈耳,即刻就似身临江南美景,叫人沉醉其中,久久回味。

看中国上下五千年历史,品经典诗词文化瑰宝,怎么能少得了四大名著呢!李怡冰老师和班中四位学生(闫瑞哲、潘瑜莹、郭宸宇和徐子涵)也为来宾们带来了一段课本剧表演——"红楼梦——宝黛初会"。两位经典的人物"林黛玉"和"贾宝玉"在少年们绘声绘色的演绎下,穿越时空,踱着方步走上舞台,令人赏心悦目。画外音,画中人,他们虽不是专业演员,但入戏入情,共同在演绎中品味着经典。

展演活动的最后一个节目是由陆家嘴校区五(3)中队的王致远和妈妈带来的一段配乐诗朗诵——《送别》。听,笛声悠扬,诵读入情,别有一番味道。瞧!阅读就是这么神奇,拉近了孩子和家人的关系,增进了彼此间的感情。

"于无声处掷地有声,于无痕处痕留心中。"一首首深入人心的经典诗篇,一段段精彩的表演已在崂山师生、孩子们的家庭中,留下美好的痕迹。

为了让书香溢满校园,学校发出《"争做小小朗读者"倡议书》:
亲爱的同学、家长朋友们:

读书可以体味人生,感悟生命;读书可以陶冶情操,健全人格;读书可以提升品位,增进才干。"万般皆下品,唯有读书高",这是古人对读书的高度肯定;"鸟欲高飞先振翅,人求上进先读书",这是个人对读书的自然追求;"书犹药也,善读之可以医

愚",这是古人对读书的绝妙建议。

在"点亮阅读之灯,共享'悦'读旅程"的阅读节中,我们向全体学生发出"争做小小朗读者"的倡议:

一、品读好书

书籍是人类进步的阶梯。与书为友,从经典名著中汲取精华,从平凡的语句中感悟真理,用知识武装我们的大脑,用知识丰满我们人生的羽翼。

1. 根据老师的推荐,结合自己的兴趣爱好,精心准备几本自己喜欢、有益的好书供自己每日阅读。

2. 经常做读书笔记,将读书活动中读到的精彩片段、好词好句、名人名言等摘录下来。高年级同学在摘录的同时还可以记录自己的心得体会。

二、坚持读书

把读书作为一种生活方式,把读书作为一种生活习惯。每天沉浸在书海中,静静品味书的魅力,让我们的校园处处充满书香。

1. 坚持晨诵午读、亲子共读,培养学生入室即静,入室即读的习惯,语文老师根据各年级学生特点,进行阅读指导。

2. 每班在教室里设置"阅读角",营造书香的氛围。

三、亲子共读

和家人共读一本好书,和他们分享读书的体会,交流读书的感悟,让浓浓书香飘溢满屋,让读书生活伴随着我们成长的每一天。

1. 邀请家长每天至少抽出15分钟的时间,与孩子一起进行亲子阅读,陪伴孩子的成长。

2. 坚持读书,持之以恒。请家长真实地将孩子每天的读书情况记录在"成长存折"中,帮助孩子养成爱读书的好习惯。

四、读以致用

纸上得来终觉浅,绝知此事要躬行。我们要将读书、做人、做事结合起来,用书中的道理指导我们的一言一行,做个积极向上,品行端正,气质高雅的人。

读书须有选择——读经典,体味百感人生;读哲思,探寻人生本源;读诗歌,铸就心之灵动。读书须当细品——品人生百味，方能知其甘甜；品事理哲思，方可得其要诀；品处事之法门，方知万事之妙。读书须得有法——批注能取书之精要；阅读可练思辨之功；泛读能博学广视。

同学们、家长们，"家有读书子，国有栋梁才"。让我们一起捧书朗读，营造书香校园、书香家庭，一起全身心投入到朗读活动中，做幸福的朗读者，分享朗读的体会，体验朗读的快乐！让我们用朗读丰富我们的知识，让书籍温暖我们的人生！

第三节　阅读导读促发展

学校发放阅读推荐书目，家长们纷纷行动起来，为孩子购书，准备书架、布置阅读区。然而学生之间本身存在的差异和家庭背景及家长文化层次的差异，导致仍有较大一部分孩子对推荐的书本缺乏阅读的兴趣，而家长也感觉无从指导。有些孩子只是随意翻阅买来的书，之后便是书架上的摆设；更有些翻开一本书不知从何读起，看到厚一点的书读了两页便没有了继续读的欲望，想要参与交流就更无从谈起了。对于"阅读"一事，他们似乎才起步便已止步了。如何才能让所有的孩子都能开始阅读并参与交流呢？老师如何能利用阅读课激发学生的阅读兴趣、有效地指导学生的阅读呢？带着这些问题，阅读导读课实践研讨在语文课堂中悄然进行。

张金老师认为，导读课的目的是把学生的阅读兴趣激发出来，对学生的阅读内容进行关注，并向学生传授阅读方法。如何激发学生阅读整本书的阅读兴趣呢？导趣是导读课的目的之一，也就是把学生的阅读欲望激发出来。

学生的课外阅读是一项基本技能，必要的阅读技巧、持之以恒的阅读习惯以及个性化的阅读兴趣都需要教育者的精心指导，因此，学校开设了阅读课教学。每位语文老师根据年级阅读书目，不同年龄的学生情况，开设了一堂堂生动有趣的导读课，课内指导学生进行由浅入深、循序渐进的课外阅读，拓展学生的知识面，扩大知识容量，提高综合运用能力；培养学生"好读书""读好书""会读书"的良好阅

读习惯；培养学生自主学习和探究的能力。

语文组的老师们对导读策略进行了一系列的探索，希望通过有效的导读，引导学生开启阅读之旅。主要采用：

（1）书名设疑，激发阅读兴趣。

（2）从封面和封底入手，激发阅读兴趣：识作者、译者、插画师等；观察插画，大胆推测内容；关注书籍获奖信息；勒口的内容不容忽视。

（3）预设悬念，主动参与，激发阅读兴趣。

（4）授之以渔，轻松阅读，激发阅读兴趣：猜读法、跳读法、批注法。

（5）媒体辅助，引用原文，激发阅读兴趣。

阅读导读实践课的研究，为学生的阅读习惯导航。2016年10月，"阅读导读课"实践研讨课在崂山校园中扎实推进。两校区的语文老师通过选择儿童经典读物，引导学生阅读，指导学生阅读方法。如金艳芝老师带领五年级的孩子"翻书"——解读封面，"读书"——用快速浏览法选读故事情节，"品读"——用反刍式读书法细细体会故事情感，激起孩子们阅读的兴趣，开启了孩子们的"悦"读之旅。

语文组的老师们对导读策略进行了探索，指导学生联系生活，启

图4-3-1 2017年，校骨干教师金艳芝老师执教导读课《草房子》

迪智慧,更有效地开启阅读之旅。

张金老师认为,课内导读实践的研究,促使师生阅读教学相长。学生的阅读期待提升,教师的创新意识也得到提高。教师从"选课外书、备导读课、设计任务单、磨课研究、反思改进"五个方面出发,不断琢磨、改进,发现问题、提出困惑,促使业务水平提高。紧接着,一篇篇导读课课后记应运而生了。老师们记下成功之处,记下失败的教训,记下教学中的应变,记下学生的见解……

课外阅读,教师应当好学生的"营养师",导读应该着眼于"导"。她以陆家嘴校区语文教研组长乔蕾老师执教五年级阅读导读课《寄小读者》为例,说明了教师导读的方法和意义。

这堂课,乔蕾老师课前预设的两个目标:第一,激发学生阅读《寄小读者》的兴趣;第二,初步引导学生养成边读书边作批注的习惯。上课伊始,乔老师就从封面入手,激发学生的阅读兴趣,引导学生仔细观察封面上的书名、作者、出版社"三要素";再从序入手,引导学生读懂"全书导读"——内容提要;接着进行作者简介。她精选了一部分符合学生心理特点的内容,比如冰心的求学经历,作为教授的从教经历,并列明了她的代表作和入选教材的情况,听了她的介绍,学生纷纷发出惊叹,这给上好这堂课奠定了一定的情感基础;然后她介绍了作品体裁——通讯,最后指导学生通读"目录",引出重点选段。乔老师由点及面地指导,帮助学生整体了解,全书导读。导读阅读中,乔老师指导学生选择重点段落阅读作批注,让学生们走入作者的情感世界,体会冰心创作的内核——"爱的哲学"。什么是批注?简言之,就是在阅读中"提问题、记感想、作评价"。这三点中,对于大部分小学阶段的孩子而言,"作评价"的要求是过高的,可以稍后解决。乔老师在课上主要解决的就是要初步教会学生"提问题、记感想"。读书中产生的疑问有多种类型,有生字词的读音和理解方面的疑问,有作品内容上的疑问等,对于这些疑问有不同的方法去解决,但最重要的,要传达给学生的关键在于读书的态度——多学、多问、多思。读书若只是读文字本身,那显然太过于机械了,读书还要懂得举一反三,尝试新知识

图4-3-2 2018年，乔蕾老师执教导读课《寄小读者》

与旧知识之间的迁移，看到类似的字眼、相同的话题，能自觉地记录下来，对于学生知识的积累是大有裨益的。我们都说语文重在积累，乔老师此举也是一种积累的好方法。如乔老师给出的选段有"乡音"二字，她在上课时提到了贺知章《回乡偶书》中的"少小离家老大回，乡音无改鬓毛衰"，还想到了李白《静夜思》中的"举头望明月，低头思故乡"，用孩子熟悉的已有的知识去教授新的知识，引导学生将新旧知识间搭建桥梁形成系统性的知识。

冰心作为中国儿童文学的奠基人，她懂孩子，更懂孩子的世界，因此学生的阅读并没有太大的障碍。孩子们在乔老师的引导下，掌握了读书的好办法，使得孩子们有所学，有所获！张金老师觉得要引导孩子们多读书、读好书、好读书，读整本的书，以此培养学生的阅读品质，提升学生的阅读素养，让书香浸润孩子们的心灵。她相信，导读课给予孩子们的将是更加充实的内心，更加广阔的世界！

乔蕾老师则从弘扬博大精深的中华优秀传统文化的角度来看待语文课内导读的意义。

崂山小学通过创建书香校园，激发师生不断学习的自觉性，养成良好的阅读习惯，在阅读中不断提高自身的人文素养，树立享受读书、终身学习的理念。在全校大力开展经典诵读活动，丰富师生精神生活，感受祖国语言文字的博大精深，积淀深厚的人文素养和文化底蕴。"我国几千年历史留下了丰富的文化遗产，我们应该取其精华，去其糟粕，结合时代精神加以继承和发展，做到古为今用。"传统道德教育名篇佳作，是教育人的宝贵精神食粮，对于学校推进素质教育，提高学生的道德素质、人文素质、语言表达能力，丰富知识结构，有着十分重要的作用。弘扬传统道德文化，开展导读活动，作为培养学生基本素质的一种方式方法，对学生的全面发展，有很大的促进作用。

　　为了传承和弘扬中华优秀传统文化，教育儿童养成传统美德，提高学生的道德素养，培养学生的民族精神，促进学生的全面发展，学校以优秀传统道德文化经典导读为突破口，以双周三午会课弟子规学习和每周四"快乐三十分"诵读活动为契机，加强传统道德文化和优秀文化教育。

　　让教师"与书为伴"——通过读书，振奋人的精神，健全人的品格，提升人的境界，演绎人生精彩。学校积极倡导教师"与书为伴"，读书沙龙等活动，引导教师阅读教育教学专著，如《论语导读》《于漪全集》《56号教室的奇迹》等。诵经典、品名著，学校提倡教师读好四类书：读经典名著，增文化底蕴；读理论专著，强教学实践；读儿童文学，悟童心童真；读报纸杂志，解世事风情。

　　让学生"与经典同行"——帮助学生阅读经典，积淀深厚的人文素养。学校对学生读书活动提出了具体要求：一是熟读经典美文，全面铺开、人人参与诵读蒙学经典的《三字经》《弟子规》等；二是倡导藏书，引导学生走进书籍天地，校园有读书角，班班有藏书；三是以"浦江学堂——行周班"为实践基地，探索校园诵读经典与教育教学协作发展的有效途径。

　　通过一系列经典诵读活动，进一步激发了学校师生对中华经典学习的热情，弘扬我国优秀的传统文化，有利于营造我校"书香校园"的文化环境。中华经典的铿锵余韵还在我们耳边回响，中华经

典的千古风韵还在我们心头荡漾,经典的文化能使美好的人生更加精彩,深厚的底蕴能使灵动的精神得到升华。让中华经典伴随"崂山人"一路前行!

第四节 亲子阅读共成长

为了进一步营造阅读氛围,我们转变教师、家长的教育观念,推介分年级阅读书目。老师们充分了解学生的愿望、在与家长沟通的基础上,依据不同的年龄段,科学地推荐适宜的读本。我们为低年级推荐绘本、童话、神话、民间故事;中年级侧重融知识与趣味于一体的经典书籍;高年级注重阅读审美的引导。我们引导家长一方面要尊重孩子们的选择,另一方面要鼓励孩子们阅读不同风格的作品。

派发一年级"阅读大礼包"。刚入崂山小学的一年级新生都会领到一份"阅读大礼包",含有一封我写给孩子们的信,还有一份亲子阅读建议,对家长该如何培养孩子的阅读习惯提出二十条操作性较强的建议。

开启"家—校—社共育项目",倡导亲子共读,指导、鼓励家长和孩子一起阅读,一起成长,家校共育,携手前行。学校与乐成书院合作推进"提升家庭发展能力"项目和"家—校—社共育"等项目,开展家长系列讲座,从心理学角度帮助家长了解阅读习惯对于人的发展的重大意义,并指导家长培育孩子阅读习惯的方法。2017年4月,学校邀请上海师范大学"大带小"团队为家长们带来了一场"让孩子爱上阅读"的亲子阅读讲座。主讲人钱海燕老师通过展示带读过程中的部分细节,分享大量儿童日常游戏的案例,将"儿童视角""体验式学习"和"内隐学习"的概念娓娓道来,让家长们感受到了与孩子一起读绘本的魅力,体验到了亲子阅读的快乐。

此外,定期开展以学校各级家委会为主体的家长主题沙龙,通过评估反馈表、家长访谈等形式对活动效果进行评估,为活动后续开展提供依据;评选"阅读小达人",表彰"阅读小明星"。

"每当寒暑假,学校都会按各年级不同的阅读要求,发放'阅读任务单',鼓励孩子们争当'阅读小达人',目的是让孩子们养成读书的好习惯。"夏丹老师认为,学校十分重视亲子阅读,大力推行阅读工作,从精简孩子的作业量到开设导读课,学校一直在引导老师和家长转变观念。

亲子阅读,又称"亲子共读",就是以书为媒,以阅读为纽带,让孩子和家长共同分享多种形式的阅读过程。亲子阅读能培养孩子的学习兴趣,还能培养口语表达能力,拓展思维等。更重要的是,给父母创造与孩子沟通以及分享读书乐趣的机会,这也是家校共育的重要内容。

张金老师认为,作为教师,我们必须要采取有效对策,让家长明确课外阅读的要求,赢得家长的配合,帮助家长和孩子制定课外阅读计划,并向学生推荐课外阅读的书目、内容,鼓励家长和孩子共读好书,使家长和孩子一起成长进步。

课题研究四年来,我校有目的、有计划地引导学生、家长参与到课题研究中。我们设计并开展了许多阅读活动,激发学生的课外阅读动力,培养学生广泛持久的阅读兴趣。引导崂山少年在成长路上与书为伴,以读为乐,收获一路馨香。

1. 以阅读积累点燃阅读热情

书单上的书买来了,孩子们读起来了吗?爸爸妈妈们有没有继续关注孩子们的阅读情况呢?老师们怎么才能知道学生已经读了哪些书了呢?那就让"成长存折"来说话。

开学初,随着推荐书目的下发,每个孩子手上都拿到了一本"崂山少年成长存折",上面包含学生一学期内各方面表现的评价,孩子们在学期末用获得的校标奖章兑换"成长币",用于参加游园和奖品兑换活动。这本存折在崂山小学孩子们心目中具有相当的地位,他们都将其视为"宝贝"。孩子们每天阅读二十分钟,让父母、老师或同学作为听众共同参与评价;每月坚持二十天,可得奖章三枚。参与班级交流的可获一枚成长币,参与校级交流的则可获两枚成长币。这个板块得到了家长们的重视,更得到同学们的欢迎。成长存折的"阅读小达人"板块已经成为孩子们阅读活动的重要组成部分。

2. 以阅读评价促进阅读兴趣

每周五中午的十分钟队会，各班家长讲师团和同学们轮流上台进行阅读分享。每周四中午是"阳光少年电视台""红领巾广播台"时间，"阅读分享会"为其中一个固定的版块。每期节目各班轮流推荐两位班级"阅读小达人"到电视台作推荐，分享读书心得。每逢寒暑假，学校布置假期阅读任务单，假期结束各班评选假期"阅读小达人"，获得荣誉称号的孩子均可在《成长存折》的"阅读小达人"版面争得相应奖章。自2017学年起，我们每月开展低、中、高年级"阅读小明星"的评选。期间，我们创设各种交流的平台，开发评价与激励机制，孩子们和父母一起"悦"读，一起成长，令阅读旅程更精彩。

3. 以阅读节活动丰富阅读乐趣

2016年5月，学校开展了为期一周的"营造书香校园，亲子阅读共成长"首届语文阅读节活动。两个校区开展了丰富多彩的读书活动：各班建立个性化图书角；一、二年级制作阅读书签，三至五年级制作读书小报，进行"亲子读书交流"，演讲比赛等。

此后，一年一度以"书香校园，伴我成长"为主题的校园阅读节活动蓬勃开展。通过阳光少年电视台阅读节专题宣传、跳蚤书市、与名家面对面、亲子阅读微视频交流会、"家长讲师团"好书推荐、"书

图4-4-1　2018年周浦校区四(3)班同学家长好书推荐

香家庭"表彰……让书香渗透校园的每一个角落。《心桥报》是由家委会承办的学校与家长交流沟通的平台之一,阅读、导读专刊,为校园和家庭阅读活动提供了展示交流的平台。结合"推普周"开展"我爱祖国语言美"的校园文化活动,推广阅读。阅读节犹如一泓清泉,泛起层层涟漪,在每一个爱好阅读的心灵上留下了浅浅的印记。

4. 以展示研讨促进阅读成长

2018年4月12日下午,家校共同体,阅读共成长——崂山小学区级重点课题暨"新优质"学校创建成果展示活动如期进行。此次活动也得到家长们的广泛支持与认可。活动共分六个板块:五年级阅读导读课"寄小读者";师生、亲子阅读成果展演;我作"文化浸润;优质发展"创建新优质成果汇报;区级重点项目课题阶段汇报;浦东新区教育学会赵连根会长点评;专家访谈。专家组建议:希望学校继续抓住阅读项目研究,将项目建设与新优质学校的创建工作紧密结合,构建家校学习共同体,形成可推广、可复制的经验,进一步提升学校的办学文化品质。把学校办成体艺特色鲜明、师生喜爱、家长放心、社区认可的百姓家门口的新优质学校。

5. 以德育活动助力阅读分享

2017年来结合阅读节、推普周开展了许多亲子共读活动。2017、2018年亲子共读活动主题分别为"我朗读,我快乐,我是小学朗读者"和"能讲会诵,点亮生活"。2019年2月,"书香浸润,家书传情"开学典礼拉开帷幕,激发了亲子家书分享的热情。9月1日,"读好书,诵家书,赞祖国"开学典礼将亲子家书分享的热情再次点燃。2020学年主题为"爱阅读,会倾听,懂感恩"的活动继续营造读好书氛围。如今,学"四史",守初心,亲子读"红色家书",每周一次国旗下分享活动还在校园火热进行中。通过家书形式传递出的情感朴实而真挚,一字一句无不寄托着沉甸甸的感情,令人振奋、鼓舞、动容、慰藉。

疫情期间,虽然我们不能走进课堂,但是在家中学习的孩子们也希望能展示自己。于是,云端家书分享应运而生,一封封家书也让家长感慨万千,感谢、祝福纷至沓来,宅家育儿小贴士、小妙招层出不穷,爸爸妈妈们都变身成为孩子的家庭助教,成为老师最得力的合作伙伴。至2020年12月,我校共有六位学生的家书在"上海最美家

书"公众号的"家书共读"栏目上展示。

张金老师说："有书籍陪伴的孩子是幸福的，有书香弥漫的家庭是快乐的，有墨韵浸润的校园是美好的。菁菁校园，是绽放激情的文化之地，莘莘学子，如肆意而飞的蒲公英。人生因书籍而精彩，校园因书香而芬芳。"她认为，历时四年的"营造书香校园、亲子阅读共成长"主题系列活动，提升了全校师生、家长的文化素养，有效地增进了教师专业发展，使学生开阔了视野，获得了智慧，体验到了读书的快乐，家长朋友们也享受到了亲子共读的幸福时光。书香墨韵为孩子打开一扇窗和一扇门，为师生成长积聚了底蕴。

朱永新教授曾说："如果父母不和孩子共同阅读，那么就将成为同一屋檐下的陌生人。"崂山小学正积极影响着家庭阅读氛围的创建。"陪伴是最长情的告白，读书是最浪漫的教养。"校园书香通过"小手拉大手"飘进了每一个家庭。相信亲子阅读的魅力以及快乐也会持续传递下去，每一个家庭的书香氛围定会更加浓厚！

古人说："秋日读书滋味长！"秋高气爽，气候宜人，秋天正是人们读书的最好季节。周佳颖老师认为，家长是孩子的第一任老师，所以亲子阅读已成为家庭教育的重要内容。家长要为孩子创设环境熏陶、树立言传身教的榜样。要培养学生爱读书的情感和会读书的能力，形成良性循环，让书籍成为孩子的伙伴，家校互动为学生创造了阅读、讨论的机会。家长和学校一起合作，将更有效地促进学生热爱阅读。家校有效互动，用正能量引导学生，率先垂范；担当起引路人的责任，共同为学生幸福成长奠基。我们有责任让广大家长知道并且了解开展亲子阅读的目的与意义，让他们能够主动地配合学校开展亲子阅读。孩子的阅读兴趣和行为需要引导，孩子若能在家里经常看见家长在阅读，家长通过自身的阅读行为让孩子认识到阅读的意义，这将有助于孩子对阅读活动意义的理解，这无论是对孩子的意识或是行为都将产生积极的影响。因此，在家庭中，父母应成为孩子阅读的榜样，首先自身养成良好的阅读习惯，并坚持亲子共读、亲子"常"读、父母经常和孩子一起阅读好书，或轮流朗读书中精彩的段落，一同感受和体验阅读的快乐。这样日积月累、潜移默化的影响，有助于孩子养成终身阅读的良好习惯。

腹有诗书气自华。读书是一种享受，也是一种拥有。秋天与书为伴，会让我们心里充满阳光，和煦而温暖，惬意而幸福。我们衷心希望所有的孩子都能在浓浓秋意中体会到读书的乐趣，希望家长朋友们在亲子共读中感受到与孩子一起阅读的美好，希望从崂山小学走出去的孩子，都是会阅读、喜阅读、乐阅读的孩子，愿良好的阅读习惯能陪伴他们一生！

金艳芝老师真切地记得当年五(2)班的一次班会上，她组织孩子们开展"我读书，我感动"的亲子读书交流会，没想到自己也深受感动。

班长张同学率先发言，她重点讲述了和爸爸一起阅读《三国演义》的苦与乐，"原本，我总认为名著枯燥难懂，特没意思，还要每天读，这不是要命的事儿吗？"大家可不纷纷点头赞同吗？"可爸爸一讲起诸葛亮'七擒孟获''空城计吓退司马懿'等故事时，我却被那些紧张的情节和人物的睿智勇敢所吸引，哦，应该是我被老爸那夸张的神情和时而变化的语音语调所吸引了呀！"同学们不禁一阵哄笑，估计眼前已然想象到了那画面！没想到，一石激起千层浪，大家纷纷要说说自己和爸妈一起阅读的趣事……还记得性格内向的宏果同学也发表了自己的首次"演讲"！她娓娓道来，将爸爸和她一起阅读冰心诗集《繁星·春水》的一次经历说得十分细致。她教爸爸怎么停顿，又教他怎么配上音乐读出感情来。爸爸由开始的羞涩到最后深情抒发，那低沉的声音简直美妙极了！一段父女合诵视频，令人至今难忘。亲子阅读从一个令人犯难的任务，到每一个家庭的参与，改变的不仅仅是知识的积累，更是那日益渐浓的情愫——一股书香之气，正从崂山小学校园生起，影响到每一个家庭，浸润着每一个心灵。

每年春季，校园阅读节伴随着世界读书日(4月23日)一届又一届持续开展。"点亮阅读之灯，共享'悦'读旅程""幽幽书香满校园，琅琅书声伴成长""与好书做伴，与经典同行"……每一届崂山阅读节主题可谓是求同存异，推陈出新。让孩子们畅游书海，从浓浓的书香中汲取营养、浸润童心，让快乐伴随成长。

突如其来的2020疫情，让第五届崂山阅读节变得如此特别。怎么开展线上阅读活动呢？空中课堂给我们打开了新思路。于是，我们号召每一位崂山学子静心阅读，耐心积淀，享受读书的快乐；让读书成为一种习惯，通过阅读活动为抗"疫"加油！你们瞧，在云端，一首首抗"疫"诗词创作，稚嫩而情真；一段段美文朗诵、创作演讲，温柔而有力，一一汇成了坚强的精神力量，给了我们面对困难的勇气和底气。

让每一位学生都亲近书籍、喜欢阅读，是我们崂山阅读节举办的初心。以书香磨砺初心，以阅读浸润生命，终将闻到生命的醇香。

第五章

以特色德育引领素质教育

　　小学德育是素质教育的灵魂,是塑造健全人格的奠基工程。在德育的形式上,我校创新主题活动,《崂山少年成长存折》、毕业典礼和成长礼、家书……丰富了德育的内容,提升了德育效果。我校确立了"注重实效,促进学生心理健康和谐发展"的心理健康发展总体思路,构建了全方位、立体化的心理健康教育网络,帮助学生提高心理素质,健全人格。

第一节　以诚信为基石,践行核心价值观

　　长期以来,我们将"诚信"作为学校的德育、少先队工作的主要抓手和特色工作,将诚信视为第二生命,在学校教育活动中,始终将诚信贯穿其中,努力使诚信教育常态化、系统化和制度化。

一、以课题为载体,研发校本教材

　　2003年,我校市级德育课题"在少先队活动中进行诚信教育的策略研究"立项。在课题的引领下,我们将诚信与学校教育教学活动紧密结合,通过多种形式的主题教育活动,使学生了解诚信的基本内容,懂得诚信是做人的基本准则,增强学生法律意识和诚信意识,提高守法、守规的自觉性,牢固树立守信为荣、失信可耻的道德观念,

从小立志做讲诚信、讲道德的人。

（一）诚实教育方面。培养学生诚实待人，以真诚的言行对待他人、关心他人，对他人富有同情心，乐于助人。严格要求自己，言行一致、不说谎话，作业和考试求真实，不抄袭、不作弊。

（二）守信教育方面。培养学生守时、守信、有责任心，承诺的事情一定要做到，言必信、行必果。遇到失误，勇于承担应有的责任，知错就改。

（三）法规教育方面。在诚实守信教育的同时，还要加强遵守法律法规、校规校纪和社会公德的教育，培养学生的法律意识和规则意识，具备良好的道德品质。

在一系列的教育活动后，我校还于2004学年的少代会决议通过了《崂山小学诚信守则》。守则的推出，无疑让孩子们找到了诚实守信的行为准则，也让孩子们明确了自己今后努力的方向。

在活动中，一次次诚信主题活动、一堂堂鲜活的诚信教育课、一个个诚信小故事都对学生极富感染力，影响深远。因此，我们又将这些内容汇编成册，研发了《诚信——第二生命》校本教材，引导崂山的孩子们播种更多的诚信果实。

《诚信守则》和"诚信校本教材"我们沿用至今，与"社会主义核心价值观"教育无缝衔接，可以说守则和教材中的内容不光留在了墙面上、书本中，更是深深地烙印在崂山每一个孩子的心中。

二、以守信为目标，开展承诺活动

小学阶段的学生处于习惯养成期，孩子大多自控能力稍弱，如何让孩子养成良好的行为习惯，培养他们良好的意志品质一直是我们追求的目标。

在前期的诚信教育中，我们发现孩子对于自己许下的诺言十分珍视，更愿意为之付出努力。因此，自2005年起，我校"好习惯，我承诺"活动正式启动。每个学期初、寒暑假伊始，大队部都会组织队员们开展承诺活动，孩子们可以比对《小学生行为规范守则》《崂山小学分年级行为规范训练目标》《崂山小学诚信守则》《家庭公约》等，寻找自己身上的不足，并签订"好习惯，我承诺"承诺书，在学期和假期中重点改进。在校的承诺书中，每月开展一次自评与互评；在家的承诺书则由父母长辈在假期中开展评价，并在学期末或假期结束后，通过班级、家长推荐的方式，评选出"诚信小标兵"。这项活动的开展受到了广大少先队员的欢迎，老师们纷纷表示：在签订了承诺书后，不按时完成作业的现象少了，字迹端正了。家长们也认为签订了承诺书后，孩子们在家能帮家长做力所能及的家务了，更乖巧懂事了。看来诚信活动不单培养了孩子们的诚信品质，也为他们的全面发展提供了助力。

自开展"好习惯，我承诺"活动后，校园里"以诚实守信为荣"蔚然成风，学校德育室、少先队更是将承诺活动与校园生活全方位相结合。比如每学期，中队辅导员会带领孩子们结合过去自己班级的特点，讨论中队的行为规范承诺内容，并共同许下承诺，这样的一种形式无疑让孩子们有了共同奋斗的目标，增强了孩子们的团队意识和凝聚力。又如，大队部在开展环保主题教育时，队员们对于环保这一话题呼声很强烈，因此，我们又利用这一契机将环保与承诺相结合，在孩子们的心中播种下绿色的种子。

图 5-1-1　2015 年，"诚信伴我行，争当好少年"区少先队展示活动

诚信校本教材和《诚信守则》的使用，让"诚信"二字已然扎根在每个崂山少年的心底。因此，我校方方面面的德育活动都以承诺为主要形式，让孩子形成自律，这也是我们教育的共同追求。

三、以诚信为根本，开展主题教育

在青少年"三观"成型的初期阶段，诚信教育是重中之重。如何将"诚信"二字锤打进小学生稚气未脱的灵魂中，是需要我们教育者多角度思考的问题。

周屏漪老师将"诚信故事"引入课堂，通过熟读诚信小故事、实践诚信守则、绘制诚信小故事，启发学生思考、理解，在老师的循循善诱之下，写下了自己对于诚信的感悟。孩子们通过了解古今中外不同的风俗礼仪、人情世故，感受到了人类对于"诚信"的共同追求和肯定。从"认知"到"行动"再到"内化"，很好地完成了对于诚信精神的理解和融合，为自己的诚信之路开启第一站。

张瑾老师认为，"勿以善小而不为，勿以恶小而为之"。班主任一定要及时纠正学生的坏习惯，坚持诚信教育为先。张老师以"做一个诚实的孩子"为主题，开展主题教育班会，教育学生不说谎话，不随便拿别人东西，借东西、捡东西要还；利用午会课开展"夸夸我诚实"的系列活动，通过讲身边的诚信故事、做诚实的事情、说诚实的话等，使学生认识到诚实才能让人更美丽。

诚信教育是小学生德育的重要内容之一，是提高小学生思想道德素质的重要途径，在渗透诚信教育时，由易到难，由浅入深。在引导学生行为时，从大处着眼，小处入手，从远处着眼，近处入手。如果能立足于学生实际，结合身边的点滴事例，不失时机地对学生进行潜移默化的教育，一定能事半功倍，教会孩子如何成为一个诚实守信的人。

其实，生活的方方面面都和诚信有关，而社会秩序中诚信的缺失，正一步步对小学生的诚信观提出挑战。金艳芝老师针对日常地铁出行中，成年人的逃票行为常常给孩子做出错误示范的现象，结合"二孩"买票问题，开展了《"信"成方圆，快乐出行》区级主题教育展示课。通过活动，孩子们在轻松的氛围中，学习乘坐地铁"如何买票"的小知识，了解地铁公司的免票规定，在合作学习中，参与了购票查询，初步学习了用自助服务系统正确购票；同时，通过观看逃票现象视频，孩子们对逃票行为深感厌恶，纷纷谴责这种行为，强化肯定了自身的诚信价值观。进而再请孩子们对一些特殊的乘车情况情景进行演绎，孩子们结合已有知识及感悟进行辨析行为的正误后，能较为真实地反映自己对"诚信"的呼吁与维护。孩子们渴望诚信、拥护诚信的行为，最后写下自己宣传诚信的标语，其实也是自身体会的写照，是对自我的督促。

通过让孩子们认识诚信在日常出行中的积极作用，进而引导他们在生活、学习中积极弘扬诚实守信的中华美德，将诚信教育融入生活细节。

四、以"成长存折"为依托，创新诚信教育

党的十八大提出积极培育和践行社会主义核心价值观，这为我校"诚信"教育又拓宽了新思路，我们尝试自主研发《崂山少年成长存折》。成长存折的设计初衷是要告诉孩子们，在校园中每天的学习生活就好比在自己的成长存折里存入好习惯、好态度、好品质。当你对自己许下承诺并为之辛勤付出后，定能得到一笔宝贵的精神财富。

在存折中，学生寻找自己的小目标，开展承诺活动，并针对学生的日常学习表现开展动态评价。设计"成长存折"的初衷，就是希望不拘泥于孩子的成绩，关注他们各学科的日常表现；不提倡孩子们横向比较，让他们只和昨天的自己比对。我们将德育、少先队的常规活动和特色主题活动纳入评价体系，从更多的维度，鼓励孩子做最好的自己；我们邀请队员、家长、老师共同参与评价，倡导评价更客观、更公正。成长存折的设立符合我校"人人有才，人无全才，扬长补短，人人成才"的育人理念，鼓励每一位孩子找到自己的闪光点，走正确的发展之路，得到了广大师生、家长的共同欢迎。

五、以核心价值观为延伸，落实德育重点

每一年学校都精心挑选德育主题词，用润物细无声的方式，把传

统美德、良好习惯、文明礼仪根植于孩子们的心里。"微笑"教会孩子们人与人之间可以通过表情传递愉悦与友善;"悦读"鼓励孩子们徜徉在书籍的海洋里吸取丰富的知识;"掌声"告诉孩子们多给予别人鼓励,可以把希望带给他人……

2015年9月1日开学典礼上,我讲道:

> 同学们,新学期开始了,你们一定会暗暗下定决心,新的起点,新的开始,好好加油,争取进步吧!那么在此,校长及全体老师建议大家从每天起床开始,每天进校门开始,每天进教室开始,学会微笑!记住了,每天都要微笑,微笑面对每一个你所见到的人,无论是父母亲人,还是老师同学,甚至是路人……
>
> 当微笑成了你的习惯之后,你会发现微笑其实是全人类共同的语言,也是人类最美的表情。本学期我们崂山小学以"微笑"为德育主题词,希望大家对自己微笑、对同学微笑、对老师微笑、对父母微笑,对身边所有的人都能报以微笑!
>
> 老师们,同学们,如果你能够坚持真诚微笑,当微笑已经成了你的习惯,你一定是非常可爱的人!有人说,人是因为可爱才美丽。愿我们崂山小学的大朋友、小朋友都能每天微笑起来,微笑对待每一个人,人人学做可爱的"崂山人"!美丽的上海人!

2016年2月18日,我在开学典礼校长致辞中说:

> 本学期德育主题为"微笑迎接每一天",微笑是我们表达快乐、喜悦、温暖、幸福的一种本能。微笑,人人都会,而你们的微笑天真甜美,让我们天天带着微笑走进校园,走近你我,用温暖的微笑,感染着你我他,人人争当传播快乐的使者。现在,让我们一起眯起眼睛,上扬嘴角,向我们身边的同学微微笑一笑吧!

周屏漪老师对以"微笑"为德育主题词开展的活动印象深刻:

> 最近,每天早上的校门口都显得格外的热闹和欢乐。一声声稚气未脱的"叔叔,早上好!""老师,您好!"与教师们的声声回应"小朋友,早!"共同构成了学校里的新的一天的第一道风景线。
>
> 这一切的景象得归功于那一次以"微笑"为德育主题词开展的活动。
>
> 在此这之前,每当我做护导老师站在岗位上时,常常遇到路

过小朋友的"冷眼相待"。有的小朋友可能是因为性格内向,看到老师就低头走过;有的小朋友还没有养成"向老师问好"的礼仪习惯,怯生生地看了老师一眼,就大步流星地向自己的教室赶去;还有的小朋友因为不认识不教自己的老师,认为没有必要打招呼,旁若无人地走过老师面前。

一天,在升旗仪式上,肖瑢老师告诉孩子们,老师每天会为衣着整洁、精神面貌良好,微笑着向老师打招呼的孩子贴上不同颜色的微笑胸贴。一周后,可以将自己所获得的笑脸贴到班主任那里兑换大拇指章。这下,大大激发了孩子们向老师问好的积极性。一早,校门口、走廊上、教室里,到处能听到孩子们稚嫩、真诚地问候声。站在护导岗位上的我,也不会再感受到孩子们的"冷漠"了,大家纷纷热情、大声地问好。校园里,每一位老师、学生和校工,都在用微笑传递尊重与理解,用微笑传递快乐与和谐!

我很期待每一年的德育主题词,它可以帮助我们有的放矢地培养小朋友们良好的行为习惯、道德修养,使祖国的下一代在良好的教育氛围下茁壮成长。

崂山小学的德育工作扎实而接地气,崂山小学的孩子们正在一天天成长。是的,他们变得更有爱了。有一天,孙诗依老师的手掌不慎被一个调皮鬼的铅笔戳破,见血,她着急着上课,不甚在意。一个焦急的声音响起:"老师,你快去厕所洗洗啊,有毒的!"孙诗依老师

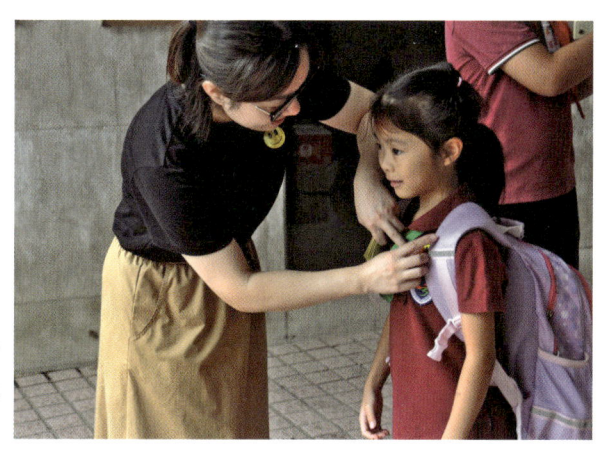

图5-2-1 2019年,开学第一天肖瑢老师颁发微笑勋章

图 5-2-2 2019年，开学第一天周屏漪老师在班级颁发成长存折中的微笑勋章

循声望去，是馨馨。课后回办公室，馨馨和函函两个小姑娘竟拿来了创可贴："孙老师，你忍忍，别怕疼，你的血都流走了，明天我带点红枣给你，我妈说过红枣补血的……"那个瞬间，早春的寒气被孩子纯真的爱驱散，孙诗依老师说：春风十里，不及有你们。

德育工作的核心和目标是实现学生的自我管理。我们创建服务小岗位，不但培养学生的自我管理能力，也是学生自我教育的过程。"小蜜蜂监督队"和"礼仪监督队"就是活跃在崂山校园中的两支重要队伍。每天清晨，监督队队员们早早进校维护校园秩序，早操、眼保健操、课间操、午餐、午会、课间活动，事无巨细，事事关心。通过严格的管理和有序的引导，崂山的校园也更文明、更有活力了。

校园生活离不开丰富多彩的活动，在活动中学生的活力才能被充分展示。正如在"让学生做最好的自己"活动中，队员发起的倡议那样，我们希望每一个"崂山娃"都能做到"三个一"——确立一个远大的理想，达成一个近期的目标，改正一个现有的缺点，从而在校园中不断完善自己、超越自己，做最好的自己。

第二节 《崂山少年成长存折》

2015年2月17日，新学年伊始，我校首次推出《崂山少年成长存

折》，便得到了孩子们的热烈欢迎。为了让这本小小的册子更切合家校共育的需要、更贴近孩子的心声，我们还开展学生座谈会，集思广益，完善《崂山少年成长存折》。座谈会中，有学生谈道：学校经常邀请家长参与丰富多彩的活动，建议将家长的表现纳入存折评价中，提高爸爸妈妈的积极性，在第二版《崂山少年成长存折》中，新增了"父母帮"板块；还有的孩子提出要有展示自己特长的机会，于是又增设了"小达人"板块……孩子的提议更让我们觉得他们真心喜爱这本"崂山少年成长存折"。听取更多的孩子、家长、老师们的意见，共同完善《崂山少年成长存折》已经成了我们德育工作的常态。我们期待着以《崂山少年成长存折》为载体，让孩子在崂山的校园里度过一个五彩缤纷、趣味盎然的童年。

　　在成长存折的扉页上，有一段我给全校学生的寄语，告诉学生们好习惯如同一笔巨款，利息让人终身受益，激励学生千里之行，始于足下。寥寥数语却道尽了习惯养成的重要性。每学期初，老师们会带着学生一起读这段话，想想一个学期自己收获了哪些好习惯，又在哪些方面需要不断提升，激励学生以此为目标，零存整取好习惯。

　　陈伊娜老师还清晰地记得班里有个女同生因丢失成长存折而流下的伤心的眼泪。当老师把自己的一本给她后，她视如珍宝地保存着。在成长存折的使用上，为了让盖章的标准更明确、公平些，陈老师设置了一星至三星的评星标准。一星用于激励班级中表现比较薄弱的学生，不至于让其失去努力的动力；三星用来嘉奖班级中表现比较优异的学生，提升其学习的动力。经过一段时间的实践，发现这样既方便操作又不至于让学生逐渐对成长存折产生冷漠感。在语文学科上，为了更全面地激励学生，每个学期陈老师都会制定好每月成长存折加星的考量点。比如9月为积极举手发言。每节课能做到发言一次的能得一颗星；发言三次以上的可以得三颗星。10月的要求是按时认真完成作业。每天能按时完成作业的得一颗星；能按时完成作业，字迹端正，订正及时的得三颗星。11月的考量点是认真预习，能把课文读通顺的得一颗星；能有感情地朗读课文，完成课后练习，有问题做标记的得三颗星。12月是记笔记，能认真记录老师板书的得一颗星；完整记录板书和关键知识点，并做好标记的得三颗星。

虽说良好的学习习惯不是一朝一夕养成的，但是一个学期下来，陈老师惊喜地发现学生们的学习习惯进步了不少。通过每个月的专项训练，学生逐步养成了上课举手发言、按时完成作业、课前认真预习、课上勤记笔记的好习惯。学期末，不少学生看着成长存折上的奖章，都欣喜地向老师、家长汇报自己的成长。

"作为班主任，成长存折更是我调动学生积极性的一个助推器。"陈老师感触颇深。校园主题活动、十分钟队会、雏鹰假日小队活动、少年小标兵、崂山小达人、阅读小达人、校内外学科竞赛、父母帮各项专栏都有效地激励学生积极参与校内外各项活动。2019年，我校的研究课题和全学科阅读有关，各学科教师都很注重培养学生的阅读兴趣和阅读习惯。自从有了成长存折，每天晚上阅读半小时，让家长签名成了我们班学生养成的一个良好习惯。每天的签名引起了家长的重视，也让学生通过签名、盖章的形式获得了肯定，成长存折的激励性和有效性得以体现。

每年春节开学，一大早，喜气洋洋的"新年福娃"们在校门口迎接小伙伴们的到来。一进校门，一声声温馨的"新年快乐"，一张张幸福的笑脸，校园里处处洋溢着浓浓的新年气息。"福娃"一边热情地向大家送上新年祝福，一边为大家派发新年红包。拿到红包后，大家都会迫不及待地打开，红包里装的是崭新的"成长存折"。老师们希望孩子们在新的一年里，用出色的表现来为自己赢得"大拇指奖章"，换取更多的成长币。

"对于成长存折，崂山娃娃们自然是很喜爱的，但更让人期待和扣人心弦的，要数红包里藏着的新年大奖——与校长共进下午茶的兑奖券。"宋佳玫老师说。

我依然很清楚地记得那天，我们班的徐同学，背着书包，梳着高高的马尾辫的她奔进教室，左手拿着新年红包，右手举着她的兑奖券，特别紧张而兴奋地跑向我，喘着大气和我说道："宋老师，宋老师，我中奖啦！我可以和校长妈妈共进下午茶了！我的新年愿望真的实现了，我好激动好开心呐！你说，我那天穿什么衣服好看呢？我要不要编个好看的辫子？她如果问我学习上的问题，我答不上来怎么办啊？她会不会就不喜欢我了啊?……"她一口气问了我好多假设性的问题,最后她说:"我还是不要兑奖了,我害怕……"我看着她那可爱的样子,用手轻轻地摸了摸她的小脑袋,轻声说道:"好不容易中了大奖,如果放弃,太遗憾了哦,这可是你的新年愿望啊。还有,我告诉你个小秘密,其实校长妈妈很喜欢你的,她也一直很期待能和你一起聊天,做好朋友哦。""真的吗?"她兴奋地问道,眼里闪着光。"当然了,你去了就知道了,宝贝,加油!"我鼓励道。兑完奖,登记好后的第二天下午,我陪她走进校长室,只见娄校长早早地准备好了各式点心和各类花茶,芳香四溢。她热情地拉着徐嘉的小手,招呼她坐下,再紧挨着徐嘉,坐在她身旁。徐嘉一下子放松了起来,之前所有的紧张和顾虑瞬间烟消云散,我冲校长点点头,便离开了办公室。

半个多小时后,徐嘉笑着回到了教室,手里还带着很多娄校长赠送的礼物,同学们一窝蜂地围向她,羡慕的神情溢于言表。我让她和同学们讲述了整个过程,孩子们听得津津有味,她自己更是充满了骄傲与自豪。她当时和同学们说的话,让我至今记忆犹新。"校长妈妈准备的点心超好吃的,我吃了好几种,每个都很好吃!校长妈妈还用纸巾帮我把嘴角擦干净。嘿嘿,好害羞哦。她问了些学习和生活上的问题,我都能答上,因为问的问题和我家人问的差不多。我回来的时候,她还帮我重新系了下红领巾……"我完全能理解同学们那一双双充满期待和羡慕的眼神,因为我自己也很是羡慕。这是一种运气,更是一种福气。

我相信会有越来越多的"崂山娃"祈祷、期待着能早日实现自己的这份小心愿。同时我希望宝贝们能记住这份幸运和恩情,它带给你们自信和骄傲,更是你们人生中一段美好而宝贵的回忆。

青少年是国家的未来,是民族复兴伟业的肩负者,是华夏文明的继承者和传承者。人无德不立,业无德不兴。青少年时期是人生良好品德形成的关键时期。因此,做好未成年人德育教育是非常重要的,于人是受益终生,于国则是播下和谐发展的希望火种。

第三节 毕业典礼和孩子们的成长礼

毕业典礼，不仅是孩子们小学生转变成初中生的仪式，也是他们成长、进步的见证仪式。我校的毕业典礼已经举办了多年，形成了自己的特色。

季璐婷老师还记得她参加自己教的第一届五年级学生的毕业典礼。典礼开始时，学生们的眼神充满期待和兴奋。看着一张张老师精心为他们做的成长照片留念册时，他们时而笑作一团，时而相拥而泣。

校长的殷殷嘱托、教师的肺腑感言，无不感染着在场的学生们。我作为班主任代表发言，昨晚背得很熟练的稿子让我胸有成竹地踏上舞台，可不想没说上几句，竟然哽咽起来，原来毕业季不仅是开心的，也是伤感的。台下的孩子们也泪流满面，让我惊讶的是曾经老师口中"调皮王"们竟然哭得最伤心，温馨的校园文化、亲切的老师们、可爱的同学们让他们也隐隐感觉到不

图 5-3-1 2018年，五年级学生毕业典礼

舍。各中队精心准备的节目展现着同学们的朝气蓬勃、活泼阳光的精神面貌，整个毕业典礼泪水与幸福交织，惜别与希冀同在，留下了一个个永恒而令人难忘的瞬间。

  时光如梭，转眼我的第二届五年级学生也即将毕业了。学校探索创新，希望能够开设一节生动又有创意的毕业课，赋予告别和成长更多的意义。当时既是毕业班的班主任，又是学校心理老师的我，很自然地接下了设计毕业课的任务。毕业课有别于其他的课程，毕业生要尽可能地充分参与其中，并在体验中有所收获、感悟。因此，我设计了"回忆过去""把握现在""展望未来"三个活动环节。在"回忆过去"环节，用几个时间轴让学生回忆起在学校生活的点点滴滴，伙伴间的真情流露使人动容。在"把握现在"环节，让学生们以小组讨论的方式说一说"毕业对你来说意味着什么"，明白毕业不是结束，而是另一种新的启航。最后的"展望未来"环节，让学生用表达性艺术的方式来展现自己心中的梦想，并激发他们努力向上、为之奋斗的愿望。整个课堂的氛围非常轻松，毕业生们在如此愉悦的氛围中，更愿意打开心扉，倾诉自己内心的想法。

2007年夏，在五年级毕业典礼上，我动情地说：

  千言万语汇成三句话送给你们：

  1."有志者事竟成"。愿你们从小立下鸿鹄之志，然后，朝着自己设计的目标，一步一个脚印地、义无反顾地走下去！

  2."一寸光阴一寸金，寸金难买寸光阴"，"少壮不努力，老大徒伤悲"。愿你们珍惜今天的大好时光，学习，学习，再学习，只有丰富的知识，才能筑起你理想的大厦！

  3."勤能补拙是良训，一分辛苦一分才"。愿你们更加勤奋、刻苦、认真、踏实地去学习，用水滴石穿的钉子精神，去攻克学习上的一道道难题，然后抵达理想的彼岸！

2013年6月27日，我在祝贺陆家嘴校区五年级毕业班的84名同学的毕业典礼上发言：

  有人说，人生是一本书。书的封面自然有精彩，有平淡。少年时代犹如人生大书的序言，你们在崂山小学度过了美好的少

年时代。你们勤奋苦读,各方面都取得了长足的进步;你们激扬文字,对学校的很多工作提出了很好的意见和建议;你们众志成城,从容面对各种考验;你们追求进步,以成竹在胸的姿态迎接检验。作为一名毕业生,我为你们对母校的深切的责任感和深深的爱恋之情感动与骄傲。考场上,镜头前,课堂外,你们为母校赢得了无数荣光,你们的一个个名字也闪烁着耀眼的光华。你们有着出色的智慧,但你们更注重锤炼自己坚韧不拔的意志;你们渴望优异的成绩,但你们知道更重要的是培养自我成长的能力;你们有着自身优秀的个人素质,但你们追求的境界始终是互相搀扶着前进;你们,踏踏实实走着生活的每一天。

毕业季中的毕业课程和毕业典礼的双重模式已经逐步成为我校的常规德育活动。每一年的毕业课和毕业典礼都以学生的实际需求出发,给崂山的毕业生们带去满载着期冀、祝福;相信当离歌唱罢,崂山学子们将带着对母校的深深眷恋和未来的无限憧憬,张开理想的翅膀,扬起青春的风帆,奔向诗和远方!

《礼记·曲礼》曰:"人生十年曰幼学。""成长礼"是孩子成长的界碑,人生中一个非常重要的阶段。十岁,洋溢着童年的欢笑;十岁,沐浴着快乐的阳光;十岁,浸润着成长的喜悦;十岁,同学们将告别懵懂,逐步走向成熟。为了让这充满意义的时刻在孩子们的人生旅途中留下深刻的记忆,我们特意为学生策划"童心飞扬 你我共成长"——三年级集体生日仪式的主题活动。

在筹备工作中,我们得到了家长们的大力支持。家长们翻阅出孩子小时候的照片,找出一张最可爱的,再找出一张现在长大了的照片,并写上最好的祝福,还给自己的孩子写一封家书。特别是班级家委会委员们,分工到位,购买布置环境的材料、制作孩子们自己的明信片、挑选具有十岁标志的统一服装、组队排练节目、制作音频、朗诵给孩子们的信、寻找富有象征意义的奖品……为了给孩子们一个惊喜,生日仪式的前一个晚上,所有家委会委员到场,加班加点给孩子们布置一个让人惊叹的生日环境,充满着童话、梦幻的元素,有趣好玩又富有寓意。大家群策群力,为的就是能够在这神圣的仪式中见证孩子们的成长。

本次活动，分成四个板块："晒足迹，感悟成长""叙真情，感恩师长""多才多艺，展风采"和"成长的甜蜜"。孩子们看着自己三年成长的足迹，边吃蛋糕边感受幸福甜蜜。郭向英老师认为，成长礼让孩子们体会到了生活的温暖，学会了分享快乐，感受了父母的养育之恩、师长的教诲之恩。孩子们一定会记住师长们的谆谆教诲，更加珍惜今天的幸福，竖起追逐梦想的航标，憧憬自己美好的未来。

第四节　家书抵万金

家书是我国传统文化重要的组成部分，传递着丰富的历史和文化信息的同时还折射出时代的风云变迁。家是最小国，国是千万家。现如今，电话和互联网在全世界普及和蔓延，还有多少人能静静地坐在桌前，提笔和远方的家人交流？但是，家书是中华优秀传统文化的一部分，充分利用家书弘扬与传承中华优秀传统文化，是培育与践行社会主义核心价值观的应有之义。

崂山小学秉承弘扬优秀传统文化的精神，长期坚持开展"家书传情"系列活动。

2018学年第二学期的开学典礼上，崂山小学正式拉开了以"书香浸润，家书传情"为主题的系列活动。陆家嘴校区三（1）班徐同学的爸爸和周浦校区二（1）班陈同学的爸爸也来到了活动现场。情谊浓厚的新年家书感人肺腑。陈同学一家还为现场师生动情演绎了歌曲《昝》，在送上新年祝福的同时拉近了亲子间心与心的距离。

2019年9月2日上午，崂山小学全体师生及新生家长代表齐聚校园，共同参加"读好书，诵家书，赞祖国"2019学年第一学期开学典礼。陆家嘴校区的陈同学和周浦校区的严同学为我们带来了深情的家书诵读，字里行间都表达了对祖国母亲的拳拳之心。

2020年9月1日上午，崂山小学"爱阅读，会倾听，懂感恩"2020学年第一学期开学典礼上，陆家嘴校区的徐同学家庭和周浦校区的唐同学家庭分别为师生们带来了深情的家书诵读，字里行间都表达了父母对孩子们浓浓的爱。

每一个周一的清晨,国旗下,一封家书,一份温暖,感动了崂山的所有师生。

陆家嘴校区三(1)班钱同学的父母一起为孩子加油鼓劲:

你虽然只有十岁,但你的聪明才智让爸爸妈妈引以为傲。从开始踏进小学的那一刻,你就是一个勤奋、谦虚、有担当的小男生。你的门门功课都是名列前茅,对待业余爱好也精益求精,你是一个合格的大班长,是一个优秀的少先队员。你每天的坚持阅读更让爸爸妈妈自愧不如,细算下来,你已经读了一千多本书了,而你的写作能力,也让妈妈相形见绌。老师和同学对你的夸赞也是名副其实。

周浦校区三(3)班曾同学的妈妈用"红色传承"激励儿子:

儿子,妈妈曾经跟你讲过,红军战士两万五千里的漫漫长征、全国人民奋起抵御侵略的抗日战争、抗美援朝的五次战役。我们的革命先烈们,用生命和鲜血换来了和平与幸福,他们的精神永垂不朽。这是一部又一部气壮山河的英雄史诗,是一次又一次的光荣壮举。他们创造了无与伦比的骄傲业绩,谱写了一曲惊天地、泣鬼神的伟大诗篇。

儿子,在新的时代,我们虽然不用像先辈们为了自由和解放付出生命,但是我们也面临着新的挑战,同样需要勇于承担责任。要传承红色精神,坚持努力认真地学习,争做祖国的好少年。人生的道路是漫长的,在这一片道路上留下能让自己铭记的脚印,是需要付出艰辛与努力的。儿子,希望你不要惧怕这些,要感恩,因为正是这些困难才促使你变得更强大。儿子,妈妈想说的还有很多很多,妈妈还期望你诚实守信,期望你有职责感,期望你懂得大爱。我们一起加油吧,我的少年!

曾同学这样立志:

听您说了很多红色传承的故事,我非常感动。我一定要接过先辈的旗帜,传承长征精神,学习他们英勇顽强,百折不挠,不怕困难,勇往直前的精神。从小树立远大理想、努力学习、锻炼身体、多学本领,面对困难和挫折,勇往直前,不惧怕、不退缩。做学习的主人,生活的强者,品德的楷模。

陆家嘴校区四（2）班孙同学的妈妈真挚地勉励孩子：

如今你已经四年级了，现在的学习很紧张，妈妈知道学习是件很辛苦的事情，但是，我想说：吃得苦中苦，方为人上人。现在你所有的付出，以后都会得到回报。要想自己学得轻松、学得容易，你必须把所有的学科当成自己的兴趣爱好一样去学，去钻研。不要为了学而学，要爱上它！我要告诉你：学习都是有方法的，要掌握学习的方法，领会学习的要领，学会举一反三，灵活运用，这样才能乐在其中。平时要多看、多听、多想、多问，积累一切你能接触到的信息，及时把它们记录下来，把平时的所感所想转化为文字表达出来。做这些不为成绩，只为了丰富自己的内涵，提高自身的修养。

孙同学这样回信：

转眼间，我十岁了，这十年来，谢谢你们细心栽培，把我养成一个健康、阳光的小女孩。妈妈，你可能觉得我从小就不哭、不闹，很听话，但其实我很顽皮，给大家添了不少麻烦。你们总是对我满怀耐心，对我想要参加的活动总是全力支持，我很感谢你们。

周浦校区五（2）周同学的妈妈这样给女儿提出建议：

宝贝，你是一个倔强的姑娘。倔强，说明了你的执着。如果把这份执着用于学习，你将大有可为，但有时，倔强也相当于固执，容易听不进别人的意见和建议。爸妈希望你能多听父母、长辈及老师的意见，克服自己的缺点。孔子曾说："三人行，必有我师焉；择其善者而从之，其不善者而改之。"不要太固执，要多听别人的意见。

周同学这样表达对妈妈的感谢：

谢谢您这十年来对我无微不至的照顾和辛勤的付出，我知道自己还有许多不足。但是因为有了您的鼓励，我相信自己能让自己变得优秀起来。这十年的养育之恩是无法用语言表达的，我一定不会辜负您的期望，用优异的成绩来报答你们。

……

家书，寄托的是写信人真实细腻的情感。马盈玥老师印象最深刻的是在"新冠"疫情居家学习期间，全体班主任用一封封"非常家

书"牵起了非常时期的"家校情"。班主任们为宅在家中的孩子讲述疫情的状况，提出防疫建议、居家生活要求；向日日打卡的家长表达感谢，向坚守在岗位上的家长表示敬意，送上温馨提示；对即将开播的"线上课堂"提出要求，明确任务。这样的"非常家书"在这个特殊的时刻显得格外的温暖，有老师署名"无比想念你们的老师"，更有班主任是饱含热泪完成这封家书，字里行间流露着满满的爱，满满的思念和对校园生活的向往。一封封"非常家书"也让家长感慨万千，感谢、祝福纷至沓来，爸爸妈妈们都变身成为孩子的家庭助教，成为老师最得力的合作伙伴。

这样的家书，它不仅体现了崂山小学的凝聚力，更体现着中华民族生生不息的血缘与至爱。有人说道，"家书不单是亲人之间传递信息的工具，更是承载无限亲情的一种寄托。家书像一双隐形的翅膀，为他乡的游子遮蔽严寒，添加温暖"。

家书以其独特的文、质、情，表达对子女的真挚关怀与殷切期盼，体现着家庭的人文观念与整体风气。家书曾是亲人间遥寄相思，沟通信息的纽带：不是为了发表，也不是为了展示给他人，家书中的语言诚恳细致，没有假、大、空的东西。家书是家庭文化的重要载体，也是崂山小学教学的重要内容，它对家风建设有着重要的意义与启示。家书哪怕因岁月的流逝变得字迹不清，哪怕只有三言两语、断断续续，一张纸片、一枚邮票，也是一段尘封的历史，无法复制。

图5-4-1 2019年，陆家嘴校区"读好书，诵家书，赞祖国"亲子家书分享

图5-4-2　2019年，周浦校区"读好书，诵家书，赞祖国"亲子家书分享

第五节　"心系祖国，情系崂山"

自2011年周浦校区创建以来，学校就着手推进绿化建设。崂山小学周浦校区面积为16 390平方米，绿地面积为5 774平方米，绿化覆盖率为35.2%。王青老师介绍，校园内共种植园林植物68种，树径大于25厘米的树木有14棵。校园内大小花坛共有6个，绿色草坪10 140平方米。花坛中、草坪上、树干旁均有"爱山爱水爱自然，护花护草护校园""手上留情花自香，脚下留意草更翠""珍惜一片绿色，留住一片春天"等宣传警示语，制作精良的警示牌既增加了人文关怀，又在温馨中规范了学生行为。大楼公共区域、办公室、楼梯走廊中，四季鲜花梯次摆放，到处葱郁满目、芳香扑鼻，令师生们流连忘返。

学校在推进绿化建设的同时，十分重视校园文化的内涵建设，力

求与学校绿化布局和谐一致。教室图书柜上的盆景,给学生的学习生活增加了无限的生机:手捧书卷的同学们穿行其间,心灵游走于书香与花香之中,给人以画中游之感,让人感受到生命的无限美好……优美的自然环境和人文环境的和谐统一,2013年学校荣获"上海市绿化合格单位"的荣誉称号,2018年7月又获得了"2015—2017年度上海市花园单位"的荣誉称号。置身于崂山周浦校区仿佛走进了美丽的大花园。

2012年,恰逢建国63周年,崂山小学举办了"心系祖国,情系崂山"系列活动。通过主题开学典礼对活动进行动员,使学生明确活动要求,并为更好地开展活动做准备。在班主任的策划下,各班利用校会时间,开展"心系祖国,情系崂山"之"夸夸我的学校"活动。由各班选送代表进行"夸夸我的学校"演讲,激励学生的爱校情感。在此基础上,结合建国63周年国庆庆祝活动,举行"心系祖国,情系崂山"之主题班队会,深化系列活动主题,提升学生爱国、爱校热情。

校园,是人一生的情结,是永久的牵挂,是记忆深处的情感寄托。校园是每位孩子最割舍不下的留恋地,最能激起情感抒发。"崂山娃"心中的崂山小学是书声琅琅的课堂,是肆意挥汗的操场,是书香四溢的图书馆,是……

我与学校共成长,从奶声奶气的孩子到英姿飒爽的少年,也见证学校蓬勃发展。蓝炜强同学感慨:"暑假里,学校又进行了一次整修,教室变得更敞亮了。我们教室的设施很先进,上课时,老师用成套的多媒体设备给我们上课,既生动有趣又方便。我们的黑板是可移动的,不论你坐在哪个角落都能看得清。下了课,我们走出教室,每个班级都在楼道里布置了'雏鹰争章园地'。每个年级的争章目标和每月的礼仪小天使都榜上有名。英语名言、名人画像,增强了校园文化的底蕴……"

爱我校园,构建和谐校园也是时代发展的必然。和谐是一种哲学,是人与人之间、人与自然之间的融洽。回忆在崂山的点点滴滴,韩梓奕同学忘不了母校最可爱的人:"时光易逝,光阴如梭,这四年以来,我和母校朝夕相处,感情与日俱增;这四年,我见证母校的变化,母校也看到了我的成长,我从奶声奶气地叫着'老师好'的小朋友,到现在能在百人面前自信演讲的勇敢女孩。我积极参加学校组织的活动,主动帮助同学,用良好的学习成绩回报母校、老师和家长。在每一次寒、暑假,我都会认真完成学校倡导的读书活动,在花艺课时画下最好的作品,当在母校的展览墙上看到自己的作品时,我感觉母校和我一样会非常开心……"

周同学是这样赞美母校的:

崂山小学就像是一个大家庭,老师是和蔼可亲的长辈,给予了我们亲人般的关怀;同学们是亲密无间的兄弟姐妹,互助友爱。

校园里的欢歌笑语是我们放飞的青春,我们学会了自尊、自强。未来的路,也许遥远,也许曲折,但当我们在心中默念着要坚强的时候,就能勇敢起来。

沈同学写道:

我爱我们的学校,我爱那宽敞明亮的教室、广阔平坦的操场,我更爱撒满了欢声笑语的校园,这里留下了我们成长的脚印,奠定了我们坚实的基础。

同学们,崂山小学的希望之光已在地平线上冉冉升起,在娄校长的带领下,我们的学校已经发生翻天覆地的变化。同学们,让我们刻苦勤奋、开拓进取、不断创新,为崂山小学的腾飞而努力奋斗吧!

詹同学说:"往教学楼走去,就有一股扑鼻的清香味迎面而来,原来是后门那几棵开着小花的桂花树散发出来的,是那么的醉人,令人心旷神怡"。

我们的学校是一个欢乐、幸福的大家庭。老师能公正地对待每一个学生,支持我们的发展,给予全体学生同样的关心和指导,同样的鼓舞和期望。自从2011学年进入崂山小学一年多来,同学们积极参加学校开展的各项活动。口琴比赛、大队委员竞选、迎新晚会、猜灯谜、语、数、英比赛、"六一"亲子活动、"绿色校园,宝贴随行"推介会……丰富多彩的活动开阔了同学们的视野,提高了同学们的学习能力。在这些活动中,我也全身心地投入,荣获了英语单词比赛年级组第二名、"校优秀队长"称号。

潘同学说:"五年的小学生活即将结束,它将是我今后成长中的

最美好的回忆。如果说我的童年就像一串贝壳的话，那么我在崂山小学的生活一定是其中最美的一枚。我在这里学会了做人，学会了许多知识，我在这里快乐地成长，我爱这个温暖的大集体，爱它的团结一心，爱它的环境优雅，爱它的活动丰富多彩。"

  从班内到班外，从校内到校外，从晨光熹微到暮色降临，一张张灿烂的笑脸在证明，一声声悦耳的童音在证明，一阵阵琅琅的书声在证明，一个个勤奋的身影在证明，整齐划一的体操动作在证明，崂山小学的全体师生正在用爱心吟诵着一首首感人的诗篇，正在用行动谱写着一曲曲文明的乐章，正在用真情演奏出一支支时代的强音。

郭同学写道：

  我们学校有着丰富多彩的兴趣小组，同学们多积极地投入到自己的兴趣爱好中，有红读组、田径组、航模组、美术组……其中，最为耀眼的是鼓号队，他们每年能为学校争得荣誉，我就是其中一员。鼓号队不管刮风还是下雨，不管严寒还是酷暑，在两位老师的带领下，刻苦训练，付出了艰辛的努力和许多的汗水，使我们的鼓号队在全市的比赛中脱颖而出，获得了"金号奖"。从这次活动中，我深刻地体会到了获奖的快乐。这就是爱学校的表现，热爱学校就应当给学校争光。我的身上还有许多的缺点和坏习惯，我要扬长补短，才能成为一个有用之才。

乔蕾老师感慨：菁菁校园，书香四溢，只有靠全体学子共同呵护，才有其欣欣向荣；莘莘学子，优良学风，只有靠全体学子孜孜追求，才有其硕果累累；师生和睦，崇德尚礼，只有靠全体学子言行相随，才能使其蔚然成风。播种一种思想，收获一种行为；播种一种行为，收获一种习惯；播种一种习惯，收获一种性格；播种一种性格，收获一种命运。我们今天桃李芬芳，明天是社会的栋梁！今天我为学校骄傲，明天学校为我自豪！

  2020年5月18日，我在四、五年级复学复课开学典礼上讲话，提醒学生"做好防护，保护自己，也是保护他人；敬畏生命，树立理想，感恩一切美好"！

  孩子们，无论是空中课堂，还是校园课堂；无论是线上教学，还是线下互动，学习是一定要靠自觉的。只有树立了远大理想，心里有目标，眼里有希望，学习才有动力。有了知识和能力，将来才能成为对祖国、对社会、对人类有用的人！

同学们，自古英雄出少年，伟大来自平凡！今天，我们是勤学苦练的"崂山娃"，明天我们就是建设伟大祖国的接班人，我们时刻准备着！

2020年6月9日，我在五年级毕业典礼上说：

同学们，你们在母校崂山小学的最后一个学期，经历了新冠疫情。疫情让我们失去了很多，也让我们懂得了不少。灾难面前，中国人民万众一心，团结起来力量大。娄校长希望你们在以后的成长岁月里，也能够经受各种挑战，面对危机能够勇敢、从容，变危机为机遇。生活从来都不是一帆风顺的，在你们小学毕业之际，娄校长送你们一句话：海阔凭鱼跃，天高任鸟飞。你的心有多大，你的舞台就有多大！加油吧，"崂山娃"！

每年学校都会举行一系列爱国主义教育。2019年，我们迎来了中华人民共和国七十华诞，七十年的披荆斩棘，七十年的风雨兼程，

图5-5-1　2019年，中华人民共和国成立70周年"我身边的老物件"展

在这具有特殊意义的时刻，我们结合"礼赞祖国七十华诞"爱国主题教育，开展了一次"寻找身边的老物件"的展览活动。

于珂韵老师决定抓住这一契机，通过这次有趣的展览，在班里开展一次有意义的教育活动。"虽然现在坐在教室里的孩子们才三年级，但是他们是祖国未来的建设者和接班人，必须要有时代感、紧迫感、职责感。此刻的他们还是学生，能够把爱国主义精神转化为爱学校、爱班级、爱学习的热情；能够不断用实际行动继承、发扬伟大的民族精神；能够尊敬师长、谦逊有礼，在细节中体现礼仪之邦的风范；能够发奋努力，全面提高自身素质，成为能承担起中国民族伟大复兴的重任的后备军。"

图5-5-2　2019年，中华人民共和国成立70周年"我身边的老物件"展部分展品

在向学生征集老物件和老物件故事的过程中，孩子们很积极、很兴奋，纷纷回家和家人翻箱倒柜寻找家里的"老古董"。还当了小记者，采访了父母长辈，认真、仔细地记录下了老物件的用法和故事，也慢慢了解那个年代的背景、生活方式等。收集完老物件后，我在班里开展了一场"老物件分享会"。小王同学给同学们展示了他带来的粮票，在他的叙述中，孩子们才知道曾经有段叫做"计划经济时期"。大家无论买什么都要靠各种各样的"票"，不仅有粮票，还有肉票、油票、布票……甚至火柴票。这些花花绿绿的"票"可比钞票还值钱，虽然当时普通人家都不富裕，但是富有人家如果没有这些票，就算有钱也是买不来食物和生活用品的。听到这里，不少孩子都瞪大眼睛，难以理解"有钱也没用"这件事。

小高同学展示了一张她外公的同济大学毕业证书，并向其他同学讲述了她外公当年高考的情形。那时候全国绝大部分人口都是农民或者工人，很多人可能连大学生是什么都不知道，全国一年毕业的大学生非常少。她的外公是一边工作一边学习，条件非常艰苦，没有多少的学习资料，甚至连最基本的复习材料都没有。

不少同学带来的老物件连我也感到陌生，于是，我和孩子们一起在电脑上查资料，了解前辈们的点点滴滴。在一张张老照片、一件件老物件和一位位同学的叙述中，孩子们似乎穿越了那个信息难以流通、生活不便捷、社会经济不发达的年代。他们体会到了今天的幸福生活来之不易，中国在短短几十年间，一步步打开大门迎接世界。现代机器取代手工劳作，生活变得越来越方便，智能手机、数码相机，接踵而至，飞入寻常百姓家。虽然很多老物件已经告别了我们的生活，甚至退出了历史舞台，但是它们有的承载着一个时代，有的记录着一个故事，有的隐藏着一段记忆。它们曾经也是生活中不可缺少的一部分，尽管时间流逝飞快，但是有它们定格住岁月，在时光中见证几十年来的沧桑巨变，才能让现在的我们回眸过去，展望未来。

在这一次简单却意义非凡的活动中，我和孩子们都收获不少。几十年辉煌背后的奋斗荣光，属于每一个为国家创造价值的人，属于每一个日复一日、年复一年在各自工作岗位上辛勤工作，追求美好生活的中国人。

金秋十月国庆日，每年为了迎接这一天，崂山学子们都铆足了劲，努力练习朗诵爱国诗歌，在舞台上唱响自己的爱国心，表达对祖国的美好祝愿。

奚晓骅老师说，进崂山的这几年来，有幸参加过几次国庆活动。这是崂山小学的传统，每年九月新学期伊始，老师和孩子们就开始默契地准备排练起来。

迎国庆诗歌朗诵活动每次活动都会明确一个主题，如2016年9月30日举办的"铭记核心价值观，童心共筑中国梦"国庆诗歌朗诵比赛，大家精心准备的诗歌内容十分丰富、题材各异，有赞美祖国的，

有抒写情怀的，有勿忘国耻的，有筑梦中华的……活动中，孩子们声情并茂地表达着对祖国妈妈的热爱之情。他们的声音时而如洪钟般铿锵有力，时而如和风细雨悠远绵长，时而又如小桥流水动人心弦。《我骄傲，我是中国人》《我的梦，中国梦》《祖国，一首唱不完的恋歌》《雏鹰爱祖国》等一首首诗歌响彻校园，真挚的情感让在场的每一位观众为之动容。比赛活动中，"祖国""妈妈""梦"这些动人的字眼反复出现，师生们将爱国之情都化作了一首首美妙的诗篇。连中队辅导员也加入孩子们中间！老师们或意气风发，或深情款款，无不表达出对祖国的深情。活动高潮时，师生们情不自禁地挥动起手中的国旗高唱《红星闪闪》，在响亮的歌声中诗歌朗诵比赛落下帷幕。一首首诗歌饱含着"崂山学子"们对祖国母亲的真挚祝福，他们用真情讴歌祖国伟大的发展，抒发了自己作为中华儿女的自豪感。队员们，实现中华民族伟大复兴的号角已经吹响，让我们用实际行动共筑少年梦，成就"中国梦"！

2017年举办"喜迎十九大，共筑中国梦"——国庆亲子朗诵比赛，各班以一首首优美的诗篇，感染了在场的每一位观众，大家深深地感受到伟大祖国的千年文明光芒四射。作为中国人，"崂山娃"无比骄傲和自豪。诗歌朗诵的节目内容丰富，表现形式多样，孩子们将自己所学的艺术技能与诗歌朗诵表演的形式巧妙地结合起来，令人耳目一新。舞台上，大家自信自豪，真切表达了祖国、学校和家庭真挚的爱慕和颂扬。"崂山娃"的爱国、爱校、爱家之情在比赛中得到激发，班团队的凝聚力在活动中得到发扬。

2018年举办"书香满校园，经典咏流传"崂山小学国庆诗歌传唱比赛，以一年级组的《拍手歌》拉开了本次活动的序幕，小演员们的活泼可爱、自信大方不由让大家啧啧称赞。接着，参赛班级按抽签顺序上场，他们用各自独具匠心的方式为现场观众们带来一场视听盛宴。爸爸妈妈们也倾情参与了本次活动，他们深情的朗诵、动听的歌声、真诚的话语为活动带来了别样的生机和活力。

2019年"红歌润童心　唱响爱国情"——喜迎祖国七十华诞亲子红歌会，为传承红色文化，弘扬时代旋律，向伟大的祖国母亲表达美好的祝愿。孩子们的爸爸妈妈们又一次亲临现场，与"崂山娃"们

图 5-5-3　2018年，国庆69周年活动

共庆祖国妈妈的生日。活动开始前，家长志愿者、师生们在签名墙上留下了对祖国妈妈的祝福。红歌会上，全体党员老师、青年老师们同台演出，表达对祖国母亲的深深热爱，台上台下那张张笑脸，写满了幸福与感恩，共庆祖国七十华诞！

2020年受疫情影响，今年的国庆对中国人来说更是特别的一天，为了迎接这个特别的日子，9月30日，崂山小学举办"学'四史'、忆

图 5-5-4　2019年，中华人民共和国成立70周年"国庆亲子红歌会"一

图5-5-5　2019年,建国70周年"国庆亲子红歌会"二

往昔、颂祖国"国庆诗歌朗诵比赛。崂山少年对"爱国"这个词的理解不再停留于词义本身,更能从"四史"中获得深刻的感悟。抑扬顿挫的朗诵,铿锵有力的歌喉,柔美温婉的舞姿,孩子们的表演感染了现场的每一位观众,引来了阵阵掌声,更是向祖国妈妈传达着心底最深的祝福……

相信在今后的每一个国庆,崂山学子们将会继续传承爱国精神,用诗歌朗诵比赛表达对祖国母亲的歌颂和赞美,为祖国的发展添砖加瓦,助力祖国的明天更加美好!

第六节　汇聚成爱的海洋

徐菁老师说,她和崂山小学一起成长的这七年里,作为班主任带着孩子们度过了五个不一样的儿童节。她印象最深的,是"用爱点亮星星孩子的世界,争做新时代好队员"爱心义卖活动在两个校区隆重举行。

图5-6-1 2018年,用爱点亮"星星"孩子的世界,六一亲子义卖活动现场一

图5-6-2 2018年,用爱点亮"星星"孩子的世界,六一亲子义卖活动现场二

活动开始前一周每个班级都领到了各自用来宣传的广告板。本来一筹莫展的我在家长和孩子们的帮助下很快把这块"门面"装饰好了，接下来我们在忙碌的登记造册中期待这一天的到来。终于，爱心义卖活动开始啦！每个班级的展台前都陈列着各式各样的文具、书籍、装饰品，有的班级还带来了可口的美食和精美的DIY手工作品。仔细看看，每个班级的宣传海报都各具特色，吸引注目。作为爱心义卖活动中的重要成员，爸爸妈妈们也到了校园当起了志愿者。他们忙着布置摊位，维持现场秩序，成为校园中一抹绚丽的风景线。不仅如此，大队部还开设了趣味活动室，队员们可以用手中的爱心币前去游玩，各个活动室门口人头攒动，队员们在游玩中感受快乐、体验成功、享受友情、获得自信。六一活动在孩子们的笑声和爱心中落下了帷幕，学校也把孩子们筹集到的款项捐献给了特殊儿童公益基金会，与他们共享幸福与快乐。

"感恩的心，感谢有你……"7月，原本是所有老师辛苦一学期后好好放松的假期的开始，但每年都有一批又一批老师，响应党政工的号召，加入了无偿献血的队伍中，青年教师成磊就是其中的一员……

2020年，注定是不平凡的一年。疫情期间，崂山小学的一封倡议书《献血战"疫"，志愿同行》发布到全校教师群，"新冠肺炎"疫情期间，血库告急。成磊老师第一时间报名，很快，他成了本次献血的志愿者。他希望用自己的绵薄之力能够帮助到他人，将对医护"逆行者"的尊敬和爱，化为实实在在的行动，勇敢地为爱举手，献血战"疫"。这其实已经是他第三次加入无偿献血的队伍中了。

我深呼吸了一口，调整一下，立马就进入了献血的状态，看着红色的血液"奔流而出"，我知道这或许又可以拯救一个生命……

其实，我去年才刚刚从援疆的工作中回到上海。在新疆工作的一年半中，我深深地感受到中华民族之所以历经磨难而越发强大，因为有"铁肩担道义""先天下之忧而忧，后天下之乐而乐""位卑未敢忘忧国"等传统文化的滋养，每到民族危亡的关键时刻，我们总有"挽狂澜于既倒，扶大厦之将倾"的勇士挺身而出。

图5-6-3 2018年，成磊老师援疆支教

  千千万万的中华民族汇聚起智慧的光芒，大爱的光芒，将健康仁爱洒向人间。

  献血屋中也一直充满着"爱"。有的老师虽然没能为献血尽一份力，也始终关心着献血的老师。记得有一次，轮到一位老师献血时，由于第一次献血，难免紧张害怕，好在一旁有老师的陪伴与照顾，看着她们紧握的双手，全程用帽子为献血老师挡住视线的动作，令人感动。这不仅仅是一次简单的工会献血行动，在老师为"爱"而行的同时，也让我们看到了崂山小学大家庭的温暖与"有爱"！

图5-6-4 2018年，娄凤校长赴新疆看望支教老师

  每个夏天，都在发生这样暖心的故事，"爱心"将一直传递下去。崂山小学的教师们把暖暖的爱心融于那一袋袋鲜红的血液中，传递到四方，为生命续航！

  2020年疫情肆虐，学校党支部接受了全体党员的捐款，工会接受了7名老师报名参与无偿献血工作，超额完成了当年的献血

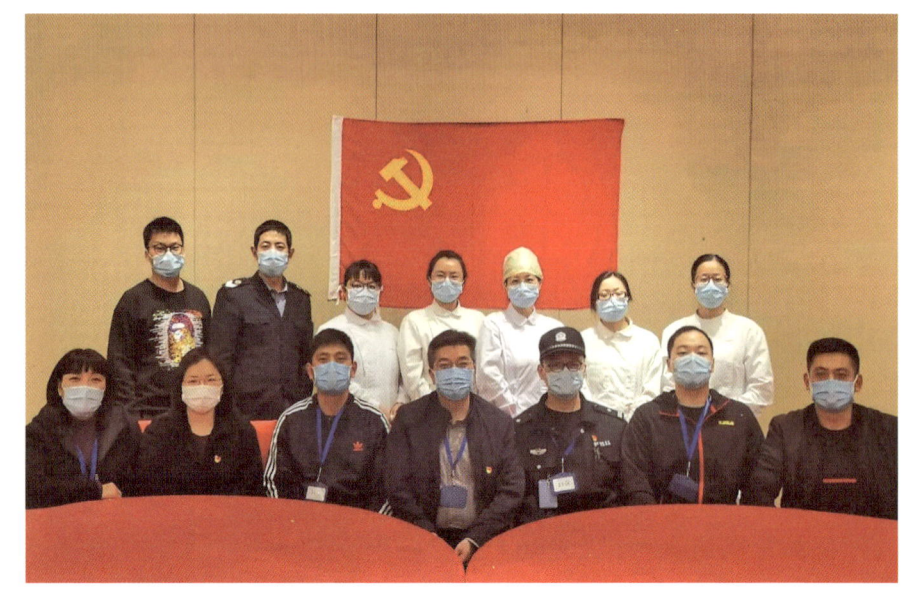

图5-6-5　2020年，成磊老师（第一排右二）支援浦东疫情防控工作

任务（5个指标名额），抗击新冠疫情，老师们捋起袖子，奉献拳拳爱心！

2008年5月12日14时28分四川省汶川县发生了8级地震。全国人民同呼吸，共命运，汶川地震，牵动着每一个有爱心的人，为灾区贡献自己的力量，我们义不容辞。崂山小学师生积极响应党中央号召，立即行动起来，开展"伸出我们的手　献出我们的爱——汶川地震捐款活动"，自愿捐款支援灾区。

学校全体行政、共产党员紧急行动，充分发挥先锋模范带头作用，尽自己的能力奉献爱心；老师们在党员老师的带领下，踊跃捐款。

老师的行动给学生作出了示范，学生们深深地感受到，一方有难，八方支援。"一元钱不嫌少，只要能够切实及时地帮助地震灾区的人们就是最好的。"

赵海蓉老师记得：

小蒋同学抱着自己心爱的小猪储蓄罐，排在了捐款队伍里。这个储蓄罐是三年前她生日时爸爸送给她的礼物，她可喜欢啦，每天都要给它"洗脸"，每天都要听一听它的声音，里面是她三年来通过认真学习和承担家务劳动奖励得来的零用钱。今天她准备把它全部捐给灾区的同学们。当她毫不犹豫地打碎储蓄罐的那一刻,她的眼里闪着泪花。

小朱同学拿着几个红红的压岁包也排在了队伍中,他说:这是新年的爷爷奶奶外公外婆给的压岁钱,爷爷奶奶说,压岁钱寓意着保佑平安。我把压岁钱给灾区的小朋友们,保佑他们平安。

小潘同学家里条件比较困难。当她腼腆地来到了捐款箱前,准备把手里捏着一把零钱投进捐款箱时,老师婉言谢绝了。可她却坚持说,这是她一份小心意。

小杨同学,捐出了爸妈给他买生日礼物的一百元钱,他说:这是他最有意义的礼物。

……

第七节　浇灌"心灵花园"

我校心理健康教育工作有良好的基础,于2005年被上海市中小学心理辅导协会批准为心理健康教育实验校,于2014年度被浦东新区青少年心理健康教育发展中心评为先进集体。我校配备了有资质的心理老师两名,并拥有标配的心理咨询室,在二、四年级中开设心理健康课程。

学校始终重视心理健康工作,努力从"人人有才,人无全才,扬长补短,人人成才"的育人目标出发,以区心理工作计划为指导,依托课题"学校心理健康在不同活动中的渗透与研究""亲子成长工作坊的研究""小学生抗逆力的研究""德育课程化项目的研究""音乐对小学生心理保健作用的研究""美术教学对小学生审美心理培养的研究"促进学校心理工作的开展。2015年度我校心理健康课题"社会主义核心价值观教育与小学心理辅导活动课程实施有效融合的实践研究"获得了立项,并开展了研究和实践。

我们确定了"注重实效,促进学生心理健康和谐发展"的心理健康发展总体思路,构建了全方位、立体化的心理健康教育网络,帮助学生提高心理素质,健全人格。

一、健全领导机构，引领心理健康科学发展

（一）详细的目标规划

通过心理健康教育，引导学生认识自己，提高对学习环境和社会环境的适应能力；通过心理健康教育，培养学生乐观自信、友善待人、诚实守信、开拓创新、追求向上、不畏艰难的健全人格；通过心理健康教育，使学生善于控制调节情绪，排除心理困扰和行为偏差，树立人生理想，并具备个人发展能力。

心理健康分年级目标：

一年级：

1. 适应新集体，热爱班集体；
2. 培养学习兴趣；
3. 鼓励学生主动与同学交往，增强友善谦让的精神；
4. 初步培养小朋友友善待人，诚实守信的人格基础。

二年级：

1. 融入班集体，愿意为班集体出力；
2. 学会自我管理，自我约束，自我控制；
3. 培养学生尊重他人；
4. 培养孩子的独立性和自主性。

三年级：

1. 进一步增强学生的集体意识；
2. 培养学习兴趣，传授简单的学习技巧；
3. 鼓励学生与老师建立良好的信任关系；
4. 培养积极进取，主动乐观的健康人格。

四年级：

1. 对班集体有归属感，提高班级荣誉感；
2. 传授适宜的学习方法，对自己的未来有一个规划；
3. 培养亲社会行为，即利他行为；
4. 树立自信和自尊心。

五年级：

1. 提高学生良好适应环境能力，积极应对困难的能力；

2. 引导学生正确对待升学压力、学习缓解压力的方法；

3. 鼓励学生与家长开展良性交流，引导学生妥善处理与同学、家长、老师之间的冲突；

4. 提高自我价值感，塑造健全人格。

学校每学期还制定心理健康教育的工作计划，学期末有总结，及时检查、及时反思，为后续心理健康教育的开展提供依据。

（二）健全的组织管理网络

学校心理健康教育领导小组，成立了以校长为组长，党支部书记、副校长为副组长，德育主任为直接负责人，年级组长、教研组长、心理健康教师为组员的心理健康教育领导小组。每月召开会议研究学校心理健康教育的现状并提出改进方案，为心理健康教育的正常开展提供了保障。

（三）完善的制度建设

学校现有关于心理健康教育的管理制度共八项：《崂山小学心理健康教育工作组织机构和职责》《崂山小学心理辅导室工作制度》《崂山小学心理辅导活动相关制度》《崂山小学心理辅导教师职责细则》《崂山小学心理健康教育三级管理制度》《崂山小学心理危机干预预案》《崂山小学心理危机应急方案》《崂山小学家校合作心育制度》。

学校还成立了心理危机干预的领导小组，按照三级心理危机干预预警和干预体系设立了组员，形成了由"校长、德育教导、大队辅导员、班主任、任课教师和学生心理信息员"组成的自上而下的校园心理危机干预网络，并制定了危机干预的演练方案、开展桌面推演。

二、保障实施到位，确保心理健康有序发展

（一）标配的硬件建设

我校严格参照《上海市中小学和中等职业学校心理辅导室装备

指导意见（试行）》的标准配备学生心理辅导室，每天中午12：00—13：00面向全体学生开放，做到定时、定人。

（二）充足的经费保障

学校高度重视心理健康教育工作，设立了专项经费用于建设心理辅导室以及相关设施设备的日常维护、更新。除了硬件，学校在心理健康活动的开展，以及教师专业能力培训方面也给予了政策和资金的支持与保证，为心理健康教育的更好开展提供了强有力的保障。

（三）强大的队伍建设

1. 配备了两位心理健康教师

学校配备了两名有资质的心理健康教师，保证了心理工作的有序开展，并且在近几年的入编工作中我们优先录取有心理健康资格证书的教师，扩大了学校心理健康工作队伍。

2. 心理老师的培训与督导

学校积极支持心理老师参与市、区级的相关培训和督导，如冯永熙老师的主讲的《心理危机干预的实施》、杨敏毅老师主讲的《心理老师的人格魅力》等，很大程度上提高了心理老师的专业技能。

3. 班主任心理校本培训

多年来我们坚持对班主任心理辅导技巧的校本培训，让班主任在培训中理解如何用合适的语言和方法和孩子交流和沟通，让孩子更愿意向班主任敞开心扉。班主任有机会近距离地和心理专家面对面地交谈，一扫平日的工作困惑，用更加平和的心态去对待每一位学生。

4. 关注全体教师心理成长

我校还经常聘请校内外的心理专家对全体老师进行心理健康的培训。随着社会对于教育期待值的提升，教师工作的压力与日俱增，偶尔会在工作中出现一些倦怠情绪。我们正确理解教师在改革中出现的消极心理反应，通过市中小学心理辅导协会《女教师心理健康的实践与研究》、区教发院全国级课题《二期课改中教师心理冲突的干预与对策的研究》等子课题的研究，采取切实有效的措施缓解其心理压力，使应对压力的过程同时也成为教师观念更新、素质优化的专业发展过程,从而促进孩子们的健康成长。

三、努力实践探索,促进心理健康共同发展

(一)有效的课程教学

1. 开设心理健康教育课

基于课程标准,基于学校的育人目标,基于可持续发展教育的理念,在二、四年级中开设心理健康教育课,每周一节。二年级学生使用校本教材《心灵家园》,四年级学生使用《小学生心理健康自助手册》和校本教材《心灵家园》,统编教材和校本教材相结合,丰富课程内容,帮助学生掌握一般的心理保健知识和方法,培养良好的心理素质。

2. 注重学科心理渗透

学科教学中潜藏着巨大的心理教育因素,学校要求任课教师结合学科特点,通过教学渗透心理健康教育,培养学生勇于进取、自信自强的良好品质,同时要求教师要了解学生课堂学习心理,提高教学效率。心理健康教育的时间和空间得以延伸扩展,取得了潜移默化、润物无声的教育效果。

3. 开展心理健康主题班队会

每学期每个班级需开展一节心理健康主题班会,活动形式力求多样化,让每个学生都能参与、感悟、收获。如五年级曾开展了心与心的交流活动,亲子共同参与,让孩子摸一摸、猜一猜,哪双是爸爸的手,这个游戏将活动推到了高潮,也让亲子间的沟通更紧密了。

(二)丰富的实践活动

1. 主题教育活动

每学年开展一次心理健康月活动,制定实施方案,力求形式丰富,进一步营造校园的心理教育氛围,加强我校学生心理素质教育,形成正确的心理健康观念。

2. 心理社团活动

心理社团工作开展规范,有计划、有记录,定时、定点、定人。活动内容遵循积极向上的原则,传播正能量,为同学们讲解有关心理健

康的小知识和缓解压力的小方法。心理社团命名为"心灵花园",旨在营造纯净温馨的氛围,让同学们在活动中敞开心扉,释放学习压力和生活烦恼。

(三)专业的心理辅导

1. 学生心理辅导

周一至周五中午的12:00—13:00是学校心理室开放的时间,心理教师"Happy姐姐"季璐婷、郭向英和吕锦燕老师对有需要的学生进行个别辅导并做好相关记录。周五家长的到来让学生们多了一个倾诉的对象,让家长懂得学生心理发展状况,提高家庭心理融合。

每两周设心理辅导大课,通过"春暖花开"心理广播的形式对学生开展心理健康的教育,心理广播的形式多样化,内容丰富多彩,分为三个板块:心灵驿站、魔法测心、开心一刻。台歌为同学们耳熟能详的《春暖花开》。为了增强趣味性,除了由心理老师主持之外,还请了"心理小天使"一起担任主持,使学生更有亲切感。

2. 家庭教育指导

小学生的心理健康教育仅仅由学校实施是不够的,从更重要的意义上讲,小学生心理健康教育主要依靠家庭教育,因为家庭才是学生的来源与归属,小学生心理健康最后要归结于此。我们利用家长开放日、家长会、微信公众平台、家校《心桥》报、发放学习材料等多种途径,坚持不懈地向家长提出各种建议,引导和帮助我校学生家长树立正确的教育观,以良好的行为、正确的方式去影响和教育子女。为了让家庭心理健康教育指导更专业、更有吸引力,我们还聘请一些心理专家来校为家长作讲座,让家长找到教育孩子的合适途径,并能反思自己现行的教育模式。

3. 危机干预

为了降低可能产生的校园心理危机事件对学生的伤害,提高全校学生心理健康水平,促进健康成长和全面发展,学校还专门制定了《崂山小学心理危机干预预案》和《崂山小学心理危机应急方案》,并以桌面推演的方式开展演练。

（四）广泛的宣传教育

1. 定期为全体老师开展心理健康专题讲座

每学期定期对全校老师进行心理健康的讲座，聘请有经验的老师校内交流，还邀请了国家职业资格心理咨询鉴定专家组上海市中小学心理辅导协会专家来校指导，解决了老师们在教育中有关学生心理、家长心理以及自身心理上的困惑。

2. 多途径宣传心理健康知识

除了在广播、社团、心理教育课、心理咨询中宣传心理健康知识外，在心理咨询室门口设有悄悄话信箱，同学们可以在"悄悄话信纸"上写下自己的感想和困惑，与心理老师分享，心理老师会通过广播、面谈等形式进行回复。

一个学生说："我每天复习，可是数学考试有时候坏，有时候好。这是为什么？我觉得我必须努力才行！我一定会加油！"

"Happy姐姐"回复："亲爱的你好，你是一个很努力很愿上进的小孩子哦！对自己的考试成绩很在意，忽上忽下的成绩让你也很困扰吧！Happy姐姐想对你说你要对自己有信心，你想啊，你每天复习又那么上进，那你对考试中的题目一定是胸有成竹的，试着在考前对自己说：'加油！我很棒！我能行！'考试有起有落很正常，但是我们不必太过沮丧，我们一定要从失分中找到原因，只要争取下次不犯同样的错误，那你也是应该被肯定和表扬的哦！数学并不难，难的是我们在学习过程中是否持之以恒，加油！Happy姐姐相信你！"

3. 发挥心理信息员的桥梁作用

每个班级有一名积极向上的，愿意为大家服务的心理信息员，心理老师定时对心理信息员开展培训并布置相关工作。心理信息员平时需多关心、留意同学的心理与行为状况，在一级预防中起到信息员的作用，在同学与班主任、心理老师之间架起桥梁。

四、注重信息反馈，力求心理健康稳步发展

学校坚持按计划地、稳步推进对学生进行心理健康教育，收获了

可喜的成果。多年来，我们坚持信息反馈，在2013学年进行的心理健康教育问卷调查中学生对于学校心理健康教育的知晓率和满意率都达到了100%。心理健康工作的稳步开展获得了师生的喜爱和家长的认可。

五、融合家校合作，推进心理健康特色发展

我校积极打造自身的心理品牌特色——家校合作，依托课题促进学校心理工作的开展，在不同层面开展家庭教育的心理讲座，传播正确家庭教育观，开展形式多样的亲子活动，增进亲子感情，支持心理老师参与市、区的课题研究，彰显学校心理健康教育特色。

（一）以制度为保障，开启家校心理健康工作新模式

现代学校的心理健康教育，决不能忽视家校合作的作用。在实践中，家校心理教育的协同开展，能更好地发挥家庭和学校的优势，用家庭教育的优势来弥补学校教育的不足，让学校教育指导家庭教育，即双方优势的相互利用和互补，实现心理健康教育的最优化。为此我校制定了一系列家校合作教育的制度，如《崂山小学家委会章程》《崂山小学家校合作心育制度》《家长参与学校重大教育活动制度》《家长学校工作制度》《家委会参与学校管理听证制度》《家校合作德育制度》《家校合作教学制度》《家校合作实践活动制度》《崂山小学培训家长制度》，使家校合作工作常态化、全员化、精细化，使家庭心理健康教育与学校心理健康教育形成合力，形成良好的家庭心理氛围，培养学生健康向上的心理品质。

（二）开展系列讲座，传播家庭心理教育方法

1. 面向全体家长

家庭是学生的来源与归属，为了提升家长对于孩子心理健康的关注，我们利用家长开放日、家长会、微信公众平台、家校《心桥》报、发放学习材料等多种途径，向家长提出各种建议，引导和帮助我校学生家长树立正确的家庭心理健康教育观。为了让家庭心理健康教育

指导更专业、更有吸引力,我们还聘请一些心理专家来校为家长做讲座,让家长找到打开孩子心灵之窗的钥匙,使亲子关系更亲密。

2. 面向全体老师

鉴于我校近年来青年教师队伍的扩大,我们也发现在家校互动的过程中,青年教师存在着困惑和压力。针对这一现象,我校聘请有经验的老师校内交流与家长沟通的技巧和方法。还邀请了心理健康教育方面的专家来校指导,传授科学的心理沟通策略,解决了老师们与家长沟通中的困惑,专家从心理学角度为老师们的实际工作支招,我校有位老师说:"要争取家长的信任和支持真应该学点心理学,善用心理效应,因为这是做好家校互动工作的科学方法,是做好教师工作的有效方法和途径。"

3. 面向全体学生

调查研究表明,良好的亲子关系对学生的心理健康发展起着至关重要的作用,因此,我们也经常面向学生开展如何与父母有效沟通的心理健康教育。通过心理讲座,提高学生与父母沟通的技巧,增进亲子间的了解;通过心理广播中的悄悄话板块,解决学生亲子沟通间的烦恼。

(三)以活动为载体,拉近亲子、教师与家长间心理距离

1. 增进家长对学校的了解

每学期学校都有向家长开放活动,让家长走进学校听课、家长志愿者活动、家长驻校办公、参与主题班队会、参加口琴秀表演、亲子运动会等,通过这些活动促进家长对学校教育、教学理念的认同和对学校工作的了解,使家长亲学校、爱学校,从而感染自己的孩子。

2. 拉近亲子之间的距离

我校每学年都会开展亲子活动,邀请家长来校与孩子一起观看、参与活动,拉近父母与孩子之间的距离。如六一科技节——家长深入DIY体验馆授课;六一亲子运动会——父母和孩子携手奋力拼搏;六一义卖活动——父母和孩子一起全程参与;心理健康主题班会——让孩子摸摸父母的手,感受父母的辛苦;国庆诗朗诵比赛——家长激情澎湃参与表演;家委会直选暨新年口琴秀活动——竞选家长展示风采;感动崂山好事评选——家长的感人事迹获奖;家长志愿者活动、

家长讲师团、家长驻校办公——几年如一日默默地奉献。这一切都让亲子之间的关系更亲密了,也表达了家长们对学校深切的爱。

(四)投身课题研究,积极辐射父母效能

1. 教师层面

现梅园小学校长、原崂山小学心理老师毛燕菁在本校开发了"父母效能"的教育课题,并著有相关书籍《让我们更贴心:小学阶段父母效能训练指导课程》,在市、区都有一定的影响。

现崂山小学心理老师季璐婷加入,以毛燕菁老师为负责人,以袁胜芳老师为顾问的课题组"小学父母效能训练联合教研团队建设研究",继续学习父母效能的理论,并在本校深入父母效能的研究和探索,将精髓传播给家长和老师,让家长们能够掌握如何与孩子沟通、相处的秘诀。

2. 家长层面

我校心理老师会定期对家长开展父母效能的相关讲座,和家长们探讨与孩子相处时的技巧以及矛盾发生时的应对方法等,深受家长们的喜爱。

我校也向各位家长公开心理咨询室的电话号码,当家长在教育上有困惑时,我们的心理老师都会用自己的心理专业知识积极、耐心地和家长探讨、交流。

3. 社区层面

与陆家嘴社区为共建单位,在寒暑假中,我们的心理健康教师走进社区,开展父母效能方面的咨询,为有困惑的家长答疑,获得了良好的反馈。

不仅如此,我们的心理健康老师还定期给社区中即将"幼升小"的家长做讲座,让家长了解这一阶段孩子的心理特征,使孩子顺利地度过幼小衔接。

"让每一个孩子都生活在阳光中"是我校心理健康教育工作的目标,而家校合作更是心理健康工作中的一盏指路明灯,或许我们能做的很有限,但是让更多崂山的学子、家长们能感受到健康心理的重要性,提升每一个家庭的幸福指数,使家庭与学校之间更亲密,永远是

我校全体心理健康教育工作者和全体老师共同的追求！

周屏漪老师班里有两个被诊断为智力障碍的孩子，由于他们的特殊性，大家亲切地叫他们"弟弟""妹妹"。其中，"妹妹"还伴有攻击性人格，儿童心理专家建议，如果她不愿意去辅读学校，就一定要处处留心，保护她的同时，也不能让她伤害别人。"弟弟"模样长得很可爱，但是不爱说话，没有办法和其他小朋友们正常地交往，做事情也比其他人慢很多拍。

于是，周老师呼吁大家帮助弟弟，才一年级的孩子们便真的担负起了"哥哥""姐姐"的职责。

午餐时间到了，孩子们会提醒弟弟："赶快把餐桌垫铺好哦。"然后跑出教室，帮弟弟把午饭拿到他的桌上。吃完饭，胡同学看到弟弟的嘴巴上都是红烧大排的酱汁，她就拿了纸巾帮他擦脸，边擦边对他说："弟弟，你变成小花猫啦。吃好饭你要去厕所照照镜子，把脸擦干净哦。今天我就帮你擦了，明天你自己擦好吗？"有时候，弟弟一不小心把鼻涕擦在手上了，袁同学看到了，跟我说："周老师，弟弟手上有鼻涕，我带他去厕所洗洗吧。"发通知了，杨同学会先把自己的通知单放好，再跑去弟弟边上，帮他在通知单上写好名字，再放进他的书包，并提醒他："回家就要拿给妈妈看哦。明天还要记得带过来交给周老师。"每每我听到孩子们稚嫩的提醒，看到他们的热心善举都特别感动。他们也才一年级啊，却能无微不至地照顾同班同学，真是一群善良的孩子。

每次春游，我总是牵着弟弟的手活动。有一次，带队的导游说："老师，你很喜欢他吧？我看你不管走到哪里，都牵着他的手呢！"我朝着导游笑了笑，没说什么。其实，只有我自己知道，弟弟无法与陌生人交流，如果他走丢了，那可不得了。

而妹妹脾气比较暴躁，又口齿不清，无法表达自己的想法，常常一言不合就发脾气。她会因为嘴巴干了、没带水杯，就在班级里大哭大闹；会因为小组长漏把喝酸奶的吸管给她，就用铅笔尖戳前面同学的背；又因为小朋友不理解她的想法，就朝小朋友扔碗；她的牙齿出血了，小朋友好心拿纸巾给她，她却拿着沾满

血的纸巾朝小朋友晃,吓得小朋友在班级里乱逃……渐渐地,小朋友开始有点儿害怕她,疏远她了。她也因为没有小朋友要跟她一起玩,就不愿意来上学了。

周老师心急如焚:不上学,可不能解决问题呀!那时,正好班里有小朋友过生日,带了礼物和大家分享。周老师便带着小朋友给她的礼物到她家里去看望她,并告诉她:小朋友们都很想念你啊!大家之所以没有主动和你玩,是因为有点害怕你了,不是不喜欢你。如果你能控制下自己的情绪,别乱发脾气,他们会很喜欢你的。

妹妹拿到礼物后很高兴,隔了个周末,就来学校上学了。可是,她还是会控制不住要发脾气。每当她发脾气,我就把她带到办公室,等她脾气发泄完了,再问她原因。解决完问题后,我很认真地对她说:"以后有问题可以找老师,但是不可以再大吵大闹了,更不可以伤害同学。否则,我就要严厉地批评你了。快去和大家道歉吧。"她竟听从了我的要求,真的给同学们道歉了。之后,我又给孩子们解释:"妹妹不是故意要这样的,只是她性子比较急。她发脾气,一定是有原因的。她也不是故意要伤害你们的,大家就原谅她吧。"

四年级时,学校给了孩子们一次可以登上东方艺术中心舞台的机会。周老师很珍惜这次机会,希望孩子们个个都能在舞台上闪亮登场。但是问题来了,口琴表演对两个特殊的孩子来说怎么能办到呢?这时,周老师想到了"人人有才,人无全才,扬长补短,人人成才"的崂山校训,决定帮他俩找找适合的乐器。于是,在音乐刘雯婷老师的帮助下,周老师试遍了学校里大大小小的乐器,最后确定,弟弟敲打沙锤,妹妹敲打碰铃。

没想到,弟弟的乐感很不错,练习了几次就可以敲击出正确的节拍。妹妹的乐感弱一点,练习了好几次还是不对。于是,课间,小朋友们自告奋勇地当起了陪练。几个小朋友清唱伴奏,其他人就在边上教妹妹敲打碰铃。还记得第一次彩排时,校长看到了弟弟的表现后,对他大加赞赏。回到了教室,我表扬弟弟:"你今天的表现很不错哦。"其他小朋友附和道:"是啊,你看校长妈妈也表扬你了呢!"听了大家的赞赏,弟弟害羞地低下了头。2020年1月17日,我们全班所有人如愿站在了东方艺术中心的舞台上。(妹妹因表演的前几天得了甲流,很可惜最终没有上台。)看到大家的精彩表演后,我们都很激动。弟弟的妈妈也很高兴看到孩子的表现是如此出色。

如今,他俩顺利升入五年级了。虽然弟弟依旧很害羞,但是他能帮班级倒垃圾了。妹妹也不再爱发脾气了,会主动来告诉老师她需要帮助了。他们从需要接受别人的帮助,到如今可以为班级做事,这点点滴滴的进步,看似虽小,对他们来讲,却是意义非凡。周老师很确信:崂山这个大家庭,有一颗包容的心。她敞开校门,欢迎所有的孩子;她扬长补短,提供孩子们展现自我的舞台;她愿意放慢脚步,陪着孩子慢慢地成长。

暑假家访时,徐斐霏老师发现李同学极其好动,当他听到自己喜欢的朋友没有与他分在一个班级时,他竟情绪失控,号啕大哭起来。开学后,李同学的行为让老师们头疼不已:上课时总是站起来、嘴里发出奇怪的声音,没法安静地上完一堂课;下课后总是不见踪影,作业本干干净净,不写一个字;与同学们的打闹也是少不了。为此,徐老师经常把孩子请到办公室里补习作业,孩子的学习勉强能跟上。

一天早晨,李同学的外婆带着他闯入了办公室,向徐老师哭诉着孩子昨晚被父母打了一顿。徐老师定睛观察,发现他身上满是乌青,脸上也有被打的痕迹。此时的李同学神情落寞,一反平日活泼的模样。原来上学以后回家做作业十分拖拉,甚至要做到12点才完成,父母急得打了李同学一顿。李同学竟还语气平淡地说:"爸爸拿棍子打我,妈妈拿皮带抽我。我已经习惯了。"

"看着李同学纯真的模样,再瞧瞧那些触目惊心的伤痕,我决定要帮帮这个孩子。"下午放学时,徐老师找来小李的母亲进行交谈,委婉地向孩子的母亲提出带孩子去寻求专业人士的诊断和帮助,看看是不是儿童多动症,并建议家长用鼓励的方式对待孩子的问题,可以设置一些小目标和奖励,让孩子对完成作业产生兴趣,并且向其阐述了家庭暴力对孩子成长的危害。

三年来,李同学的行为不但没有好转的迹象,持续的家庭暴力使他的心理也产生了变化,更令人担忧的是,由于他与其他孩

子们格格不入的行为,使他产生了较明显的自卑心理。昔日开朗活泼的孩子逐渐变得顽劣、不爱学习、敏感自卑,而孩子的家庭教育方式仍以暴力为主。面对与家长一次次无效的沟通和天天捣蛋惹事的李同学,我不断地陷入矛盾之中:我已经尽力了,是否不要再白费劲了呢?不,如果连我都放弃了这个孩子,那还有谁能帮他呢?我坚定了接下去要做的两件事:一、让孩子感受到同学们对他的喜爱和期待,逐渐改变自卑的心理;二、多与家长渗透教育方法,并且多在家长面前夸赞孩子的优点。李同学虽然在行为和学习上有严重的偏差,但是他在本质上仍是个单纯的孩子,更难能可贵的是,他在音乐方面有突出的才能。很快,机会来了,学校举办国庆诗歌吟诵比赛,我推荐李同学做班级领唱。那段时间,李同学像变了个人似的,每天认真练习仅有的几句歌词。比赛那天,李同学的脸上流露出难得的自信。经过这次活动,同学们对李同学也有了新的看法:唱歌特别好听。紧接着,我又把李同学推荐到了校合唱队,想让他发挥音乐方面的才能。

　　本以为这样做能让小李重拾自信,可有一天,李同学竟对我说:"没有人喜欢我,大家都讨厌我。"可事实真是如此吗?我询问了几位学生,都纷纷表示没有讨厌李同学,有的学生甚至表示很喜欢他。那为什么李同学感受不到呢?经过一段时间的观察,我发现孩子们虽然不讨厌李同学,但是很少有孩子愿意主动和他沟通,长久以来,李同学种种"与众不同"的行为使孩子们自觉远离他,这也是致使李同学感到孤独、自卑的原因。如果要完全改变这种现状,只有从改变李同学自身的行为出发。于是,我接下去做了两件事:一、开设一堂主题班会,请全班孩子给班级中需要帮助的学生写一封信;二、结合班级奖励措施,只要李同学一整天没被老师批评,当天就可以多获得一颗星。我自知第二项措施很难获得成效,因为时至今日,李同学根本无法控制自己的行为。然而,第一项措施却取得了卓越的成效,孩子们纷纷给李同学写信,信件上满是鼓励和期待的话语,收到信件的李同学脸蛋红扑扑的,他认认真真地把每一封信都读了一遍,再珍惜地将它们叠好藏起来。这一天,李同学特别懂事,脸上也洋溢着幸福的笑容。令我没想到的是，当天晚上，李同学的妈妈主动发来了信息：得知了今天老师为孩子做的一切，我们家长真的很感谢老师，谢谢老师一直没有放弃我们家孩子，我们一定会全力配合老师！又过了几天，李同学的母亲主动来学校找我沟通，原来，家长已经带李同学去儿童医学中心进行了检查，确诊为儿童多动症，并且配了治疗药物。她希望老师能守住这个秘密，不要告诉其他学生和老师，我当即点头答应。有了药物的辅助治疗，李同学的行为得到了显著的控制，集中注意力的时间更长了，聪明的他甚至在课堂上积极发言，能给出一些出人意料的回答，让人忍俊不禁的是，这位小可爱竟还与同学发起做作业比赛。日子缓缓流过，李同学原本空洞无神的双眼变得神采奕奕，我明白，这是一种找到目标的眼神，我打心眼里为这孩子高兴。三年级第一学期期末，小李的成绩由原来的须努力变为合格、良好，这小子头一次感受到了成功的喜悦。

像李同学这样的孩子还有很多很多，如果把他们比作一种植物，我觉得兰花十分适宜，它需要人耐心呵护，一旦开花，美丽多姿。心诚则灵，情真则明，礼佛如此，对待孩子更需要一颗爱心和一颗诚心。

乔蕾老师来到崂山的第二年，遇到了吕同学——一个看起来平平常常的孩子，但乔蕾老师渐渐发现，这个孩子的种种表现都与大学时期心理学教授所说的抑郁症状相类似。

我尝试与孩子的父母亲沟通，建议他们带孩子去儿科心理门诊就医，请专家为孩子作最专业的帮助和指导。孩子的妈妈爱儿心切，但却对我的建议极为抵触："什么？你的意思是说我的孩子有神经病吗？你才有神经病……"家长劈头盖脸地一顿骂并没有击垮我，我试着与孩子沟通："你相信老师吗？老师希望你开心起来，每一天都开心，而老师并没有这个本领，我们去找一个有本领的专家帮你把快乐找回来好吗？"很幸运，孩子还是信任我的，而这份信任仅仅是因为开学初刚接班时，他看到我的办公桌上有一本他最喜欢的《乔布斯传》，而我马上把这本书赠送给了他，恰恰是这一个小小的机缘，居然就在他的心理种下了这么一颗信任的

种子。夜里，接到了孩子父亲的电话："谢谢乔老师，我一直不知该如何向孩子开口，刚刚孩子主动向我提出了……"

不久，上海市新华医院儿科心理门诊的专家给出了诊断——中重度抑郁症，有自杀倾向，专家建议休学，并由父母二十四小时监控确保孩子安全。但孩子哭着想回学校。乔蕾老师鼓起勇气去向学校领导申请，愿意为他担保，保证一定让孩子在学校里好好的，内心却没有一刻不忐忑、不焦虑。

第二天，孩子一如往常回来了，用难得一见的一丝笑容看了我一眼。在他回来前，在学校领导的帮助下，我与所有任课老师打好招呼，悄悄地给其他班里的孩子做好工作，还想方设法在孩子们面前隐瞒了他的病情，毕竟许多人对抑郁症并没有科学、客观的认识，万万不能让孩子变成同龄人口中的"精神有问题"的人。一个特殊的孩子牵动了所有人的心，老师们尽心尽力地协助我这个"不太行"的班主任……

教学相长，感谢每一颗纯洁的心灵教老师们爱与被爱的珍贵。经过心理专家的治疗，家人的关爱，同龄人的陪伴，吕同学的情况逐步好转并稳定，毕业典礼的那天，这孩子哭得泪流满面，连话都说不完整了，最后只是站在教室的中央深深鞠了一躬，此时无声胜有声。一别多年，这孩子早已上了初中，繁重的学习之余，他时不时总会找乔蕾老师聊两句，说说学校里的趣事，唠唠成长的烦恼，抱怨抱怨课业的压力。然而每一次聊天结束，他总要说："我想回母校看老师！"乔老师衷心为这个孩子欣慰，走过成长的崎岖，荆棘密布的这一路曾让他留下伤痕，痛楚万分，但所幸风雨之后依然是灿烂彩虹、温暖阳光。乔老师写道：

"让每一只小鸟都歌唱，让每一朵花儿都开放。"这就意味着我们要承认学生的差异，坦然接受学生的特殊，尊重每一个生命的尊严，相信"滞后"的小鸟和"特别"的小鸟一样可以在天空中自由徜徉，教育是一次静待花开的过程，稚嫩的翅膀终会有羽翼丰满的一天。我相信，每一粒种子终将破土发芽，每一棵幼苗都能茁壮成长，每一朵鲜花都能自由开放，每一粒果实都能散发芬芳，每一只鸟儿都能自由歌唱！

第六章

构建家校合作共同体

　　我校是上海市"十一五"至"十三五"家庭教育指导实验基地学校,家校合作工作有着悠久的传统,曾荣获上海市"十二五"家庭教育指导实验基地"特色校(园)",并于2019年被评为"上海市家庭教育示范校"。我校家庭教育工作长期以来有着良好的基础,家校合作一直是我校创建新优质道路上的主要力量和保障,学校各项工作均在"家校合作"的模式下由稳步向优质发展。

第一节　夯实家校合作根基

一、统筹规划、有序开展

　　学校高度重视家庭教育工作,把家庭教育工作作为学校工作的重要组成部分。学校《章程》中,有保障家长"四权落实"的相关条目。每一轮的学校四年发展规划,都将家庭教育工作作为重要的组成部分,有家庭教育工作背景分析、有分年度推进家庭教育指导、家校合作的工作目标、任务及措施,从顶层设计层面规范了家庭教育指导相关工作,确保了家庭教育工作的普适性、专业性和可持续性。

　　在学校《章程》和四年规划的指引下,我校每一个学期工作计划中,也将家庭教育工作列为重点工作内容。细化每一学期的家庭教

育的工作目标、主要任务、实施途径、采用方法,对家庭教育工作中每一步骤的时间、项目和措施作出合理的部署和周密的安排,让家庭教育工作在开展中有据可循、稳步推进。

二、建章立制、有效落实

学校成立了家庭教育工作领导小组,由家—校—社共同承担家庭教育工作。学校层面由校长室全面主持家庭教育工作,家长层面由三级家委会层层落实,社区层面由街道、居委会共同承担,形成了凝聚家、校、社合力的良好局面。每学期制定家庭教育工作计划,定期开展家庭教育工作会议,商讨家校合作、家长学校工作,针对学校家庭教育工作现状进行总结、反思,优化家校合作工作水平,促进家校共育合力的形成。

我校家庭教育实施骨干团队由校长、副校长、德育主任、教导主任、心理辅导教师、骨干班主任、家委会成员和校外专业人士组成。为保障家庭教育工作有效落实,我们细化骨干团队成员工作职责、明确分工任务,各司其职、相互合作,团队工作效能明显。为保障家庭教育工作顺利开展,我校制定一系列家校合作制度,如《家校合作教育委员会制度》《家校合作德育制度》《家校合作教学制度》等,规范家校合作工作管理。

年级组长、班主任是开展家庭教育指导工作中最主要的一支力量,因此,在我校的绩效考核方

图6-1-1 2020年,校级家委会会议

图6-1-2　2020年，校级家委会视察学校防疫工作

案中，将年级组长、班主任的家庭教育指导工作列入工作量计算，并将其开展家庭教育指导工作的效果、家长的满意度列为学期考核的项目之一，开展优秀家庭教育指导者评比，通过绩效奖励激励指导者们提高家庭教育指导水平。

为充分整合家庭、社区资源，我们在市家教中心的帮助下，借助乐城书院、周浦镇家庭文明建设指导服务中心的力量，开展"家—校—社"共育家庭养育能力项目，形成三方合力，共同培育家庭养育能力。

三、加强研究，提升素养

我校家校合作的出发点是携手家长、开拓社区资源，办好学校；落脚点是不断提升学生的素养，让学生健康成长。家校合作的抓手从改革合作模式，走向提升受众教养；从丰富活动内容，走向现场活动与文本研究相结合，因此我们十分重视课题的研究与校本课程的建设。

我校自2002年起，着手以"家校合作"为关键词开展课题研究。从2000年起，我校成立家长学校，并依托课题《改革传统家访的实践与研究》，聘请市区专家及本校有经验的优秀教师为辅导员，系统而有针对性地为各年级家长开办讲座，接待家长的来访；编辑的《心桥工程》在全区范围内进行交流。家长学校不仅受到家长们的欢迎和好评，课题也被评为上海市家庭教育成果评选二等奖。

　　在研究过程中，我们在上海市家庭教育协会、上海市中小学心理辅导协会和上海市浦东新区教育发展研究院等上级单位专家的支持与指导下于2004—2005年自编了"叩开心扉之门""心灵家园"家校合作心理辅导校本课程，及《亲子成长案例》《让我们共同成长》《家校合作制度》等教材与书籍。《促进家庭心理健康》刊登于2005年3月上海市《心理辅导》杂志；2006年3月《建设班级亲子文化》获上海市少先队征文比赛三等奖；2006年4月《家校合作的意义》刊登于《浦东教育》；2006年5月"心灵相通的舞台——崂山西路小学亲子心理辅导活动方案"获首届全国心理辅导专项评选活动三等奖；2006年5月"夏日亲情——大型家庭教育心理咨询辅导活动方案"获首届全国心理辅导专项评选活动三等奖；2006年9月《亲源性心理问题的辅导探索》获长三角征文评选二等奖并刊登于8月《上海教育科研》；2006年11月《亲子沟通——实现共同成长的方式》获全国师德征文一等奖，并刊登于2006年12月《浦东教育》；《浅论家校合作教育中的问题》论文2007年1月获全国教师教育论文大赛上海市三等奖；2006年10月《小学心桥工程的建设——开展家校合作教育活动的探索》获全国教育科学"十五"规划国家重点课题"基础教育阶段现代学校制度的理论与实践研究"结题成果评选中被评为优秀成果二等奖。相关课题成果刊登在2006年9月《浦东新区社区、家庭参与中小学管理、监督及评估的实践与研究——论文选集》（上、下册）和《浦东新区中小幼管理制度——文本汇编》（上、下册）。因家校合作的特色与实绩，我校在2005年11月被评为"上海市心理健康实验校"，2007年1月被评为"十一五"上海市家庭教育实验基地，2017年被评为"浦东新区首批家庭教育示范校"，2019年被评为"上海市家庭教育示范校"。

近几年开展的课题有：市级课题"亲子成长工作坊对学生抗逆力培养的实践与研究""小学家校合作活动的实践与研究"及区级课题"小学家校合作教育活动的研究""构建家校学习共同体，提升小学生阅读素养的行动研究"。

"小学开展亲子活动的实践与探索"立项为上海市家庭教育指导研究市级课题，并于2015年结题。"家长对子女心理健康教育的意识、现状与指导"被上海市教育科学院家庭教育研究与指导中心立项为"2018年上海市家庭教育研究规划课题"，目前正在研究中。

综上所述，我校在近些年来，始终以"家校"为主题词开展课题研究，足以可见家校合作工作渗透在学校管理、教育、教学活动等方方面面。

家庭教育指导工作应遵循学生心理发展的不同规律，在年级组中研究与探索家庭教育指导工作更符合家长与学生的需求。我校以年级组为单位，积极地开展家庭教育指导工作研究与探索，以《崂山小学分年级亲职教育校本教材》为研究主题，探索指导方法，提升指导质量。青年教师由于从事家庭教育指导的时间不长，因此，我们通过团支部"青椒"读书活动开展分层培训和研究，指导青年教师阅读家庭教育、学校教育相关书籍，有了理念上支撑，青年教师的家庭教育指导活动也更有了底气。

我校的校本教材《让我们更贴心》以提高父母效能为目标，除了对家长开展家庭教育指导，我校的二、四年级的学生在《心灵家园》课程中学习了解和父母沟通的技巧、方法，增进与父母的关系。为了提高全体家庭教育指导者的理论及实际工作能力，我校面向全体教师、班主任开展培训，邀请专家针对家庭教育指导中的热点问题开设讲座，邀请在家庭教育指导工作中有经验的同伴交流分享自己的工作经验，组织开展工作困惑的讨论。多样化的培训形式，为指导者们进行家庭教育指导明确方向、找到方法，提升家庭教育指导工作的有效性。

如何提升青年教师家庭教育指导能力，让他们赢得家长的认可和支持迫在眉睫。肖瑢老师记得：

在和德育团队讨论后，大家都回想起当初自己刚入职时，不害怕带班辛苦，最怕的就是和家长打交道，每一次的家访都思前想后，每一次和家长联系前都已默默地做好功课，生怕自己在和家长的沟通中说了不合适的话，生怕和家长意见相左时会尴尬。因此，德育团队小伙伴一致认为，做好班主任的培训，争取用三年的时间，做到让班主任们从扶着走到自己走，到最终能领跑。我们通过请进来、走出去的方式，以班主任培训的形式，在提高班主任家校沟通能力的同时，通过团队建设，提升团队的凝聚力。记得有一次班主任培训，我们结合班主任团队中大多数都是女性的特点，设计了紫色为主题色，所有参加培训的班主任都需要穿戴或者携带含有紫色的物品入场，营造了轻松、温馨的培训氛围；培训中我们通过小组合作的形式按照预先创设的情景进行表演，班主任们在表演中，学会了换位思考，学会了理性分析，让班主任们得以迅速成长。

　　我校的亲子成长工作坊是家庭教育指导一个有效的载体。聘请优秀学生家长主持工作坊活动，在活动中聘请校外专家针对家庭教育中的热点、难点问题开展探讨，或家长之间互帮互助、出谋划策；家长会上，我们还聘请优秀的学生家长担任家长讲师，与家长们分享自己的育儿心得，用自己的成功经验引领全体家长提升育儿能力。

　　家校合作的过程应是一种家长、教育工作者双向影响的过程。我校的家校合作特色工作结合崂山小学"心桥工程"建设的实际，协调家校双方力量形成合力。从家委会成员参与学校教育活动，发展为全体家长参与，在教育理论和教育实践的结合点上，对家校合作工作进行深入的实践和研究。其对学校特色的深化发展，提升学校办学层次和教育质量有积极的意义。

第二节　充分的家校合作

　　孩子是学校和家庭共同的希望，有效地开展家校合作工作，为学生在校园和家庭两个生活空间构建了良好的环境气氛，使学生全面发展，健康成长；家长转变家教观念，改进教育方法，也可以使我们的办学质量显著提高，因此，我校长期以来致力于家校合作工作的实践与研究。

一、提倡现代家校合作的新观念

新型的家校合作是学校和家庭互相需要对方协助，双方都积极主动，共同努力，是教育上的伙伴关系。提倡家校合作的新观念，不断拓宽家校合作的途径和功能，要改变家长对教师的看法。家长在合作中应尊重教师，自觉维护教师良好的形象。要积极主动与教师沟通。家长对教师教育教学管理中的一些问题要有宽容之心。家长要积极与教师联系，多与教师沟通、了解孩子在学校的表现。要提高家教能力。从单一家庭、多个家庭以及全校家庭等多个层面，建立学校与家庭之间的教育网络，形成家庭、学校、社区一体化的教育格局，真正发挥家庭的教育影响力。

二、树立正确的家长教育资源观

家长作为一种教育资源，具有不可取代的影响作用。它作为一种有益的教育参与和教育影响的力量，可以通过家长委员会、家长—教师联谊会等形式，主动介入或参与学校民主化的管理，并对学校管理、日常教学发挥必要的监督作用。把学校、家庭视为两种重要的教育场所，旨在为青少年的成长营造一个良好的教育环境。如何处理好学校发展的短期利益与长远利益的关系，构建一种积极有效的家校合作关系，实现互助友爱、相互关心的和谐社会的理想，是学校面临的现实问题。

三、提高教师与家长合作的艺术

教师要了解学生家庭情况，用不同的方法来处理好不同层次家

庭的关系。每个家庭都有其家庭背景,教师需根据不同的家庭制定不同的策略,为各个家庭量身定做不同的策略。在遇到问题时,教师应换个角度去思考,体谅作为家长的一片苦心,尽量化解家长的抱怨与疑惑。教师与家长要保持双向交流,互换观点,互相尊重,互相促进,互相帮助。语言要亲切、自然、大方、简练,适时地提出自己的建议和方法。教师可以从家长那里获取更多有关学生的有效信息,了解家长对教育的理解和期望,并从他们所拥有的专业知识和工作经验中获取帮助。

四、转变家校合作服务模式

要服务学生的学习,学校要关注学生对知识的学习,还要关注学生学习能力的成长。学校要关注每个学生生命个体的成长,即关注学生成长过程中遇到的每一个问题,不仅有学习上的问题,还有道德、心理上的问题。学校要关注家长和孩子的共同学习和共同成长,要为每个家庭找到成长的"最近发展区",让每个家庭形成共同学习的良好氛围,创建学习型家庭。可以实行家长督学制,学校向所有的家长敞开大门,欢迎家长参与学校的管理并对学校进行监督;倡导教师积极参与家庭教育指导的义工活动;注重家校合作中的多元沟通,不仅倡导教师和孩子的沟通、家长和孩子的沟通、教师和家长的沟通,还要倡导家长与家长的沟通、教师与教师的沟通、孩子与孩子的沟通。要充分利用现代信息技术开展网络化沟通。

五、倡导优化和多样化的现代家校合作方式

如网上开办家长学校、编制"家校合作指导手册""家校联系手册""家校通讯""校报"等、举办周末家长联欢会,定期召开家长座谈会(专题性家长会、讲座式家长会、展览式家长会、表演式家长会)等、利用校园网、QQ等现代媒体,使家长保持密切联系。这是网络时代背景下的一种家校合作的新型方式。搭建现代家校合作的有效载体。

苏联教育家苏霍姆林斯基说过："施行学校——家庭教育不仅可以很好地培养年轻一代，而且还可以使家庭和父母的道德面貌完美。没有对子女的教育，没有对学校生活的积极参与，没有父母与孩子之间经常的精神上的接触和相互充实，就不可能有作为社会基层单位的家庭本身，不可能有学校这个最重要的教育教学机关，也不能有社会在精神上的进步。"家庭和学校作为儿童重要的社会化场所，只有实现功能互补，才能形成教育合力，为儿童身心的全面健康发展营造一个良好的教育环境。

2015年1月22日，《青年报》整版报道"家校合作共创和谐校园　好学笃实成就魅力师生——记浦东新区崂山小学"，详细介绍了我校家校合作的办学特色。家庭和学校、家长和教师作为现代家校合作的两个重要主体，只有精诚合作、凝心聚力，注重合作策略，落实合作措施，才能为构建和谐的教育、培养健康的儿童打下坚实的基础。

第三节　热心负责的家长委员会

我校建有校级、年级、班级三级家长委员会网络，自2004年开始设立家长委员会，至今已到第九届。家长委员会既是支持和监督学校做好教育工作的自治组织，又是学校联系广大学生家长的桥梁和纽带，在促进学校民主管理的同时，支持我校教育教学工作，提升我校家长家庭教育水平。

《崂山小学家委会章程》就家委会的任务、组织、权利义务、职责分工作了明确的阐述，为家委会开展各项工作提供了依据与保障。我校三级家长委员会通过选举产生，程序规范，公开公正。班级家委会由家长自荐、全体家长投票表决产生；年级家委会由班级推荐产生；校级家委会则通过直选方式产生。每两年一次的校级家委会直选已经成为我校的优良传统，家长们通过个人风采展示、竞职演讲表达加入家委会的意愿和工作愿景。他们站在演讲台上个个落落大方、滔滔不绝，大家分享着各自对于家校合作的理解和畅想，观众的

图6-3-1 2012年，校家委会直选颁证

掌声、孩子们的欢呼声，高潮迭起。紧张的投票环节中，每位在场的班主任、学生代表和家长代表都投下了自己手中庄严的一票，在全场热烈的掌声中，校领导为他们颁发了聘书。与会的家长们通过现场投票选出心目中的家委会人选，最终根据现场投票产生新一届校级家委会。

记得在首届家委会直选时，我对大家说：

崂山西路小学的家委会代表们非常支持并积极投入这一活动，我们很欣慰，再次感谢你们——热心教育的家长！没有你们的共同配合，就没有今天的家委会直选成功！亲爱的家长朋友们，让我们携手共创崂西教育的品牌，让我们崂西的师生都能向着这样的目标努力吧：学会求知、学会做事、学会生存、学会共存。

2016年12月30日，"琴声悠扬，快乐启航"第七届家委会直选暨口琴秀活动在两个校区隆重举行。尽管冬意正浓，寒气刺骨，会场内还是洋溢着浓浓的暖意，来自新区、兄弟学校的党政领导和学生家长近百人一同感受着崂山学子绽放的艺术之花，也感受着崂山家长的自信风采。

两年一届的直选活动得到了广大家长的参与。曹春晓老师回忆：

当时我们班级一对双胞胎的阿姨代表班级参与了本次的直选活动。这对双胞胎比较特殊：他们出生在台湾，爸爸妈妈都在台湾生活，他们却是跟着外婆和阿姨在上海成长生活。他们的阿姨夏女士特别关心孩子的学习和生活，她多次主动参与学校的各种志愿服务。她也不负众望成功当选我们陆家嘴校区的校级家委会委员。

作为一名班主任，曹春晓老师对于家委会的功能有着自己的理解。她谈到，有的学校，家委会的社区性更强，日常组织的活动多是为家长和学生们服务，更紧密地联络家长，让大家体会到整个社区的文化氛围；有的学校，家委会是一座家校联结的桥梁，既能全面反映家长、学生们的心声，也能对学校日常工作起到监督作用；还有的学校，家委会伴随着学校一起成长，是学校的协作者和同行者。"虽然角色与定位迥异，但目标都是一样的，为了学校能发展得更完善，孩子在其中获得更好的教育。学校和家庭，不仅要一致行动，要向孩子提出同样的要求，而且要志同道合，抱着一致的信念，始终从同样的原则出发，无论在教育的目的上、过程上还是手段上，都不要发生分歧。"家委会到底是什么？曹老师心中已有了答案——是学校与家庭的黏合剂，是实现家校共建的渠道，是学校与家庭两者的相互成全。

我们学校设立家委会的初衷就是：充分发挥家长在学校教育中的作用，努力构建和完善学校、家庭、社会有机结合的教育体系，促进家校间更紧密的合作。在每一次的竞选宣言现场投票、集体宣誓中，也是在充分展现每一届家委会的实力和能力。就像很多家长说的"现在进了校家委会，这也是自己能力体现最好的突破口之一，为了超越自己，也给孩子树立做好自己、超越自己和乐于奉献的榜样，不允许自己后退，临阵脱逃。以后的日子更要加强各方面的学习，虚心求教，配合学校领导和老师把班级家长群引领好、服务好，真正做到家校沟通和谐发展，让孩子们健康快乐成长，学业有成"。

赵海蓉老师认为，学校的办学离不开家长的支持，学校的管理离不开家委的参与，上学、放学路上的安全离不开家长们的悉心维护，班级活动的组织策划离不开家长们的积极参与，教师工作的开展离不开家长们的支持协助……她回忆第八届家委会直选过程：

"相聚在崂山，用热情感染你；

让我们都加油去超越自己；

齐聚在崂山，有梦想谁都了不起，

成长路上点燃激情……"

2018年12月29日，崂山小学周浦校区体育馆内传来家长们热情洋溢的歌声。原来，崂山小学"家校同心合作，教育优质绽放"第八届家委会直选暨新年口琴秀活动正在这里举行。

在学生们精彩的口琴表演中，本次活动最重要的一项议程——家委会换届选举活动也正在紧锣密鼓地进行中。参与竞选的家委会候选人一个个走上舞台，自信大方，各展所长，展示了参与学校管理工作的热情，同时也为学校的发展建设提供了宝贵的意见。

两个小时后，经过激烈的角逐，胜选的家长们举起了右手，向在场的家长代表、教师和学生庄严宣誓：服务学校、服务孩子、服务家长……

在全体家委《相聚崂山》的歌声中，第八届校级家委会直选活动圆满地拉上了帷幕。

这是学校两年一度的常态情景——校级家委会公开竞选的过程。在此之前，家长先参与班级家委会选举，再到年级、校级，逐级民主直选产生各级家委会代表。就在本次活动之前，学校的第七届校级家委和候选家委们为了这次选举活动先后开了三次预备会议。

在预备会议上第七届家委讨论并通过了"第八届崂山小学家委会直选方案"；"老"家委还给"新"家委传授直选心得，教授PPT制作要领；候选家委同学爸爸还饱含深情地创作了《三句半——迎新春 颂崂山》；家委们利用繁忙工作之余，抽空排练大合唱和三句半……

赵老师感谢家委会用无私传递着美好："在接下来的日子里，我们依旧会不忘初心、携手同行。"

成立了校级家委会后，我们也依据《崂山小学家委会章程》力求将工作做实做细。家委会成员分工明确、相互合作；他们定期召开会议，并将每周五设为驻校办公时间，巡查学校日常教育教学工作，做到及时反馈与沟通。家长们将看到的问题反馈给学校后，德育处协同各部门及时做好沟通与整改。

一学期两期的家委会自编报——《心桥》也获得了家长和学生的喜爱。此外，学校活动都邀请家委会代表共同参与，得到广大家长的全力支持。

记得有一次我为荣获"感动崂西"心桥奖的三（1）班顾泽昊同学的家长顾李女士颁奖时，是这样说的：

爱，是不需要回报的；但爱，是可以互相传递的。在这爱心涌动、暖意荡漾的时刻，我们要唱，唱出一支支敬业的旋律，激情燃烧；我们要演，演绎一首首爱心的篇章，澎湃奏响！

我们一直希望崂西的优良传统——家校合作，和谐发展能够不断传承，发扬光大。在学校——家庭之间有一座桥梁，那就是"心桥"。

2005年11月3日，我在全校家长会上说：

各位家长朋友，我们时下最流行的说法是做一个可爱的上海人，开始今天的讲话之前，我想在这里先来念一段最新调查结果——中小学生最喜欢父母的十种做法：1. 信任我；2. 说话算数；3. 让我平等参与家庭生活；4. 与我一起讨论人生大事；5. 表扬我；6. 给我辅导功课；7. 对我管得比较松；8. 与我一起锻炼；9. 和我出去玩；10. 与我一起玩。中小学生最不满意家长的十二种行为：1. 说话不算数；2. 对我管得太多；3. 父母不和睦；4. 限制我交朋友；5. 不与我交流；6. 拿我出气；7. 不平等地对待我；8. 自己看电视却不让我看；9. 在家打麻将；10. 总是训斥我；11. 逼我读书；12. 不关心我在学校的表现。可见，孩子们最烦的就是父母说话不算数！

家长朋友们，今天的孩子都是那么有思想有主见，我也常常要求我们的老师要以学生为本，其实就是要像尊重成年人一样尊重孩子。因此家校适时沟通显得尤为必要。

2020年6月，我在2020届一年级新生家长会上说：

各位家长，千万记得：孩子有困难，记得向老师找主意、找建

议；班级有矛盾，记得找班主任想办法，出点子；对学校有意见，记得找分管领导，甚至校长，提意见，说建议都行。没关系的，找谁，就是信任谁。千万别藏着、掖着，日久误会深，不利于孩子的教育，学校班级的进步。

今天，各位家长选择了我们崂山小学，不管是不是你们喜欢或最爱，希望我们一起培养感情，慢慢喜欢，带着欣赏的眼光，爱学校，爱老师，尊重我们的劳动，培养好我们共同的孩子，你们的希望，也是我们的希望。

家委会是我校"亲子成长工作坊"中的一支不容小觑的家庭教育指导队伍，其中不乏很多家长在家庭教育工作中有着丰富的理论与实践经验。家委会成员经常通过家委会微信群、班级微信群，发放宣传资料、分享育儿经验，组织班内的小讲座、小讨论，开展家庭教育经验交流与困惑探讨，为其他家长提供形式多样的家庭教育指导服务，如"学生学习习惯的养成""学生社会实践服务能力的提升"等，提升了我校家长的育儿理念与水平。

以下为崂山小学第五届家长委员会关于崂山小学"倾听孩子与家长的心声"内容汇总：

主　题	内　容
（一）什么样的老师在你眼中最了不起？	热爱教育事业，对学生有爱心、耐心、责任心
	真正为学生着想，平等对待每个学生，与学生平等交流
	课前准备充分，上课生动有趣，课后能帮助有困难的学生
	能与家长保持良好的交流沟通
	与时俱进，加强自身修养
（二）什么样的家长在你眼中最了不起？	尊重孩子的想法，能主动向孩子道歉
	与孩子平等交流，每天能和孩子聊聊天、谈谈心
	关心孩子身心全面发展，培养孩子的良好行为和道德习惯
	不溺爱、不娇宠，给孩子自己的空间
	以身作则，要求孩子做到的家长首先做到；诚实守信，答应孩子的事情努力做到

(续表)

主　题	内　　容
（三）如果你是"校长"或"老师"，你会怎么做？	为学生创造一个快乐、舒适、良好的学习环境，多提供社会活动机会
	创立一个学生空间，发表他们的想法和作品；每周有一堂课让小朋友自由发展自己的兴趣、才艺
	正面教育孩子，时常鼓励表扬
	不比较，让学生做最好的自己
	培养学生积极乐观性格，注重学生身心健康

学校重视和配合家长委员会的各项工作，家委会常年开展驻校办公工作，我校为家长委员会提供专门的学校办公和管理的场所，设有家委会办公室。在驻校办公期间，提出"驻校办公七件事"的工作要求，通过一巡——巡视校园，二观——观察教师职业规范，三谈——与师生交流谈心，四问——与学校行政领导沟通，五督——监督学生行为规范，六查——查校舍安全、卫生，七评——为学校提出合理化的意见和建议。近几年来，家委会组织在学校管理中的效能日益显著，家委会牵头学生校服征订、午餐调价，协同参与学生食堂管理、午餐管理，为学校《四年规划》《督导评估报告》提出意见与建议，参与学校教育教学管理工作的积极性越来越高，真正地体现了家委会这个自治组织的"四权"（知情权、参与权、监督权、建议权）。

"今天在学校过得怎么样"，"能跟我讲讲今天学校里面发生的有趣事情吗"……每天一回到家，家长都会习惯性地想问问孩子在学校的学习和生活情况。一方面是出于关心，另外一方面也是出于好奇。但是无论家长如何循循善诱，孩子似乎总是惜字如金，愿意主动分享情况的日子屈指可数，相信不少家长都会有类似的烦恼。崂山小学推出的家长陪餐和驻校办公很好地解决了这个痛点，架起了家校信任、合作、共赢的桥梁。

作为家委会成员，三（2）班学生姜昊楠同学家长姜鑫勇回忆了自己驻校办公的经历：

走进校园，首先映入眼帘的是一座透明的遮雨棚连接着教

学楼和校门口。哇！我心里不禁由衷赞叹。可以想象如果下雨天有些孩子没带雨衣或雨伞，疫情期间家长又不能入校接回，从教学楼到校门口这一路上就有可能把孩子淋湿，现在有了遮雨棚，家长接孩子的"最后一百米"的痛点解决了。这也是崂山小学推行家校合作的一个务实成功的案例。

二（2）班王天勤妈妈李喆受邀作为家委会代表驻校办公，有了与学校、老师、孩子们近距离的交流的机会，她记录下自己陪餐的感受：

今天，我去食堂进行了参观，各种新鲜的蔬菜摆放整齐，生熟食材严格分区摆放，食堂师傅工作认真细致，干净卫生。中午，我在班级和孩子们共进午餐，今天有四菜，一荤三素：肉丸子、西红柿炒蛋、土豆泥、清炒油菜，主食为炒饭和血糯米饭，营养搭配合理，色香味俱全，干净卫生。学校把食堂列为重中之重，家长们可以放心！孩子们听说我陪餐，脸上都充满了喜悦！

校级家委会成员、二（1）班任同学的家长用"万卷园丁书满腹，千盘桃李志夺魁"表达对学校的赞赏。他认为，让家长共同参与学校管理，为学生健康成长助力，充分发挥家长代表参与学校管理的作用，增进家校联系，建立家校互信共治的工作格局，是崂山小学家校合作的一贯做法，显示了学校开放办学的姿态。他回忆道：

除了陪餐以外，更重要的一项工作便是巡视校园，从校门到操场，到教学楼，到大礼堂，再到走廊……校家委会家长可以对学校的校园环境、设施设备、校园生活等进行全方位参与了解。每当踏进校园，我都有一种温馨的感觉，每一次校园的细微变化都能让人深切感受到学校领导和每一位老师的用心。无论是每周的例行事项，还是特定节庆活动，或是校园主题活动周，无不体现出老师们的精心布置和对学生们深深的爱。课间，孩子们有的在教室里看书，有的在操场上游戏，还有围绕着老师问问题的。所有孩子遇到每一位老师、每一位家长志愿者都会主动问好。

记得在一次巡视过程中，偶然发现有一间功能教室的墙上有一个贴着的字其中一笔稍有倾斜，于是我就记录在了办公日

图6-3-2　2020年,校级家委会家长陪餐

志上。过了一周又去学校,想着再去看看那个字,居然已经修复一新了。可见学校对家委提出的大小建议都能落到实处,让人由衷地赞叹。

担任了两年的家委成员的三(3)班毛同学的妈妈谈到,校方用心做事,高标准严要求,一直秉承着家校合作的精神办校,处处体现对孩子们的关爱。

9月1日开学那天,孩子们就用上了新的餐盘,送餐的箱子也换成了保温箱。

图6-3-3　2020年,家长志愿者在校门口维持秩序

两层楼面也都安排了工作人员给孩子们添饭。现在冬天来了,孩子们终于可以吃上热乎乎的午餐了!新学期开学后,又迎来了10月10日的家委会陪餐活动,可以进班级陪餐,很开心呀!

第六章　构建家校合作共同体

也给了孩子们一个惊喜！班里的孩子们个个都很有礼貌，都会主动跟我打招呼！午餐口味清淡，适合孩子们吃，大大的鸭腿口感不错！

陪餐活动虽然短暂，但给我们留下了深刻的印象。校方在营养餐上的确是用细心去谋事、用诚心去做事，切实做到了让孩子开心，让家长放心！希望我们家校合作，一起努力，祝学校越来越好！

2020年10月10日，五(1)班徐同学的爸爸(第八届校级家委会会长)受邀参加了学校的陪餐活动。徐爸爸认为，学校组织的家长陪餐活动，一是拉近了学生家长和学生们的关系，当家长走进教室，同学们都热情地拍手欢迎，非常有礼貌，看到有家长能参与到学校生活当中，也是非常开心，同学们都更注意自己的言行举止；二是让家长能切身感受到同学们在学校用餐的实际情况，看到好的现象，家长更放心，并会在家长群里起到积极作用，让更多家长放心。如果有好的建议，也可以及时直接地反馈给学校。

五(3)班朱同学的妈妈也认为，陪孩子们进餐可以深入了解疫情之后学校的防疫措施和膳食管理的情况，更可以零距离目睹孩子们的用餐过程；学校还组织我们家长走进食堂、走进班级，为了使我们家长可以全方位见证用餐的设施和流程，确保给孩子们提供的是全面丰富的饮食以及安全卫生的营养午餐，来保障孩子们身体可以健康地成长。校方用心做事，高标准严要求，处处体现对祖国花朵的关爱。一份营养健康的午餐，不仅提供了孩子们身体所需的营养，更体现了学校对孩子们成长的负责和担当。

陆家嘴校区三(1)班山川同学的妈妈感慨道：

经过几次家委会驻校办公活动，我深刻体会到崂山小学是一所非常有爱的学校。不仅仅是老师对学生在学习上的关爱，更体现出学校对每一位孩子饮食起居各个方面的关爱，如同母亲对孩子般的爱那样细腻、深沉、无私。我为孩子生活学习在这样一所特别温暖有爱的小学，感到无比欣慰和自豪，不禁让我忍不住地想告诉大家：做崂山娃，真好！

陆家嘴校区四(1)班俞同学的爸爸亲身感受到，家长委员会作为学校与学生、家长相互联系的纽带和桥梁，可以让家长们热心参与学校的教育、教学改革，协助学校搞好有关工作，可代表学生家长向学校提出意见、建议和要求。"通过这几个学期在校委会中更深入的了解，我明白了家长委员会是为了加强家庭与学校之间的联系，优化家庭教育环境，努力实现学校、社会、家庭教育一体化，可以更好地促进少年儿童素质全面和谐的发展，"俞栋说，"学校的综合教育情况非常好。通过参加学校家长委员会的活动，我深深地感觉到家长、老师都是教育者，都负有教育孩子的责任。希望我们和老师一起都能在孩子的成长过程中做到冷静分析，找准新的平衡点、拥有一颗平常心、保持一份耐心，了解孩子、理解孩子，为孩子的成长而学习新的知识，做孩子成长的助跑器，共同点燃孩子的希望之光。"

第四节　开办家长学校，开展亲职教育

　　家长学校是家长们一起学习提高的场所，是对家长进行科学的家庭教育的理论、知识和方法指导的重要的载体，学校聘请校内的家庭教育骨干指导老师、校外的家庭教育指导专家、社区以及家长志愿者等作为学校的家长学校师资队伍。每学年制定具体的教学计划，并按照教学计划，有序有效地落实各项教学内容。学校编制了符合学生家长群体需求的《崂山小学分年级亲职教育》校本教材，进行科学有序的家长课堂授课活动。

　　每学期，学校组织开展全校性的家长学校课程教学活动，根据年级不同、需求不同，开展适合的专题培训或讲座，如"家长在家校合作中的误区与对策分析""家庭教育中的情绪管理""赢得孩子的合作""我与孩子共成长""情绪与学习效果"等，每一次的家长学校活动，我们都要求家长能够进行签到、记录并撰写心得。

　　2017学年起，我校"心语心愿"家庭心理健康教育工作坊也在家长的需求中应运而生。我们聘请在家庭教育、心理健康教育方面的校外专家担任工作坊主持人。每一次的沙龙活动由征集家长的育子困惑开始，活动中专家和家长面对面畅谈家庭教育与心理健康教育

中的目标、方法、途径，家长们在每一次的反馈表中都表示活动对于自己提升育子能力有很大帮助。借力专家也让我们的家庭教育指导更科学、更具实践意义。

袁胜芳老师是我们学校心理圈的"大咖"人物了，每学年我校都会邀请袁老师前来为家长们做一次心理讲座。家长们一开始都是抱着试试看的心态前来，之后越来越积极，心理讲座都要以抢票的形式来取得入场资格，可见其火爆程度。讲座后，家长们都会围着袁老师说说孩子的情况、问问家庭教育的建议等，袁老师很耐心，一一作出解答。每学年一次与袁老师的相见，对于一些有需要的家长来说，实在太短暂，他们提出能否有更多和袁老师面对面的机会。

"家长的需求就是我们的追求，学校的德育组开始思考如何满足部分家长的要求，想着是否能够办一个小型座谈会，让家长们能直面专家，提出自己的亲子教育困惑，"季璐婷老师说，"有了初步的想法后，我们联系了袁老师，她肯定了我们的想法并提出了异质性家长互动沙龙的概念，认为不同的家长所遇到的教育问题肯定是不同的，是异质性的。另外，家长沙龙参与的家长数量肯定是小范围的，20人以

图6-4-1 2020年，心理专家袁胜芳老师亲职教育讲座

下是最好的,在保证每个家长都能交流、抒发情绪的同时,可以让家长们得到更具针对性、建设性的指导。"

得到了专家的支持和肯定,我们开始了前期的准备工作,因参与人数的限制,每班给出了1个名额,以家长自主报名为准,先到先得。收集、整理家长的亲子教育困惑,我们发现主要的问题集中于学生的学习注意力、人际交流、亲子关系等,并将整理好的亲子教育困惑提前发送给袁老师。敬业的袁老师可以更好地理解家长们的需求,在现场就相关问题为家长们答疑解惑。

家长互动沙龙如期举行,前来参与的家长都感觉很期待、很紧张,刚开始家长们有些不知所措,不知道如何表达自己的想法。袁老师一如既往的亲切和幽默温暖了本来有些阴冷的会议室,家长们与袁老师交流的热情慢慢地被激发出来,他们结合自身教育孩子的案例,表达了在家庭教育过程中存在的困惑。袁老师从专业的角度给家长们合理化的建议,有效地缓解了家长们教育中的焦虑情绪。家长们纷纷表示受益匪浅,在教育中要给予孩子更多的耐心和关爱,不要让自己的焦虑传递给孩子!不要让问题击垮孩子,而是要团结起来打垮问题。

异质性家长互动沙龙已经成为我校常态化心理工作的一部分,这与袁胜芳老师对我校心理工作的大力支持是分不开的。一些参与沙龙的家长还会把学到的一些方法、建议发到家长群中让更多的家长受益,口口相传,家长互动沙龙获得了很好的口碑,成为家校共育的有效载体之一!

在学校重视家庭教育指导的大背景下,我们充分利用家庭教育指导骨干队伍,结合入学、入团入队仪式、毕业典礼、十岁生日"成长礼"、家长会等契机,不遗余力地开展家庭教育指导活动,每学年组织开展的各类家庭教育指导和实践活动在六次以上,家长参与率在95%以上。

第五节　创新家校互动,实现家校共育

"家校互动"可以说是每个崂山人耳熟能详的词了。自开展家校

合作的探究以来,学校一直坚持开放办学,学校的"家校互动"活动,可以说是不胜枚举。而家校互动活动中除了邀请家长观摩,我们更注重家长的参与与体验。

每年六一,学校都会邀请家长来校共同参加亲子主题活动,如亲子运动会、亲子集体舞比赛、亲子爱心义卖、亲子科技节、亲子主题班队会等。"六一·5S"系列活动是家长和孩子最为期待的,我们承诺在崂山小学的五年学习生涯,孩子们将经历五个不一样的六一儿童节,我们将其称为"六一·5S"系列活动。家长们和孩子在校园开展亲子活动:亲子运动会中,爸爸妈妈和孩子一起挥汗如雨,奋力拼搏;亲子集体舞比赛场上,到处洋溢着孩子和父母们的笑声;亲子爱心义卖会中,爸爸妈妈们布置场地、制作广告牌,卖力地吆喝,倾情参与;亲子科技节上,爸爸妈妈们群策群力,用自己的专业素养带给孩子们不一样的科技课堂,孩子们对父母的崇拜之情油然而生;亲子主题班队会上,与孩子们一起朗诵、一起歌唱的爸爸妈妈们魅力无限,亲子之间的一封封感人肺腑的信件,让孩子和父母们潸然泪下,教室里爱在流动,亲情在升华。

除此之外,每月一次的开放日活动,邀请家长走进课堂感受课堂氛围;每次的春秋游活动,邀请家长志愿者共同参与管理、家长讲师

图6-5-1 2019年,家长讲师团授课

图6-5-2 2020年,家长讲师团授课

团每学期走进课堂为孩子们授课活动、一年级入团仪式、二年级入队仪式、三年级十岁生日、五年级毕业典礼,爸爸妈妈们都会亲临现场,为孩子记录下一个个成长的瞬间。

家长讲师团的授课活动也受到了学生和老师的喜爱,家长们认真备课,准备教具。一(3)班赵同学的妈妈现场教小朋友用彩泥制作玫瑰花,小朋友兴致勃勃,积极参与。二(1)班张同学的妈妈为同学们介绍了"时令蔬菜",她特地带来了自家的豌豆藤和蚕豆藤给孩子们看,满足了他们的好奇心。二(2)班栗同学的妈妈为小朋友们介绍了小型电子元器件,这可是在课本中学不到的知识。她精心制作课件,现场演示操作,将生活中的科学带进课堂。四(1)班李同学的妈妈在端午节来临之际,向同学们介绍了端午节的知识,细心的她还给大家带了粽子形状的礼物,祝大家过个愉快的端午节。

三年级(1)班曹同学的妈妈回忆自己参加家长讲师团、为孩子们当一回"老师"的难忘经历:

> 收到班主任黄老师发到班级群里的招募通知后,我是非常认同,并且有意向参加。但是,我没有教授过小朋友知识,我开始犹豫了。最终,还是决定挑战一下,分享我的经验,向儿子展现一个不同的我。
>
> 我报名后,立刻搜索工作中适合与小学生分享的内容,最终选择课题为《爸爸妈妈们的旅游》。课题定好后,报备给黄

老师。在黄老师的耐心指导下，我将PPT的设计改成小朋友喜欢的设计版面，课程大纲以公司旅游（含工会家庭日活动）为背景，以公司如何安排旅游的实施过程为主线，以我们公司近5年的旅游目的地为主要焦点，向孩子抛出如何安排旅游的课题。和孩子们一起探讨如何确定旅游目的地，制作旅游攻略，选择什么交通工具及宾馆住宿。孩子们兴致盎然，积极回答问题。当我PPT中展现的景点恰好是多数同学们去过的北京时，孩子们纷纷举手向我介绍北京的自然风貌、风土人情、文化习俗、著名景点等。当然也有一小部分同学很少去外地旅游，但是我相信这次头脑风暴，有助于增强孩子们学习课本以外知识的欲望，加深看世界的意愿。通过旅游可以促进计划、整理、注意、计算、理解等能力的提升。在愉快的互动交流接近尾声时，我为积极回答问题的同学，发放了小小纪念品，结束了本次分享。时间太短，意犹未尽，真想和孩子们永远在一起。

感谢学校安排的这次机会，家长讲师团活动不仅使孩子们学到了课本之外的知识，也让他们感受到爸爸妈妈的努力及价值，同时我们家长也更能体会到老师的不易及用心。让我在繁忙的工作之余拥有了轻松、愉快、纯真的时刻。每每想起，都会幸福满满。

我校家长志愿者队伍创建至今已有十几年的历史。每天清晨，家长志愿者早早来到校园，为孩子的安全保驾护航；在各项学校活动中，也总有那么一批家长在默默奉献着，积极参与着：六一的义卖活动中，家长们挑大梁、设摊吃喝，十分投入；亲子集体舞比赛，爸爸妈妈爷爷奶奶和孩子们一起舞动的场面，充满着温情；崂山春晚时，妈妈们台前幕后忙碌着，化妆、场务无所不能……每一次崂山的活动中，总有这样给力的家长描绘出让人动容的一幕。

周浦校区五（2）班王同学的家长印象最深刻的还是"家长志愿者活动"：

现在仍旧处于疫情期间，学校虽然已合理安排好了各年级错峰进校时间，但是每天早晨学生到校时还是会迎来一个小高峰。学校安排了每班两名家长志愿者轮流在校门口维持孩子进校秩序,引导家长有序停车。

值日那天,我早早来到了学校。我和陈同学的爸爸穿上醒目的志愿者服装,做好准备,分别站在校门口的两边维持秩序。很快,学校大门打开,学生们开始井然有序地进校了。送学的家长和学生陆续到来,志愿者家长耐心地提醒家长们:请把车子停到马路对面,为了孩子也为了自己的人身安全。9月初的天气还是非常的炎热,疫情期间,志愿者还需要佩戴口罩,陈博昊爸爸满头大汗,真的非常地辛苦!据悉,那周陈爸爸几乎每天都参与值日,但是他一点也没松懈,不停地引导家长停车,并提醒大家不要让车堵在校门口,影响学生进校,也希望家长给孩子们做好榜样!有一天早上,下了一场倾盆大雨,陈爸爸为每一个进校门的孩子撑伞。他宁可自己淋湿,也不舍得让孩子们淋一滴雨。也许是他的这份坚持,渐渐地,我发现家长们也都被他感染了,纷纷为进校的孩子们撑起了一条爱的伞廊。很多家长坦言:"看到孩子们有序进入校园,心里特别的踏实。"老师与志愿者们文明的话语、亲切的笑容、敬业的态度给家长们留下了深刻的印象,为文明创建美好校园增添了一分色彩。希望这种志愿者精神能够在崂山小学发扬光大,这是我们家长们学习的榜样!

通过这次亲身体验,我深深地体会到了学校安全工作的重要性和护导老师的辛苦!我是志愿者,我很幸运,也很自豪!因为我知道,我是志愿者,我承担一份责任!

崂山小学的家校合作模式不断推陈出新,2015年初"崂山少年成长存折"应运而生,其中开设的"父母帮"这一栏目,家长可以通过参与校园志愿服务活动和孩子一起争章,小小的一枚成长奖章包含了浓浓的亲子情意。

学校非常重视家访工作,制定有《崂山小学家访制度》,针对新班主任开展家访工作专项培训,家访后需完成《家访手记》记载家访情况,并将家访工作列入班主任绩效考核中。针对一年级的学生要做到家访率100%,家访中指导家长完成《新生家访信息登记表》,在全面了解学生情况、家庭情况的同时,了解家长对于家庭教育的理

念。其他年级的家访率要求在70%以上，对一些有特殊需求的家庭要求班主任提供针对性的指导，特别是对于一些比较特殊的学生，一定要做到全面走访，与家长充分沟通，给予特殊学生特别的爱。

陈伊娜老师来到崂山小学的第一年，就当了班主任，"记得学校当时就规定新接班的班主任必须做到100%普访。说起来容易，做起来可不简单，和家长约时间、制定家访路线、准备家访内容……每件事都得花上不少时间，常常一天下来顶着烈日、精疲力竭也就跑了五六户人家。完成普访全班学生这件事，起码要花一个星期的时间。起初我的内心是有些许抗拒的，但在认真完成家访工作开学后的日子里，我明白了学校这一家校联系的规章制度存在的意义"。

陈老师谈到，在学习了我校家校沟通的制度文本后，更明白了家校沟通看似是一件小事，实际上是连接家长和学校的一座重要桥梁，可以让不少大事化小、小事化了，有效避免家长和学校之间的矛盾，这其中班主任的角色至关重要。

记得刚做班主任那年，我的班里有个特别调皮的孩子小才，一年级刚来时基本上每个老师只要进我们班上过一节课，就会认识他。这孩子脑子聪明，性格却很大大咧咧，基本上刚批评完隔了一节课，老师说的话又忘了。但令人欣慰的是即使老师批评他，他也完全不会因此不喜欢老师，还是跟老师很热络。虽然他是我们班的"小捣蛋"，但是看到他时刻洋溢着笑容的天真脸庞，我对他怎么也讨厌不起来。作为班主任，每天放学后跟家长沟通他在校的情况成为我的一个习惯。孩子吃饭的情况、听课的情况、作业的情况、下课休息的情况我都关注着。或许孩子也感受到了这份特殊的关注，对我多了一份信任，批评归批评，他每天还是会有什么事都来跟我说。

作为家里的小儿子，父母都是在40多岁的高龄才生下了他，自然是宠爱有加的。家长有时听不得一句老师批评孩子的话。在这样的家长面前，有时语言真的很无力。不找家长吧，孩子的情况无法得到改善；找家长吧，有时说了半天，家长完全不理解，还会说出一些让老师听了憋屈的话。在这样的矛盾中，正好学校开设了一系列讲座,以供班主任学习。记得在一个讲座上,老师告诉我们在和家长沟通时,不要上来就劈头盖脸地说孩子的不好,先说说孩子的好,得到家长的认同,再提出希望。当时的我还没有孩子,性子比较急,现在回想起来真的没有换位思考,站在家长的角度进行思考。于是,我学着换一种方式和家长沟通,果然取得了意想不到的效果。和家长的沟通更顺畅了,家长对于我的话认同度更高了,配合度也提高了。

学校利用多种方式,建立家校互动的平台,如学校的校园网、班级微信群、发放告家长书等形式,向家长沟通学校的工作和活动,并且传递一些家庭教育指导的方法、理论,使学校和家庭处于良性的互动当中。为加强班级微信群的管理,每班制定有《班级微信群公约》,群内成员共同遵守,互相监督。

如今,我校的开放办学已不局限于家校活动。微信公众平台的开通,无疑为我们打开了一扇大门。每周的校园一周要闻,将学校工作的方方面面推送给家长、社会,每位关注者轻轻一点手机即可了解到校园生活动态;平台还会定期推送健康、安全提示,携手家长共护孩子平安;与孩子们息息相关的校园事件,如崂山校园电视台命名、诚信小辩手的评选等,我们也都通过微信平台开通投票,由家长、孩子共同参与、民主产生;新学期我们还将家委会、教师的视频祝福通过微信平台推送给孩子们;家委会直选、少代会选举时我们也将家长、大队委员候选人的风采通过平台推送给全体家长、师生,使得选举更公开、公正、公平,也提升了参选人员的知名度……平台2014年12月18日开通至今,关注者已达3 980人,微信公众平台的搭建,实现了最初的目标:"校园新闻分享,让家校互动常态化,构建家校之间另一座桥梁。"

关注家长的诉求也是学校的重点工作之一,我们为家长提供多种表达渠道:公布校长信箱、校长办公室电话、学校条线负责人电话、家委会邮箱、家委会驻校办公室电话等,家长还可以通过在学校微信公众号留言,微信与老师的联系,电话联系等多种形式,表达自己的诉求和愿望。学校在收到家长诉求后能够及时地处理跟进与反馈,增加了家校的沟通,提升了家校合力。

学校也积极参与社区家庭教育指导工作,给社区的家庭教育指导工作提供了一些专业的支持,比如学校分别派老师前往崂山幼儿园、东昌幼儿园、康弘幼儿园,为幼儿园家长开展专题讲座,如提升亲子沟通能力的"面质性我讯息"讲座、针对幼小衔接准备的"做有为家长"讲座等,让家长对于孩子的成长有了正确的认识和充分的思想准备。

肖瑢老师还于2018年4月被聘为"浦东新区第二教育署幼小衔接核心宣讲团成员",在周边幼儿园开展幼小衔接专题宣讲,为即将进入小学的新生家长提供了可操作性的建议,缓解了家长的焦虑情绪,受到了周边幼儿园家长的欢迎。

为了让优秀家庭教育指导资源能走进社区,辐射更多的家庭,我校的家庭教育指导骨干教师、心理健康教师季璐婷以提升家庭教育指导的专业性为目标,参加了市级课题"'父母效能训练'联合教研团队建设研究",使自己在社区的家庭教育指导受到了社区家长的欢迎。

学校以高标准,严要求,开展工作,与家长进行平等交流与沟通,通过每学年的家长问卷数据显示,家长普遍对学校各项工作表示满意,对学校提供的家庭教育指导服务满意率达95%以上。学校也收获了社会各界的肯定和赞誉,学校周边的社区对学校提供的家庭教育指导服务满意率达95%以上。

在家校合作工作中常常会说到构建"家校合作共同体",所以这个共同体中的每一位成员都至关重要,我们拥有一支优秀的德育团队、班主任队伍,我们还有一个有爱心、有责任心、有执行力的家委会。在大家的共同努力下,"构建家校合作共同体"的梦想才得以实现,家校间呈现良性互动的态势,最终得益的是我们共同的孩子。

肖瑢老师认为,家、校是孩子成长路上保驾护航的两辆马车,唯有让这两辆马车并驾齐驱,才能实现家校合作利益的最大化,我们共同的孩子才能健康、快乐、幸福地成长。因此,我们始终本着开放办学的宗旨,让家长充分了解学校的教育教学理念、办学目标,让家长走进学校,了解课堂教学、感受校园生活。我们坚信,真诚交流、坦诚沟通是家校间的一剂灵丹妙药,定会让家校合作的路走得更远、更长……路漫漫其修远兮,家庭教育与学校教育如何更好地结合,使我们的孩子获得更优质的教育永远是我校工作的重点与研究的主题。相信在家校携手、共同努力的合作模式下,我们定能给孩子们更健康、更快乐、更优质的教育环境,为他们的成长奠定坚实的基础。

崂山小学的孩子不是世俗眼光中最棒的,崂山小学的家长也不是社会上最有地位的,但是崂山小学的孩子是有活力的,崂山小学的老师是有魅力的,崂山小学的家长是很给力的。我们为自己是崂山小学的一员感到骄傲和自豪,我们也为学校努力着、奋斗着,期待崂山小学的明天更美好!

第七章

拥 抱 世 界

打开校门，走出上海去看中国、看世界，赴港赴台交流，结下深厚友谊；青岛崂山、悉尼歌剧院、英国西厄勒姆小学，都留下了"崂山娃"和老师们的足迹。

第一节 赴 港 交 流

2003年，我有幸作为上海语文教师代表，跟随华东师范大学课题组参加了为期五个月（3月至8月）的"内地语文教师与香港中小学语文教师的协作交流计划"（第五期）。

回顾这段与香港教师共同度过的协作过程，我深深感到此项计划给沪港两地教师带来的收获都将是积极而又深远的。交流、分享是协作工作的主题，友谊与提升是协作结出的硕果。

本次计划中，我与荃湾区道教联合会石围角小学（上下午校）的中文主任、小三年级中文教师密切合作，愉快交流，彼此间结下了深厚的友谊。这段交流的日子在往后的岁月里成为可圈可点的美好回忆，我的人生阅历因此而显得越发丰富多彩。

本次交流我负责的是"创意写作"计划。抵港初期，我与石围角小学校长、主任、有关教师一起在学校原有基础上，修订了切实可行的"课题计划"。我本人根据计划要求拟了一份每月具体工作计划书，明确了自己的工作重点和成果分享形式，以便有计划地进一步开展与研究。可是3月底，由于众所周知的"非典"原因，香港学校全面停课，计划一度受到影响，无法如期开展有关调查与分析，于是，我们改变策略，将调查延至复课。与此同时，我同上下午校的三年级中文老师、主任等开始了每周一次的教研活动，培训教师的作文教学观念，给予作文教学的备课指导，期间开展了大小讲座近十个，有"开放语文教学的自由度，追求语文教学的至高境界"（全校）、"如何有效提高作文教学的实效"（全区）、"日记激趣九法""作文批语五式""作文与其他学科""拓宽课程渠道，丰富阅读实践""写作教学新观念""教学相长——富有创意的写作教学研究"（全港）等。指导8位小三年级中文老师8堂作文观摩课，分别是："龟兔赛跑续编""有趣的三角形""我喜爱的一种水果""向山羊借伞""小伙伴不开心了""猜猜他（她）是谁"等，指导形式有扶有放，观摩形式有年级组有小小组，力求实效，适合师生的实际，提升师生的写作指导与能力。

在培训中提高教师教学能力，提供课堂作文指导方法，教师们非常投入地参与每一次教研活动。由于作文能力的提高与作文兴趣很有关系，我还大力推进校园"创意作文赛场比拼"活动，张贴宣传资料《校园放飞——放飞真情、放飞语词、放飞思想》，营造写作竞赛氛围，为学生提供写作发表的园地。此项活动深受小三年级乃至所有中高年级师生的积极响应，四百余份稿件陆续交来，有的家长、老师也能参与指导、修改，评委们惊喜地发现了一篇篇美文佳作，于是《小荷才露尖尖角——小作家文集》出版了。孩子们看到课堂美文、竞赛佳作变成了出版物，喜出望外。老师们看到这本凝聚了师生智慧的文集，欣喜之情溢于言表。收获又一次激发了师生们更大的作文与指导的兴趣，教师们的教学信心也因此而倍增。瞧，有一位老师的教学后记上是这样写的：

> 不可否认，创意写作所用的时间和预备工夫显然比以往长得多，但从学生的习作中，反映出部分学生在写作的篇幅和内容的创作上已有所提升。而且在学生给我的小字条中写着："我觉得作文比以前容易了很多""我喜欢现在的作文课""现在的作文课好玩啊"……对于学生给我的鼓励和回馈，都令我深深感到自己的付出是值得的，是没有白费的。

无论是参与本次创意写作计划的中文科主任、三年级中文教师，还是参与了荃湾区举办的创意写作计划分享会后的校长、全校中文教师都给予本次计划较高的评价。他们甚至委托欧主任问我，能否继续保持联系，经常探究写作的话题？能否在回沪之前抽空与小四年级或高年级中文课老师共同备课，谈谈作文教学？凡此种种，都让我感到一份成就感、满足感。"术业有专攻"，透过本次计划，我也深感专业理论学习的必要、第一线实践经历的重要。无论我的行政岗位发生什么变化，我的老本行——语文教师的教学业务，尤其是作文教学应是我长期关注的领域，不能懈怠。教师如果不能时常关注专业理论、勤于教学实践，与时俱进，那最终将黔驴技穷，被时代和专业队伍淘汰。这些也是我赴港交流后的深深感触。

　　五个月的交流工作时间虽短，其间还经历了惊心动魄的"非典"考验，但探讨了不少话题，感受到了沪港两地不同的文化背景与政治制度，我们每个人的收获都是那么沉甸甸的、难以忘怀的。

　　内地语文教师与香港语文教师的交流计划行将圆满结束，然而，我们因此而建立起来的友谊才刚刚开始，相信我们会在往后的日子里保持联系、经常交流的。愿我们沪港两地的文化之树常青，友谊之花常开。

图7-1-1　2006年，莅临我校的香港同行与学校行政老师合影

来而不往非礼也。时隔六年之后的2009年，香港石围角小学希望来我校交流。为此，学校安排肖瑢老师跟进了整个活动。肖老师还记得：

> 当时，对于年轻的我来说，是一个挑战，学校也是第一次接待香港的师生，前期我们通过行政会议作了专题的讨论，我们期待着能通过香港师生来校交流活动，提升两地师生情感，产生优势互补的效果，让孩子和老师都能在交流活动中，有所收获。
>
> 记得在香港学生来沪前，为了加深两地师生间的了解，我们先通过视频连线的方式见了面，印象最深刻的是当时一位香港的老师在跟香港学生说："你们看，上海小朋友的普通话很标准，我们要向他们学习。"我们的孩子说一口标准、流利的普通话，可以说是毫无难度，但是对于香港学子来说，说一口流利的普通话成了他们学习的目标。"一国两制"背景下，两地的文化交流成了大家共同的需求。
>
> 短暂的视频见面活动后，我们就着手策划交流活动。当时的设想是除了常规特色活动的展示、艺术活动的交流外，两地孩子的互动是一个重要环节。为迎接2010年世博会的召开，我们以此为主线，隆重推出了"海宝"，让海宝带领香港学生和我校的孩子一起了解世博场馆、感受世博的氛围、规划世博会参观的路线、制作世博会游玩须知等。借世博会之风，在宣传上海的同时，也让两地的孩子们带着任务去学习、探索，有了更深层次的交流和互动，孩子们之间也结下了深厚的情谊。

黄轶英老师记得：2009年2月20日上午，崂山西路小学校园里迎来了一群远道而来的客人，他们是来自香港道教联合会圆玄学院石围角小学的26名师生，两校间以"赤子情，中国心"为主题开展了形式多样的文化交流活动。

五（1）中队在"浦东，我为你喝彩"主题队会中，向香港师生们讲述了家乡的变化，充分展示了中国改革开放以来取得的成就。以"世博会"为主题的知识竞赛吸引了沪港学生的共同参与，同学们的精彩抢答增进了彼此间的了解，他们互赠礼物、互留联络方式，浓浓的友情不断地累积。特别是中午的视频通

话,更加深了两校间的了解,在才艺展示、校情、地方风土人情介绍中,同学们的沟通更自然了。

第二节 宝岛台湾行

　　2009年11月15日至24日,我非常有幸能够跟随上海教育科学研究所"海峡两岸学术研讨会"项目一行的专家学者们一起应台湾嘉义大学邀请,在上海教育科学研究院陈国良院长的带领下,第一次走进了宝岛台湾,领略了台湾的风土人情,感受了台湾的中小学教育。宝岛归来,浮想联翩。参与盛会,不仅有幸赴台湾学习交流,更有幸与专家学者近距离接触,与博士、教授们共同进餐、聊天,谈学校、论教育,感慨万千。

　　本人是第一次去台湾。在去台湾之前,可以说对其知之甚少,尤其是对台湾的中小学教育更是不甚了解。我对台湾的印象仅限于台湾电视剧、流行歌曲以及港台明星、台湾小吃等。我难免会将台湾与香港、澳门、上海相比。海峡两岸的人民"本是同根生",文化也是血脉相连,中小学教育有许多可以互相借鉴之处,难怪,本学术研讨会能够坚持了13年,还意犹未尽呢!

　　台湾之行,第一天由浦东机场飞抵松山机场,驱车数小时后抵嘉义市。在台湾的日子里,我们很少游览名胜,印象中只去了台北故宫博物院、士林官邸、101大楼(以上都只有一小时左右的时间)日月潭、太鲁阁公园,大部分时间都在参加学术研讨会、访问考察各类学校,与校长、老师们交流。此番出访,收获累累,可谓不虚此行。

　　印象中,在嘉义大学图书馆国际会议厅内举办的"2009年海峡两岸中小学教师进阶制度与教师专业发展评鉴学术研讨会"可谓议程饱满,内容紧凑,高潮迭起,掌声不断。研讨会很成功,研讨的主题很现实,也很有内涵,参与研讨的专家教授精心准备,论文水平很高。主办方的安排精心、周到,真是一次难得的学习、合作机会。席间,互动频频,听者大胆回应,讲者从容对答,思想的火花在互相撞击下产生。会场气氛安静、有序,台上台下,尊重、交流,友谊源远流长!我很感兴趣的主题是：周彬教授的《教师职务晋升政策：演变、异化、优化》、徐红校长的《教师专业发展学校发展之探》、郑彩凤教授（台湾）关于三百六十度回馈应用在教师评鉴相关问题的研究等，妙语如珠，精彩纷呈。虽然回程时行李太重，可仍不舍《论文集》，悄悄地带回了上海。

此后的几天，我们马不停蹄地走访了嘉义大学图书馆、"台北市政府教育局"、台北探索馆、普台国民中小学、花莲宜昌小学等。几乎每晚都能受到台湾学校家委会的盛情款待，还有"台北市教育局"的欢迎晚宴，让我们饱食了台湾美餐，尽享了台北的文化盛宴。海峡两岸，一衣带水，一脉相承。

一路欢歌笑语，一路谈天说地，校长与教授们一起可聊的话题很多很多，正如那首优美的台湾歌曲《冬季到台北来看雨》一般，让人深情、流连，台湾行，感觉真行！

第三节　与青岛崂山华楼海尔希望小学结对

2016年"琴声悠扬、爱满校园"崂山小学迎新口琴音乐会在上海东方艺术中心顺利举行，得到了业界专家的一致好评，班班参与的口琴表演让现场所有观众赞不绝口，这是对学校特色办学的肯定，更是见证崂山学子努力学习的成果，让我们有了走出上海、走出中国的底气。

观众席上，周汉民教授连连夸奖："今年口琴音乐会办得这么好，明年怎么搞啊？"他即刻提出学校可与青岛崂山找姐妹校结对办学。在周教授的点拨下、在上海市特级校长——张雪龙校长的牵线搭桥下，我们与开设"葫芦丝、国际跳棋、剪纸"特色教学的青岛崂山华楼海尔希望小学成功结对，一同走上了共同发展的道路。结对之路有了众多热心人的引荐、帮助，走得很顺畅。从一开始的相互了解，到最终学生的"品味'青'香，友谊花开"游学之旅，历时整整一年，期间校领导多次沟通交流、教师间互相了解、家委会多次讨论沟通，为结对交流奠定了坚实的基础。

图7-3-1　2017年,张雪龙校长(左五)带队与青岛华楼小学领导合影

图7-3-2　2017年,崂山小学与青岛华楼小学签约

　　为了促进上海、青岛两地教育合作交流,发挥两地办学优势,促进学校发展,培养优秀人才,两位校长多次视频联络,在不断沟通交流中,我们虽未亲身前往当地学校,但对青岛的"崂山小学"了解甚

多，葫芦丝、国际跳棋、剪纸等特色课程吸引着我们去学习研讨，良好的阅读环境、阅读习惯的培养也让我们由衷佩服这所姐妹学校的办学理念。

2016年11月，学校组织部分教师代表前往青岛崂山华楼海尔希望小学参观学习，柴颖佳老师记下了学校胜景：

>美丽的校园就像是一个浓缩的植物园，里面有着挂满果实的果树、具有当地特色的葫芦、蕴含中国传统文化的药草。走廊上，一句句古诗文潜移默化地给予学生中国传统文化的熏陶；毕业生的照片墙默默地给学生传递着正能量；一个个包含教师名字的班名牌，述说着浓浓的师生情谊；崂山葫芦墙和崂山剪纸墙，体现了学校的特色文化。精致的校景、人文的环境、课改的花絮……让前往交流的老师感受到"姐妹学校"办学的用心，工作的激情。

这一次成功的访问交流，给了我们组织学生互访游学交流的信心，两地教师代表前期走访了结对学生家庭、制定学生游学方案、组织教师带队……两地的教师、家长、学生终于在2017年6月第一次"亲密"接触。

相知无远近，万里尚为邻。上海与青岛成功牵手，这是教育理想的相知，更是对教育情怀的相守，相信未来，这朵"友谊之花"一定能光彩照人。

杨燕燕老师也回忆：在多次游学动员大会后，"品味'青'香，友谊花开"游学活动终于在2017年6月1日拉开了帷幕，二十六位师生在这天来到了青岛华楼海尔希望小学。下了飞机，我们首先游览了青岛博物馆，然后，我们按照结对名单把学生安排到结对小朋友的家里。

>经过一晚上的休整，第二天一大早我们来到了结对学校，这所学校处处是美景，遍地有文化，民俗园、志远长廊、行知长廊、桃李亭……听着华楼海尔"小导游"的介绍，这里的一草一木无不让孩子们大开眼界。参观完美丽的校园，崂山小学的杨燕燕老师和季璐婷老师分别为两地的学生带来了两堂精彩纷呈的交流课。杨燕燕老师的"京剧脸谱"，让大家对中国民间艺术有了

进一步的了解,无独有偶,华楼海尔小学的葫芦特色也与京剧脸谱绘制有着很深的渊源,小小的脸谱让孩子们乐在其中;季璐婷老师的"让我们手拉手",从师生、生生间的亲密接触开始,有趣的问题、游戏让大家心贴心、手相连,快乐的友情在华楼海尔希望小学生根发芽。之后,华楼海尔希望小学的老师也为孩子们带来了两项独具特色的校园活动。剪纸活动中,小巧手们灵活地转动着手中的剪刀,一个个可爱、精致的小葫芦诞生了,孩子们的成就感油然而生;国际跳棋老师清晰的讲解,让大家很快掌握了基本要领,学生们都急着要和自己的新伙伴们一较高下,"棋"乐融融。

下午,孩子们结伴游览了崂山著名景点"北九水",两地的"崂山娃"一同体验了登高的乐趣。傍晚,令孩子们期待的住家活动开始啦!孩子们来到各自的临时家庭,开启了有爱、欢乐的农家生活。海滩边逐浪、捡贝壳,樱桃树下采摘,品尝美味的海鲜,亲手包饺子……"崂山娃娃"一家亲,临时家庭欢乐多。

第三天中午,依依不舍的场面令人动容。爸爸妈妈们轻声叮咛,小伙伴们大大的拥抱,互相交换礼物,他们手拉着手不忍

图7-3-3 2019年,青岛游学团合影

图7-3-4　青岛华楼小学刘校长一行来校交流

离别，并约定要经常联系，真挚的情谊不断延续。此外，极地海洋世界、栈桥、八大关……青岛的一切都牢牢地刻在了孩子们的心中。他们纷纷在2017"品味'青'香，友谊花开"游学手册中，记录下游学活动的点点滴滴，游学之行虽然结束了，但上海和青岛两地"崂山娃"的友谊不会停止，两校间的交流学习不会结束。活动也为今后的长期交流合作翻开了崭新的篇章，衷心期待有更多的"崂山娃"能走出校门看世界、交朋友，在互动交流中体验分享成长的快乐。

第四节　来自重庆的同行

2009年4—6月，重庆市万州区小学骨干教师来我校培训。接受培训的共有3位，分别是后山小学的教导主任胡奇星，余家小学的副校长高奎，长岭小学的办公室主任程绪权。

此次培训的任务分别为：(1) 师徒结对，跟导师一起参加学校全部教育教学活动，寻找自己学校与浦东学校开展教学研究和课堂教

学方面的差异和问题。（2）听课不少于四十节，上实践课不少于两节，其中有一节为公开课。体验教学五大环节，初步形成对"好课"的见解。（3）在教研活动和备课活动中至少有一次比较系统的发言、参加活动有记录；读两本教育理论书，写一篇读书笔记。（4）学会利用现代信息技术的基本技能（包括搜索资料、整合资料、制作课件等）。（5）撰写一篇课程改革考察报告、3 000字的学习总结，返校后作一次专题报告。（6）出一期简报，由学校联络员王青和学员小组长负责完成。

胡奇星、高奎、程绪权老师回忆：

我们一行三人被分到崂山西路小学，学校对我们的学习、工作、生活的安排可以说是无微不至，学校各位领导对我们赴沪三位老师礼遇有加，就连日常生活用品都准备齐全，在这里让我感受到了"家"一样的温暖。

我们所在的崂山西路小学，每天跟师学习，随时推门进教室听课，参加许多活动，如崂山西路小学举行的"精彩世博 文明先行"家庭版礼仪知识大赛、家校合作特色展示、教学家长开放日、每周五的骨干教师教学展示课活动等。娄凤校长在百忙之中还带我们参加了许多校外的活动：梅园小学的同课异构活动；万德小学的"三维度九板块"主题教育活动实践与研究阶段成果展示活动；分别在上海市一师附小和上海市第六师范附属小学举办的2009年全国愉快教育研讨会；观赏了"上海之春国际音乐少儿舞蹈浦东专场暨浦东新区第五届学生艺术节开幕式"文艺汇演……着实让我们近距离地聆听顶级专家的教诲，开阔了我们的视野，转变了我们的观念，收获是不能用简单的语言所能表述的……

特别感动于崂山西路小学：走进他们的课堂，我们为每一位学生的个性张扬而感慨动容；观摩他们的教研，我们为每一位教师的倾情投入而热血涌动；聆听他们的报告，我们为每一个举措的切实高效而震撼不已……虽然只有短短的四周时间，但是我们已真切地感受到学校的教师是实干，学校的教研是求实，学校的管理是实效。实干中求细，细密中求实。这样的学校已经赢得优质教育的良好声誉,这样的学校就是颇具内涵的学校。

  这两个月学习时间,一定会成为我们人生中一段难忘的经历,成为我们人生中的一大笔财富。我们一定会将丰硕的成果带回万州,为万州区的基础教育奉献自己毕生的力量!

在带教中,面对着他们精益求精、求知若渴,我们竭尽所能,在带教上体现了"宽""放""带""压"的特点。"宽"即创设宽松平等的环境;"放"即鼓励教师放手探索;"带"即带教业务、带头创新;"压"即提供机会给予压力。

通过带教,我们发现这其实是一个教学相长、共同提升的过程。我们也从他们身上学到了踏实的教风、积极的心态,好学的精神和创新意识。

第五节 "海外课堂 英伦印象"访学之旅

  2017年崂山小学与英国诺福克郡西厄勒姆小学机缘巧合结成了中英友好学校。2018年6月,酝酿了整整半年的英国之行,崂山小学师生一行14人终于启航,踏上了"英伦印象"访学之旅。虽是下午的航班,老师们、孩子们、家长们都难掩激动的心情,早早来到了机场!虽是七天短暂的分别,我们的孩子可是第一次离开爸爸妈妈去万里之外的英国哦,心里有着不舍,但更多的是兴奋与期待。

  次日,山姆作为本次"英伦印象"游学活动的英方联络人,早早地在校门口等候来自万里之遥的我们,迎接我们的还有和蔼可亲的校长、美丽干练的副校长和中国志愿者丽松老师,加上一群有点腼腆的英国孩子们。他们早就听山姆老师介绍了此前山姆的上海之行,迫不及待地要和我们见面啦!如此热情的欢迎场面,让本来有点拘谨的我们一下子有了宾至如归的感觉。

  简单的英式茶点之后,我们的学生被分成两组,在山姆老师和丽松老师的带领下,开始参观校园并体验英式课堂。西厄勒姆小学的校舍主体是一幢一层楼的建筑,朴素而简单,在蓝天白云辉映下,极富英伦气息。全校有3—6年级,每年级各2个班,共8个班的学生,有科

学、艺术、写作等课程。我们有幸参观了富有主题特色的走道墙报，欣赏了充满艺术色彩的个性pad编曲，体味了满载童趣的诗歌问答，感受了具有历史特征的探究作业，学生们乐在其中，老师们受益良多！

与此同时，刚刚才结对的中英两校的孩子们，经过简单介绍，很快从陌生羞涩到低声细语攀谈，之后一起结伴到了学校的食堂用餐。英国孩子的开朗热情一下子感染了大家，没过多久，操场上便传来了孩子们的欢笑声、喝彩声，原来，他们已经无拘无束地玩起来了。篮球、赛跑、投掷……我们不禁感叹，孩子们的世界真实、简单而淳朴，没半天时间，他们就成了好朋友。下午暂别时，有些孩子都不舍地落泪了！

经过一天的了解，孩子们渐渐熟悉了西厄勒姆小学，与英国同学的沟通渐入佳境。之后，我们就深入课堂，体验SAW课程。SAW课程全称为"Science，Art and Writing"，通过科学、艺术、写作三个课堂活动，将三门课程有机整合到一起，让同学们敢想、敢做、敢表达。

在科学课上，同学们先通过观察图片，初步了解从显微镜下观察到的细胞和DNA图像与结构，再通过实验提取草莓中的DNA，

图7-5-1 2018年，崂山小学访学团在西厄勒姆小学一

图7-5-2　2018年,崂山小学访学团在西厄勒姆小学二

图7-5-3　2018年,我与西厄勒姆小学正副校长合影

了解到DNA不仅存在于人体,还存在于动植物中。在艺术课上,同学们不仅亲自绘制了细胞,还动手制作了DNA的结构链,对细胞和DNA有了更直观形象的理解。两堂课从不一样的视角让同学们认识了细胞和DNA,感叹到了科学的神奇。在写作课上,同学们还将一个个形象直观的绘画和制作作品,通过诗歌的形式再次形象、灵动地呈现。

为了让我们近距离地感受艺术氛围，西厄勒姆小学的老师们还邀请我们来到了学校附近的东英吉利大学，参观闻名世界的塞恩斯伯里视觉艺术中心。这是一个艺术画廊和博物馆，英国女王也曾来过这里，这也是电影《复仇者联盟2》中神盾局的拍摄场地。同学们徜徉在艺术宫殿里，感受视觉的冲击。一天的课程让大家都收获满满。

朱慧老师记得：

英伦访学交流的每一天，孩子们的笑脸都是那样灿烂，心情像花一样绽放！几天的相处，几天的交流，孩子们在西厄勒姆小学已是如鱼得水，伙伴之间相处甚欢，随后就是艺体特色项目分享——国际象棋和口琴。

国际象棋本就是一门"生动、直观的国际语言"，这项有两千多年历史的竞赛运动，许多国家都将其作为智能修养的科目之一，列入中小学教学大纲，成为必修课程，魅力自然不言而喻。我们崂山的学子人人会下棋，英国的娃娃们也不乏棋艺高手，孩子们或捉对"厮杀"，难分难解，或手把手传授个中技巧，相视而笑，好一派"棋乐融融"的景象。

口琴才艺秀又是另一大亮点，赢得在场所有老师和孩子们的交口称赞，《康康舞曲》《牛仔很忙》《舞会波尔卡》，那乐曲，时而激昂奔放，时而柔情舒缓，时而巧妙重叠，时而汇集一体，孩子们不由得就跟着节奏摆动起了身体，音乐老师则和着节拍弹起了吉他当起了伴奏，大家都惊叹如此小巧玲珑的口琴竟有如此独特的魅力，能吹奏出如此美妙的、无国界旋律，难怪都说：小口琴，大舞台！

一群爱思考、爱生活，志趣相投的孩子们一起学习、一起交流，真是乐无穷、益无穷。

英伦印象访学交流，极大地提高了师生们的英语口语水平。孩子们的进步就是那么出人意料！第一天还是害羞得不敢开口，第二天居然就可以直接购物了。一个腼腆的男孩开心地告诉我，他终于敢与他的英国小伙伴会话了！

与此同时，中英校长教师在合作协议与项目讨论会上，积极互动，氛围友好！言谈中我们发现，崂山小学师生的到访，居然在校园里刮起了"中国风"！英国人学习汉语的积极性日渐高涨，"你好！谢谢！"成为他们非常喜欢模仿的词语，用汉字书写的英语名字居然热门到一字难求。

　　这次游学活动不但给孩子们留下了深刻的印象，而且有很多意外的收获和惊喜。诺福克郡的有关专家团队也非常有意与上海的学校合作并推广SAW课程，之前他们在上海部分学校有一些合作项目，这次能够签约合作的上海浦东学校仅我们崂山小学一家。此番深入参与聆听课堂教学，我们与学生都很兴奋，很感慨！孩子们在课堂里，从做中学知识，亲身体验的经历想必是终生难忘的！期待以后的日子里，欢迎更多的英国同行来上海交流，也期待有更多的崂山师生有机会走出国门，拓宽眼界，分享收获！

第六节　登上悉尼歌剧院的舞台

　　2018年11月，崂山小学"音之翼"合唱团收到了来自澳大利亚国际音乐节组委会的邀请函。这封从南半球远渡重洋的来信诚邀"音之翼"合唱团的小歌手们参与2019年第三十届澳大利亚国际音乐节，与来自世界各地的小朋友们，共同登上悉尼歌剧院的舞台，用歌声传递友谊，用音乐表达情谊。

　　在老师的帮助下，"音之翼"合唱团的小队员们立刻为组委会写了回信，纷纷表达了对能在世界舞台上唱出"中国歌声"的热切期盼。与此同时，小队员们为在本次音乐节能有优异的表现铆足了劲儿，开始了紧锣密鼓的筹备。经过半年多的训练，队员们在每周一次的排练和校区联排中取得了显著的进步，用美妙的童声唱出一支支动听的歌。为在音乐节中的闪亮登场做好了充分的准备。

　　2019年7月4日，"音之翼"合唱团在老师的带领下，怀揣着家长与同学们的期望，踏上澳大利亚的艺术之旅。

　　经过10小时的飞行，小队员顺利抵达澳大利亚面积最大、人口

图7-6-1　2019年，赴澳大利亚游学学生出发前在机场合影

最多的城市——悉尼。长途跋涉并没有磨灭他们的热情，一下飞机，小队员们就来到悉尼歌剧院前，仔细观赏这承载了他们音乐梦想的"大帆船"。相信凭借着这一股激情，又有长期的专业训练做基础，他们定会不负众望，取得好成绩。

抵达悉尼的第二天，"音之翼"合唱团就投入到了紧张的演出活动中，他们的首场演出就在悉尼歌剧院。能在这座享誉盛名的"艺术圣殿"的舞台上演出，是每一个音乐爱好者的梦想。在今天，"音之翼"做到了。从后台的紧张排练，到舞台上的发挥自如，他们都全力以赴。歌声刚落，场下掌声不断，小队员们在悉尼歌剧院的"首秀"大获成功！

然而，小队员们却并没有时间庆祝胜利。悉尼歌剧院的演出刚结束，他们便转战圣杰姆斯教堂。在那里，小队员们与来自世界各地的优秀合唱团队同台亮相。令人欣慰的是，他们的歌声毫不逊色。舞台上的他们，时而活泼、时而深情，再加上天籁般的童声，获得了台下同行的赞扬。孩子们的精彩表现，还引来了澳大利亚合唱团中大姐姐们的青睐，她们在演出结束后和小队员们进行了亲密互动，鼓励

图7-6-2 2019年,崂山小学"音之翼"合唱团登上悉尼歌剧院舞台

图7-6-3 2019年,师生在澳大利亚悉尼歌剧院留影

大家要唱出自信,唱响悉尼!

张建芳老师记得:

7月9日,作为参与本次音乐节的年龄最小的一支合唱团队,"音之翼"迎来了他们此行最重要的一场比赛。经过之前两场演出的热身,队员们的状态渐入佳境。

他们分别演唱了三首参赛曲目,热情欢快的《Siyahaba》、深情款款的《大鱼》和委婉优美的《茉莉花》,每一首都博得了台下评委老师的频频点头。比赛结束后,合唱队的指导老师薛老师和陶老师也为小队员们竖起了大拇指。孩子们在音乐节舞台上历练、成长、收获的同时,也感动着随行的每一位老师。老师们由衷地为他们骄傲。最终,"音之翼"合唱团的优异表现斩获了本次音乐节银奖。颁奖典礼即将在悉尼市政厅上演,参加本次音乐节的六十二支合唱、管弦乐、舞蹈团队齐聚一堂。在精彩的演出之后,全体合唱团员唱响了《This is our home》,歌唱让大家走到一起,让彼此心灵相通,让世界和谐美好!

比赛结束后,小队员们还获得了向合唱大师学习的机会。按照合唱大师的指导,一起手舞足蹈,一起高声歌唱,欢乐之情溢于言表。看着每一位小学员认真投入的样子,他们用"心"交流,"唱"所欲言,真是不虚此行!

此时此刻,每一个团队成员都兴奋不已,孩子们相互分享着喜悦与感动,久久不愿离去……至此,2019澳大利亚国际音乐节圆满落幕。

在音乐节闭幕的第二天,"音之翼"马不停蹄赶往澳大利亚第三大城市——布里斯班,来到我们的此行的第二站,参观莫顿湾女子学院。

这是一所有着一百多年历史的小学至高中的十二年制学校。学校注重艺术与体育教育,许多学生都因此受益,获得了许多荣誉。国际部博斯校长和注册主任坎贝尔女士早早地在校门口迎接小队员们的到来。

在"洋"老师的带领下,孩子们依次参观了音乐中心、各年级教室、实验室、科技教室、体育馆……学校每间教室都布置得漂亮而精致,墙上展示着许多孩子的作品。在音乐中心,小队员们还自信地为"洋"老师们高歌了一曲,悠扬的歌声再次收获了热烈的掌声。

在欢乐的氛围中，双方校领导表示，将继续增进校际合作与交流，崂山小学还向博斯校长赠送了校旗和小礼物，并欢迎澳洲师生来上海做客。本次参观令师生们亲临其境地感受到了异国校园文化氛围，不同文化的融合与交流带来不一样的新奇体验。

队员们纷纷记录下自己游学的收获：

陈同学说：澳洲游学的十天中，我和良师益友们共同登上了悉尼歌剧院的舞台，还获得了合唱比赛的银奖，这是我们所有人共同努力的结果，我非常高兴和自豪！希望这次比赛的成功，能成为我今后学习的动力，让我变得更自信、更有勇气。

黄同学说：这是我人生当中不一样的十天，因为这次我不是和家人一起来澳洲，而是和老师、同学们在一起，为了表演我们付出了许多努力。在澳洲我学到了许多，这次也是我第一次登上悉尼歌剧院的舞台，还有一位大师指导我们唱歌，这位大师幽默风趣，而且教得也特别好。当然，我也知道我们能在澳洲演出非常不容易，所以我们每一个人都非常认真，最终取得了银奖，这对于我们每一位崂山小学的学生来说，都是一份永久的纪念！

王同学说：本次游学活动，让我学会了用不同的语言来对话。像中国人要学习英语一样，外国人要学习中文。我还知道，如果你自理能力不强，就会扰乱全体的行程。我觉得自己长大了！

施同学说：这次有幸参加澳洲音乐节比赛，让我对这个国家也有了进一步的了解。我在澳大利亚感受到当地人很友善，生活也很悠闲。短短的十天游学里，我还锻炼了自己独立自主的能力，还有师生之间的融洽相处。这是一段很难忘的游学经历！

朱同学说：这是我最难忘的十天，因为是我代表崂山小学参加音乐节比赛，也是我第一次离开爸爸妈妈那么久。我喜欢这次游学，因为它锻炼了我独立自主的能力，开阔了视野，感知到了世界的多彩，真正的学在旅途，感恩所有的遇见与美好！

这次小队员们的澳洲之行，是一次锻炼，更是一次成长；它拓宽了小队员们的视野，更增长了他们的自信。2019的澳大利亚之行，"音之翼"一路风景一路歌。让我们共同期待未来，再起航！

第八章

依法治校　民主管理

在学校管理方面,我们规划先行,在坚持依法治校的同时,发挥管理者的人格魅力,调动中层及全体教职工的积极性,把自己全部的智慧和精力奉献给学校发展。

第一节　规划引领

崂山小学的学校规划通常四年一轮,自2007年至今,已经制定了四轮学校发展规划。每轮规划的主题都是通过不同的方式和途径,指向学校持续、稳步、优质发展的目标。学校的四年规划,犹如学校未来四年发展的梦想与蓝图。有了梦想,就有了方向,一群人朝着既定方向,奋斗、拼搏,终于不断达成目标。最近十多年来,崂山小学从关注稳定求生存,直至如今不断追求内涵提升,走在了优质发展的路上。

这四轮崂山小学的规划主题分别是:《家校合作　持续发展(2007.9—2011.8)》《加强融合　稳步发展(2011.9—2015.8)》《文化浸润　优质发展(2015.9—2019.8)》《强校良师优课程,文化润校优发展(2019.9—2023.8)》。

从中不难发现,主题始终离不开"发展"这个关键词。每轮规划主题有层次递进,而且是循序渐进的,又有明确的方式和路径。

比如在《家校合作　持续发展(2007.9—2011.8)》中,我们设定的总目标是：学校结合教育教学改革的实际，努力创造优质的教育环境，通过三年的努力，依托家校合作活动等建设，让每一个孩子受到适切的教育，得到和谐的发展，进而把学校建成适应社会发展且有一定社会影响的学校，形成家校合作、和谐发展的办学特色，努力在精致化服务中提升学校办学品位。我们把具体目标设定为基本实现"四个发展"即："师资专业发展、设施更新发展、管理有序发展、质量有效发展"。而在《文化浸润　优质发展（2015.9—2019.8）》，我们把办学目标设定为：通过三年的努力，把学校办成体艺特色鲜明、师生喜爱、家长放心、社区认可的百姓家门口的"新优质学校"。这些都体现了循序渐进的原则。

规划主题，犹如作文题目，既是题眼中心，又是目标追求，必须简洁明了，朗朗上口。规划主题的确定，思路的梳理，不能只是校长一个人拍脑袋决定，必须经过反复论证。只有广泛征求民意，慎重确定规划主题，理清发展脉络，才能有发展的基础与可能。规划需要上层设计，中层引领，基层落实，层层相关，团结一致，心往一处想，劲往一处使。崂山小学四年规划从酝酿到动员、部署、撰稿、听取意见、修改完善、提交教代会、行政会议，上上下下，部门分管既要纵向跟进上一轮规划的实施进度，也要考虑本轮规划的实施可能，不拔高要求，不重复过往。每轮学校规划几乎都是高票甚至全票通过教代会，可见规划的产生体现了民主集中，表达了民意关切。

学校规划不是一个人可以单打独斗写就，也不可能一夜闭门造车写就。我在崂山小学二十年，对学校的昨天、今天和明天，了如指掌，充满感情，学校的一群中层干部，也是团结稳定有干劲，朝气蓬勃有才情。我觉得，规划不能前后脱离、脱节，必须一脉相承。四年一个台阶，四年一个跨越，师生人数、班级规模在稳定增长，办学方向、培养目标不变，按教育规律办事，培养合格接班人。

崂山小学有个内部"法典"——教职员工每四年签收一次的《崂山小学管理制度》。文本目录包含学校章程、四年规划、各项制度（包括立改废更新版）、岗位职责、绩效考核方案更新版等。每学期开展计划、总结前，都要看看规划，对照规划，检验分年度达成目标与成效。人手一册的学校制度文本，相当于各部门学期计划小结的上位

文件,决不能流于形式。

咬定青山不放松,立足本土师资,国家课程校本实施。十多年来,四轮规划的理念目标一直未变,那就是办老百姓放心、满意的家门口的素质教育实验校、新优质学校。规划的实施又是动态生成的,不断充实与完善。做正确的事,正确地做事,有方向,有方法,有干劲,目标与理想不实现都难!

学校发展,规划先行。好的规划,成功的一半。

第二节　依　法　治　校

2019年10月,学校根据《上海市教育法制建设"十三五"规划》的任务要求,和上海市教委、浦东新区教育局关于教育系统依法治校的有关精神的通知,参加申报了上海市依法治校示范校评审,并于2020年3月荣获"上海市依法治校示范校"称号。

2014年10月,学校依法按程序制定了内容比较完善的《学校章程》,于第十一届教代会、第五届校级家委会审议通过,并向全体教职工、学生及家长公示,接受社会监督,学校的办学活动围绕章程进行。

学校依法建立完善人事管理制度、教育教学制度、财务管理制度、后勤保障制度和安全管理制度,各项管理制度均由教代会审议通过,做到合法、公正、公开。在各项管理制度的制定过程中,学校能充分听取各方面意见,特别是利益相关人的意见,实施前经过适当的公示程序和期限。学校的各种办事程序,各种内部组织的组织规则、活动程序、议事规则等形成制度化的规定。学校规章制度的"立改废"程序规范,公开透明;各项规章制度汇编成册,归档健全。

以财务管理制度为例,学校总务后勤工作中,认真组织财会人员学习财务规章制度,规范收支两条线,做到账目清楚,程序合法,财会人员实行办公无纸化。为加强收费的透明化管理,严格按照上级主管部门的要求,设立"价格服务进校园"收费公示制,按章收费,禁止乱收费,实行财务公开,使学校的收费工作置于学生、家长、社会的监督之下。

学校坚持依法管理，严格执行校长负责制。在管理过程中，注重完善运行机制，健全组织机构和职能部门，分工合理，职责明晰。严格执行"三重一大"规定与要求：重大决策、重要干部任免、重大项目安排和大额资金使用。凡涉及"三重一大"问题的工作会议、作好详实的会议记录，会议记录存档备查。严格实行政务、财务公开制度。干部任免、奖惩及财务支出等事项，按规定进行公示或公布，接受群众监督。校务公开领导小组对"三重一大"事项的运行进程实施跟踪监督，建立"三重一大"台账。跟踪监督项目实施过程中，发现有问题的，按规定提出整改意见，提交校务会议研究。

学校有健全的教职工代表大会工作制度，充分发挥教职工参与学校民主管理和监督主渠道的作用；教职工代表大会依法履行职权，与教职工切身利益相关的制度、事务，依法经过教职工代表大会讨论通过。如《2017督导自评报告》《绩效工资考核方案》《教师着装及仪表规范》《骨干教师聘任细则》等学校文件、管理制度均由教代会高票通过。学校工会曾获"工会妇女之家"、浦东新区"星级模范退管会"等荣誉称号。

学校现为浦东新区家庭教育示范校，有健全的家长委员会工作机制，设有班级、年级、校级三级网络。校级家委会每两年一届，由各班级的家长代表参与投票直选产生，家委会直选议程和方式公开、公正。各级家委会有相应的分工及职责，依法履行职权，支持参与学校管理、教育教学等各项活动。学校重大决策涉及学生权益的重要事项，能在家委会会议中充分听取家长意见，如学生午餐、校服征订管理等，接受家长委员会的监督，为家长和社区支持、参与学校管理提供制度保障。学校定期举办家长开放日活动，向家长开放课堂、开放学校的各项活动，让家长真正了解学校的办学情况，促进家校合作；每周五，开设家委会驻校办公，巡视校园环境、参与午餐监督等日常管理，并做好记录和反馈工作。

近两年中，学校围绕安全、法制等内容，开展了丰富多彩的校园活动，在多样化的主题活动中，引导孩子们潜移默化地接受法制教育，提高自我防范能力。如"小狮子安全课堂"黄奕警官进校园活动、全国宪法日宣传活动、上海大学知识产权学院郭琦博士"变革的

动力"专题讲座、首届青少年知识产权绘画比赛及校园巡展活动、"家长讲师团"优秀讲师"法制宣传日"主题讲座，禁毒、国防教育专题讲座等。师生们在十分钟队会、假日小队活动、参观交流等活动中，发表感言、开展学习、分享交流，争做学法、懂法、用法的好公民。

公共安全教育课是提升学生安全意识的重要途径。2017年10月，我校邀请了"小狮子安全课堂"来校为学生开展公共安全教育，黄奕警官带领学生学习了交通安全标识、公共安全标识等，寓教于乐地为学生开展了生动的一课。

当你在公共地下车库，突然找不到了出口的方向；当你上下电梯的时候，忍不住想按那个红色的按钮；地铁站台真的好大啊，你不知道自己的准确位置；你迷路了，那位热心叔叔的帮助能够接受吗？

安全永远是家长、学校、社会最关心的，对于生活在都市里的孩子，医院、商场、游乐园、公园、轨交站台，都是他们生活中每天会接触的地点，这些公共场所的安全资源、设施、标志是孩子自救、自护的重要途径，如何让孩子认识、知道、了解就是小狮子安全课堂的任务。

活动中，黄奕警官给我们分享了很多实用的安全知识，校园上下一片欢腾。

  黄奕警官先向大家介绍了自己，并摇动着手上可爱的小狮子玩偶热情地和小朋友们打了招呼，整个会场顿时热闹了起来。接着，他用生动的语言、活泼的形式教小朋友们如何区分男警察和女警察，并向小朋友们介绍了警察的分类，让我们知道了警察叔叔们原来是有着不同分工的。

  "小狮子安全课堂"还融合了表演、游戏、互动等环节，为同学们讲授安全防范知识。通过故事宣讲营造浸入式体验感，并结合幽默有趣的小狮子安全情景剧，通过寓教于乐的表演方式，让孩子们学习自我保护和自我救助，同时也为家长带去长久的安心。同学们在黄奕警官的循循善诱下，学习到了很多的安全小技能，如火灾来临时，要用湿毛巾捂住口鼻；乘坐扶梯要注意脚下安全。特别是情景剧表演"王晓晓迷路记"，互动性强，小朋友的积极性一下被调动起来，仿佛自己就是主人公，在遇到坏人时，着急对着王晓晓喊道："千万不能相信，他是坏人！"在黄奕警官的带领下,四人一组的"小小巡逻员"队伍产生啦!他们用上海话进行安全防范宣传,在笑声中学到了很多安全防范小技能。

有朋自远方来,不亦乐乎。我们当然也要一尽地主之谊,学校的"小百灵"口琴队向黄奕警官和他的团队献上了美妙动听的口琴合奏《金瓶似的小山》。会场里笑声连连,你呼我应,热闹非凡。一个多小时的"小狮子安全课堂"转眼间就过去了,队员们意犹未尽,受益良多。

"小狮子安全课堂"其实并不是创造安全,而是带大家一起发现生活中的安全知识和设施。相信通过"小狮子安全课堂","崂山娃"对生活中的一些防护常识有了更多的了解,安全意识和防范能力有了很大的提高。希望每一个孩子都可以在安全的环境下健康成长,将安全知识牢记心间。

安全文明、稳定和谐的校园环境是学校取得优异成绩的前提条件,也是学校持续发展的基础。学校从2008年至今连续被评为"上海市安全文明校园",学校的办学质量赢得了家长、学生的信任和社会的赞誉。

学校根据实际情况,及时调整充实了学校综合治理领导小组和工作小组的成员,由法人代表校长担任组长、副校长担任副组长、总务主任担任安全干部、各部门主要负责人担任组员,组建有力的创建安全文明校园网络,分工合理、职责明确,做到齐抓共管。

学校制定了《崂山小学安全工作岗位职责》,从副校长、各职能部门再到具体岗位,逐条逐句明确要求。学校建立三级治安保卫责任制,从校长到部门主任再到班主任、工会组长等,逐级签订安全责任书,贯彻"谁主管,谁负责"的原则,做到职责明确,责任到人,并将安全文明考核与绩效工资挂钩,强化责任意识,确保平安校园创建系列活动的健康有序开展。

我校制定有校内安全检查制度,定期开展安全隐患排查,以总护导、护导教师开展安全隐患排查为主,并邀请校级家委会成员、学生代表共同参与校园安全隐患排查工作中,为和谐稳定的就学环境提供了有力安全保障。

《安全管理手册》的填写是为了提升校园安全管理的质量,因此

我们力求规范、实事求是,做到由专人——安全干部负责填写。通过《安全管理手册》的填写与使用,进一步规范安全管理,确保任务到位,组织到位,责任到位,措施到位。

制定《自然实验室使用管理制度》《实验室管理员岗位职责》《自然、劳技老师安全工作岗位职责》,落实实验室的规范管理,加强实验室安全保卫工作。

学校加强对食堂的饮食卫生监督检查的管理,组织食堂从业人员学习食品卫生等相关的法律法规,制定了一系列食品安全管理制度,包括《食品卫生安全管理制度》《食堂从业人员学习培训制度》《备餐专间卫生管理制度》《食品采购储存管理制度》《废弃食用油脂管理制度》等,并做好《浦东新区学校食堂安全专项检查记录》,发现问题及时解决,使全校师生吃得安全、卫生、放心和满意。

落实消防安全制度和工作责任制,消防安全标准化管理达标。合理布局消防设施,包括灭火器、安全照明、安全出口指示牌等,管理到位,定期更新;每年进行防雷设施的检测,对不足之处及时补救。

学校制定了《卫生保健教师岗位职责》和一系列传染病制度、预案,如:《学校传染病防治预案》《崂山小学传染病爆发的应急措施及演练》《学校传染病疫情报告制度》《晨检制度》等,并为每位学生建立了"健康档案",为他们顺利完成学业奠定基础。

对照新修订的上海市地方标准《重点单位重要部位安全技术防范系统要求第6部分:中小学、幼儿园、托育机构》(DB31/T 329.6-2019),我校在校园出入口、操场和各楼层等重要部位实现了视频安防监控设备对校园进行了全覆盖;在校区周边安装了电子围栏,门卫室、校长室和财务室等重要地点都安装了与"110"接警中心联网的入侵紧急报警系统;学校对外公开直线电话都配有来电显示和录音功能;校区出入口安装了移动金属伸缩防护门,校园内所有出入口都安装了防盗安全门或金属防护门,重要部位的窗户都安装了金属防护栏。

人防、物防、技防三结合措施是落实安全工作的重要举措,因此,我校积极落实技防设施管理制度,定期检查、更新,维护记录清晰,技防设施二十四小时有效运转。校长与安全员定期察看视频监控图像，学校安全视频监控图像接入区教育局安全中心。

我校严格执行《上海市中小学、幼儿园保安服务管理规定》，严格执行校外人员信息登录，禁止无关人员和机动车辆进入校园，加强对外来人员入校的验证。对邮包和快递严格把关，送来时进行扫描后放入门卫室，如有问题的邮包和快递拒绝接收，领取时一律在门卫室交接。

学校积极开展《崂山小学教职工职业规范》《崂山小学教工一日行为准则》《崂山小学护导工作常规制度》《崂山小学师德师风考评细则》《崂山小学班主任一日常规》的讨论，并多次利用教师大会传达综合整治工作的精神，特别是对学校的稳定、安全工作作了强调，学校领导经常深入校园检查督促。严格执行对外学术交流活动审查审批制度，做好外籍学生的管理工作，对教辅材料进行严格审核；严格落实学校讲坛、报纸、广播、网络等媒体管理责任和措施，不让有害信息进校园。

学校继续深入开展普法教育，有力推动了依法治校、依法治教工作。通过对《教师法》《未成年人保护法》《青少年保护条例》等法律法规的学习，增强教职工的法制观念，杜绝以教谋私和体罚、变相体罚学生的现象。

我校总务主任、安全管理员均接受过区级层面的培训，并取得了"安全培训合格证书"。根据学校教职工安全工作计划的制定，对师生开展了一系列的安全教育培训，如消防和交通安全知识、公民安全知识和事故危害与事故预防、意外伤害事故处置、传染病防控知识、诺如病毒知识、交通安全等专项培训，切实提高学校安全管理的水平和师生的安全素质，减少事故发生，创建新一轮"上海市安全文明校"。

学校努力做到安全管理达标，无重大事故发生，先后被评为上海市家庭教育示范校、浦东新区素质教育实验校、浦东新区健康促进学校、浦东新区心理健康示范校、浦东新区国际象棋项目重点学校、浦东新区艺术教育特色校等，为确保一方平安、为精神文明建设、为教育事业的发展做出了贡献。

值得一提的是，学校在浦东新区青少年科技素质教育促进会的

大力扶持下，正在努力创建上海市中小学知识产权教育示范校。学校积极开展知识产权进校园活动，在推进学校知识产权素质教育的同时，形成以"尊重知识、崇尚创新、诚信守法"为核心的知识产权文化。鉴于小学生的年龄、心理特征，学校将实施知识产权教育与青少年创新活动相整合、与丰富多彩的拓展课程相整合、与校园艺术、科技活动相整合，在活动中渗透知识产权教育，形成了形式多样、内涵丰富、多措并举的教育模式，培养和提升了学生的知识产权意识和科技创新精神。学校的知识产权教育主要围绕"普及知识、提高意识"这一主题，贯穿"课堂教学、课外活动"两条主线，通过拓展课程和知识产权、科学创新的活动进行落实。为确保知识产权教育的有效普及，采取请进来、走出去的方式对有关实施知识产权教育的教师开展培训。学校通过校本培训、教师自修、邀请专家来校培训等方式，加强业务学习，使他们具备一定的知识产权专业知识，能胜任自己的教学工作，为培养出一批学科学、爱科学、用科学，有知识产权保护意识、创新思维能力、动手实践能力以及知识产权保护能力的青少年而不懈努力。

学校严格执行上海市课程计划，开齐、开足三类课程，有健全的教育教学管理制度，认真落实减负规定和"三课、两操、两活动"，加强学生课业负担监控，对教学质量有规范的监控、评估和反馈机制。学校全面实施素质教育，制定学生培养目标，正常开展拓展课和课外活动，以"三节五周"为载体，开展学科竞赛、艺术文化活动，落实爱国主义、日常行为规范等教育。

学校加强各项规章制度的执行力度，校风良好，教职工无违法和刑事犯罪行为，学生无违法和刑事犯罪行为，周边环境文明、健康、安全。学校现为上海市安全文明校园，2018年度、2020年度绩效考核优秀。

学校依据上级规定落实义务教育阶段学生就近免试入学的各项规定，建立义务教育阶段学校规范收费和招生信息公开制度。遵循平行编班的原则组建一年级。学校现有5个年级，39个班级，1 294名学生。学校制定明确的收费、退费的标准及具体办法，教育收费规范透明；学校依法建立财务管理制度、资产管理制度。学校的招生规定、收费项目与标准等事项,均在学校公示栏、校园网、区信息公开网向教师、学生、家长和社会公开。

第三节 赢在中层

　　记得2008学年第一学期结束前,原浦东新区第二教育署副署长吴金珍老师组织的一次小学党政学期总结会议上,上海市著名校长张雪龙老师为我们推荐了一本书《赢在中层》。单听书名,就一下子吸引了我的注意。是呀,学校上下,除了校长书记,广大教职员工外,就是中层管理人员了。当今社会,由于各种原因人们往往难以静心读书,但好久不读之后,常常又会觉得心里有点慌。作为一校之长,多读书,多思考,带领全体中层、教师一起走进书的世界里遨游,一定是很有意思的。恰在此时遇见《赢在中层》,不妨赶紧读读。

　　学校内部行政中层的重要性,不言而喻。中层人员的选拔、培养与使用,关系到学校的团结稳定、和谐发展。于是,我在阅读了《卓越校长的7个习惯》《于丹〈论语〉感悟》等人文书籍之余,又购来10本《赢在中层》,并与相关人员一起认真阅读起来。读后再作一些摘抄,是我的习惯。于是将一些我作的摘抄与大家一起分享:

▲ 管理的七大对象

　　管理的对象为企业中的一切资源,亦即所谓的7M:人、机器、材料、技术、金钱、市场、资讯。最重要且最难管理的就是人。其他的六项资源均靠人来运用,稍有不慎,可铸成大错。

▲ 管理者的八项心态

　　管理者除要有与下属共同完成任务的心态外,尚须具备以下基本态度,方能达成组织的目标:使命感、达成任务的意愿、突破现状的精神、效率意识、重视原理原则、健全的判断、科学化的步骤、有意识的管理。

▲ 领导力——领导者应有的涵养

　　1.要有胸襟与气度,勿给人压迫感;2.不吝惜给下属机会,培养下属;3.良好的自省力,肯定别人的成就;4.与下属分享情

报与成果；5. 识人与识巧并重；6. 走动管理最有效；7. 建立敢做事与多做事的工作环境；8. 调动积极性，凡事全力以赴，找事做而不等事做；9. 使命感的自我期许；10. 建立专家的风范。

▲ **有效领导的要件：精湛的业务能力、优秀的个性品质和健康的职业心态三个方面。**

▲ **孙子兵法——将之五德**

智（知识与判断）；信（信用与信服）；仁（关心与沟通）；勇（冒险与责任）；严（奖赏与制度）。

寒假之后的开学，一篇篇读后感交来了。我一一阅读之后，庆幸我的周围真有几位会读书、会思考、能写作的青年人才，我很欣赏。副校长的《将心比心》，辅导员的《浅谈中层艺术》，教师代表、很有中层经验的陈老师的《成就未来，甘做"脊梁"》，还有青年教师代表、很有培养前途的方老师的《做好"中"流砥柱》等文章可谓真心写就，切身体会。

黄轶英副校长在读后感中写到，中层干部的角色定位是：1. 要为校长当高参、献良策；2. 要甘当配角不冒尖，乐做绿叶不争艳；3. 要以情感人，以诚待人，公平对人，平易近人，处好方方面面的关系。此外，作为学校中层人员，要具备知识与才干，更重要的是具备以公正、无私、宽厚、意志坚强等良好的品质素养的人来影响感染你的身旁人。当好学校中层干部必须处理好的三个关系：一是处理好与学校校长之间的关系；二是处理好与其他的中层干部之间的关系；三是处理好与一般教师的关系。

肖瑢老师坦言，中层这个层面的工作，在校级领导眼中是执行层，需要的是不折不扣的执行力；在教师眼中，中层理应是服务者，为教师服务，是落实学校管理和满足教师诉求的坚实力量；在自己的眼中，我们又将自己定位为桥梁和纽带。在落实学校决策和检查教师工作方面，中层理应扮演管理者，然而，我们有时却面临尴尬——教师们对中层工作不理解，甚至与我们对立，等等。她认为，要做一个称职的中层，就应该要有过硬的业务能力；就应该要有大局意识；就应该要有开创精神；就应该要有服务意识。现在，学校工作越来越烦琐，教师的工作热情受到了一定影响。如果学校中层能够凝聚人心、以身作则、大胆开拓、树立服务意识、激发工作热情，那么，在教师的眼中，我们将成为学校团队的引领者，将成为教师和校长之间的纽带，将成为一个称职的中间层。

方姝老师在读后感《做好"中"流砥柱》中提出，中层应该具备的素养是：正派、好学、用心、豁达。当然，说起来很容易，但在真正的工作中要想做得十全十美，确实很难。因为中层干部面对的是形形色色的老师，他们有不同的人品，不同的性格，不同的能力，需要中层干部不断地调整方法和心态。

另外，我也想说，在对中层进行严格要求的同时，也要考虑到中层也是人，总会有一些做得不妥的地方，也无可厚非。在考核和评价的同时，要给中层一些提升自己素养的机会，以激励他们更好地开展工作。其实中层干部对归属感、成就感以及驾驭工作的权力感充满渴望，他们都希望自己能够自主，希望自己的能力得以施展，希望自己受到人们认可，希望自己的工作富有意义。学校要结合不同激励对象各自的需求特点辩证地采取相应的激励方式，以达到激励的最佳效果。

周梅芳老师认为，做一名合格的中层干部、优秀的中层干部，应该从四个方面努力践行：善学、肯干、巧干、敢为。善学，首先，要做到善于学习；其次，在学习的基础上，还要养成思考的习惯。肯干，是因为在学校中，管理层是办学的关键，是学校的灵魂，任务艰巨，且责任重大，作为一名中层干部，能不能在师生中树立威信，一要看自己在工作中能否吃苦耐劳、严于律己、率先垂范；二要看自己的管理水平，能否创造性地工作。巧干，事半功倍；蛮干，事倍功半。敢为，作为一个中层干部，平时也要注意融入教师队伍，了解教师的个性、爱好特长、能力水平，特别是要了解教师的内心需求。

王青老师认为，怎样来发现优秀的中层、调动中层的积极性？一是加强管理，制定激励机制。决策者就得在管理体系、管理制度、人才的甄别上狠下功夫，提高管理成效。二是从组织架构上来看，"一把手"应从繁忙事务中解脱出来，走出什么都要决策层说了算的误区，让中层放手工作，不要造成事无大小都得决策层点头。对决策层来讲，要适度的放权，要把权放给真正懂管理且值得信任的人。

张珏老师在读后感《要以宽容之心待人》中提出，作为学校的中层干部，无论是对待一般老师，还是对待其他的中层干部，都要有宽阔大度的胸襟，能"容人""容事"。在工作中，要谦虚谨慎、胸怀宽广，严以律己、宽以待人。在正确对待别人建议的基础上，中层干部之间还应团结协助。只有这样，学校的整个领导班子才会有巨大的向心力、凝聚力、战斗力，才能带领教师开展各项工作，才能使学校的各项工作都充满生机和活力。

一篇篇《读后感》，让我很欣慰。

我曾经从一个普通教师成长为中层领导，如今又担任一校之长。除了机遇，我认为个人的努力至关重要。中层的确会很辛苦，但不能感觉心苦；中层有压力，但不能有压抑。每天除了做好该做的，还要想领导所想，想群众所想。即同一层面思考，不同层面操作。只有想不到的，没有做不到的！要有使命感、效率意识，还要有健全的判断。如果说，校长好比董事长，做一个"聪明的懒人"，可以宏观思考，内外联合，游刃有余；中层干部就要好比总经理，做一个"聪明的勤奋者"。里里外外，方方面面，打理得井井有条。当然，打铁还须自身硬。要实现良好管理，成就不断发展的局面，学校中层干部的人品、业务、组织协调、合作交往能力至关重要！

因此，物色好、培养好、聘用好合适的中层干部，从某种意义上说，也是对校长的眼力、能力、魄力的考验。当下，干部都要具备能上能下的豁达心态，中层干部的去留当然不能那么轻松随意，做校长的我努力保持学校的团结稳定，和谐发展，与时俱进，对中层、对自身都是有利的。总之，上下齐心，以人为本，沟通顺畅，心情愉悦，始终保持高昂的斗志，让整个校园能够呈现一派敬业、勤业、乐业的局面是所有人都希望看到的！

第四节　校长的管理风格

校长是一所学校领导班子的核心，是国家各项教育政策的具体实施者，是学校管理的重要组成部分，其领导风格能否为师生所接受,能否建立一种和谐、整洁、组织有序的学校环境和文化氛围,在很大程度上影响着学校管理效能的高低。任何一个组织的领导者都有不同的领导风格,或是依靠其法定权力来实施领导,或是依靠其个人魅力来实施领导,或是两者兼而有之,在学校,校长的领导风格如何,在不同程度上影响着学校管理效能。

2013年1月16日,我在2012学年第一学期工作总结暨第二学期工作务虚会上说:

> 我们要引导健康向上的优秀文化作为主流文化,引导积极向善的主流话语氛围。我们的教师应该是精神饱满、热情洋溢、意气风发、斗志昂扬,又是宁静致远、宽容大度的。空闲时候,办公室老师的言谈举止,兴趣爱好,决定了老师的品位、风范,很大程度上也会感染新同事,新老师甚至潜移默化地影响到我们的学生、家长。对于老师的评价,我一直强调有五个维度,那就是五个职业化的要求:自我认同、学生喜欢、家长满意、同行佩服、领导信任。老师们要充满自信而不自傲,充满爱心而不矫情,在领导同事面前都是那么阳光、健康。

崂山小学的团队有鲜明的集体荣誉感,默契合作。崂山小学的校园文化是和谐的、上进的,充满爱与正能量。老师爱学生,同事们互相关爱,领导体恤下属,师生尊敬校长。爱满崂山校园,情满崂山校园。发展、进步是学校的主旋律,校园文化生态健康文明,教育管理者不断调动大家的积极性,挖掘一切有利资源,教育帮助学生,家校合作共赢,师生家长共成长。家长伙伴也是积极的合伙人,献计献策献力量。疫情期间,多位家长主动向学校捐赠口罩、帐篷,报名担任志愿者,参与校门口秩序的维护。本地区生源的稳定增长,系统内外的口碑评价都给崂山小学教师团队一个积极的信号,一股自信的动力。

作为一名女性,我曾经感慨:教育,是人类最美的造化。诗书满腹,琴棋皆能的才女,是完美的。我总希望一切都是完美的,总希望所有的机缘都能在同时出现,总希望人生路上到处风和日丽,鸟语花香。我赞同"女孩因可爱才美丽",我欣赏"由内而外"的精彩。虽然在真实的人生里,追求完美的我们本身并不完美。然而,我们仍然应有一份坚持和盼望。倘若人生路上,没有了光明和理想的指引,还

能保有从容与灿烂吗？

现任浦东新区合庆镇中心小学党支部书记的朱梦姗老师和我初识是在1983年的秋天，那时我们正处花季，共同的梦想让我们一同走进了浦明师范学校。朱梦姗老师回忆：

> 学生时代的她落落大方、乐思好学，言谈中透露着热情和友好，是同学们眼中的才女。她积极争取各种学习机会，汲取养料，梦想着能早日真正成为一名优秀的教师。四年师范学习后，我们各自踏上了工作岗位，再看到娄凤的名字是在各种教学比武中、荣誉册中、小学语文杂志中……在同学当中她俨然成为一名佼佼者。
>
> 2005年，机缘巧合，我们一起在新区第二教育署并肩作战，彼此间有了更多互动和交流的机会。随着岁月的增长，她的身上多了些许沉稳、自信和担当。作为校长，她所倡导的"人人有才、人无全才、扬长补短、人人成才"办学理念深深吸引了我，小学阶段对孩子的启蒙教育应该以兴趣的激发和习惯的养成为主，让孩子们全面发展、人人成才的理念符合小学学段教育的特质。
>
> 有幸参加崂山小学举办的几次大活动，更让我对这所家门口的好学校敬佩不已。艺术可以陶冶心灵、变化气质，崂山小学把口琴演奏作为学校的特色项目，联合上海音乐学院、上海口琴会等优质社会资源，让艺术教育惠及每一位学子，让孩子们在学习之余都能接受艺术的熏陶，潜移默化，提升境界。我觉得这是娄凤校长在实施素质教育方面的高明之举。学校在东方艺术中心举办了多次新年音乐会，崂山的孩子们"一个都不少"地走进艺术殿堂，在舞台上展示才华，体验快乐，从而突显学校全面发展、人人成才的教育理念。崂山小学"家校合一"的举措也让我留下了深刻的印象，学校在家校共同育人方面已形成了自己鲜明的特色，学校要办家门口的好学校，就要了解家长和社区的需求，在这一点上娄校长一点都不敢怠慢，大到学校的发展规划、文化营造、特色项目，小到午餐的质量、校服的选择等都会认真听取家长的建议。如何在保证学校高质量、高水平发展的同时，兼顾社区、家长对学校办学的高期望值，将学校发展融入社会发

展的大趋势、大方向,这都是娄校长常常思考的问题。

  随着学校办学质量的不断提升,娄校长受命到周浦去开拓疆土——办一所分校。学校招聘了大量的青年教师,怎样让他们快速成长,娄校长这些年推出了中长期青年教师培养计划,利用名师带教,让青年教师们系统学习前辈长期积累、探索的教学经验,通过研究课将学到的理论知识有效融合进自己的课堂教学。学校还定期举办青年教师才艺展示活动、主题论坛活动、各类征文活动,让他们苦练基本功,学会思考,在压力中走向成熟,走向成功。目前,崂山小学的"青椒"社团在小学层面已小有名气,青年教师的成熟使崂山小学老中青师资队伍能够相辅相成,互助共进,为学校可持续、科学性发展夯实了坚定的基础。从"崂山人"朝气蓬勃的干劲和以校为荣的情怀中,我们看到了校长先进的教育理念、执着的教育热情和严谨的教学管理,同时我们也看到了崂山小学的诗与远方、希望和未来。

  近年来,崂山小学坚持"德智体美劳五育并举,基础与特色课程齐育,开拓与创新文化共行"的教育理念,笃行致远,砥砺奋进,以"全面育人"为根基,以"特色强校"为目标,以"制度治校"为抓手,打造一支兢兢业业,具有渊博知识,敬业之态,若谷之心的高素质教师队伍,培育出一批又一批面向未来的优秀学子,在这里我祝愿娄凤校长把崂山小学这所家门口的好学校办得更好,办得出类拔萃!

原崂山西路小学党支部书记、现金英小学陈红称我俩"亦师亦友,不负遇见":

  初到崂山小学,感觉有点小!那时在读的只有两百多名学生。围着校园走一圈,却花了大半天的时间,每个角落蕴含的校园文化,都深深地吸引着我。娄凤校长以艺术体育发展学校特色,实施校本研究;以主题教育浸润校园文化,培养活力少年;以家庭教育促进家校合力,关注身心健康;以活力课堂助力教师培养,尽展教师魅力。整个崂山小学围绕"德智体美劳"全面培育师生"人人成才、成就自我"。

  有缘来到崂山小学与娄凤合作共事,让我重新认识了她。

爽直的个性、极快的语速，工作时的雷厉风行，沟通时的风趣幽默，让大家在紧张的工作之余充满了欢快的笑声。这样的娄校长魅力无限，让人相见恨晚！

2006年的崂山小学，老师和学生并不多。退休教师每次回学校，娄校长都会亲自到场接待。每到节假日或学校大型活动，娄校长还会专程邀请退休教师一起参与，让老教师们感受学校的发展和变化，共同为崂山小学的辉煌加油鼓劲！

娄校长爱惜人才，近几年为浦东教育发展，培养和输送了一批批的优秀教师、优秀干部。正如崂山小学的育人目标"人人成才"，娄校长爱才惜才，以自己的人格魅力，不断挖掘教师潜质，充分给予他们锻炼的机会、发展的平台，不居功、不自傲，尽自己所能让这些优秀教师发挥最大能量，逐步走向更为宽广的舞台。

"相见情已深，未语可知心"，虽然我们共事时间不长，但是我们成了无话不谈的朋友、知己。经常因为工作缘故，互相交流、切磋。在不断的交往中，我感受到娄校长是个善于学习，乐于分享的人。

每次和娄校长一起参加培训学习或检查，我都会被她的好学所感动。她总是能够从别人的经验中汲取能量，不断地结合自己的管理工作，和我探讨、切磋，并积极地把学到的经验融入自己的管理工作中，力求做更好的自己，带领着学校向更高的层次发展。每过一段时间，她又会将尝试的成果和优势分享给我，并希望我给予意见和建议，共同进步。

娄校长还乐于进课堂，不仅参与听课活动，还积极参与课后点评、研讨，给青年教师适时的鼓励和悉心的指导，及时纠正他们工作中的不足，给予意见和建议，帮助他们不断完善。在她和团队的不懈努力下，学校各科教师在市、区教学比赛中屡获佳绩，师资队伍不断优化，教学质量稳步提升。

工作中，娄校长有容人之气度，有将帅之魅力，她对教育事业有情怀、有追求。生活中，娄校长是个乐天派，她直爽但不乏柔软，她随和但坚持原则；她大气、有担当，她用心与人交往，能时刻站在别人的角度思考问题。能够在茫茫的人海中和她相遇,感恩这份亦师亦友的遇见!

1994年的夏天,18岁的黄轶英师范毕业被小教第三学区分配至当时的浦南小学参加工作。

当年的娄老师还是学校团支部书记,她在我们青年教师眼中是一位德才兼备的大姐姐,她坚持、自律的好品格已经是大家学习的榜样。工作没多久,娄老师找我谈心,说道:"我发觉你在教学上具有很大的潜力,希望你能在提升专业能力的同时,积极向团组织靠拢。"娄老师的一番话深深地触动了我,第一次为我的教师生涯指明了前进的方向。从此我和娄老师就结下了不解之缘,工作中遇到的难题,她总能给予帮助和辅导。不久后,我光荣地加入了中国共青团,并在校领导的培养下,我成为学校大队辅导员,将当时的东南小学少先队组织成功创建为上海市雏鹰大队,并在教学竞赛中崭露头角,这都源于娄老师对我的肯定和鼓励,她就像一盏明灯指引着我不断前进。

2000年初,由于工作原因我调去了当时的崂山西路小学,半年后黄轶英也来到了崂山西路小学,重逢的喜悦之情溢于言表。

再见娄老师时,她已是学校的校长助理了,无论是教学还是管理工作,她都是校长的得力干将,教师队伍的中坚力量,年轻有为的她令我钦佩。因为有了之前的了解与信任,我们在工作上的配合也更为默契,从学校大队辅导员到德育教导,娄老师总是能给我合理化的建议,令我的工作效率大大提高。2003年,在娄老师的推荐下,我成为一名中共预备党员。作为我入党介绍人的娄老师更是在思想上、行动上与我积极交流。无论是在工作艺术、管理思维,还是专业能力的培养上,她都给予了很大的支持,使我的教学水平快速提高,思想变得更加成熟,激励我坚定地朝着目标勇敢前行。

2004年,浦东新区教发院展开了第一轮学科带头人、骨干教师评聘工作。

在娄校长的积极带领下,身边的一些校级骨干都纷纷行动起来,积极准备参评答辩。在一次谈话中,娄校长对我说:"小黄,你的专业发展不错,在市、区级教学比赛中也取得了较好成

绩，我觉得你也应该好好准备。""我能行吗？"我不自信地问道。"我认为你可以啊！目标就是要定得高一些，你还年轻，如果今年没有通过，那就下次再参加，相信你一定能行！……"人生路上的明灯再一次点亮，在她的激励下，我顺利通过了初审、复试、专家答辩等环节。在得知被评为区骨干教师后，我又兴奋又激动。兴奋的是，自己的努力没有白费，我在大胆的历练中证明了自己的能力和价值；激动的是，荣誉来之不易，在娄校长的鞭策和教导下，我的专业能力又上了新台阶。在担任区骨干教师的十多年间，我多次参加市、区级乃至全国教学比赛活动，屡获佳绩，这些成绩都离不开娄校长对我的关爱与信任。

2009年，黄轶英由德育教导被学校提任为校长助理，2013年，她被聘任为副校长……

工作中的娄校长大方包容，她会为中层老师在工作中的成功之举及时点赞，如有不足也会不厌其烦地分析原因，耐心指导；她密切关注学校青年教师的成长，无论是外出参赛、公开教学，还是论文发表，她总会给予大力支持和赞赏；她倾力打造学校文化建设，大到校景校貌、重大活动，小到听课评课、教师家访，她总是甘为人先，争做表率。在娄校长的引领下，学校也在近十年中取得了跨越式的发展，获得了上级领导、教育部门的认可，先后获得上海市依法治校示范校、家庭教育示范校、安全文明校园、花园单位、浦东新区新优质学校等殊荣。她对教育的情怀、对工作的执着、对教师的关爱，点点滴滴，都是值得我学习的榜样。

孔子曰"益者三友，损者三友"，二十多年的朝夕相处，从同事到领导，一路走来她始终指引我、帮助我，给予鼓励，助我成长，人生路上有缘得此良师益友是我一生的财富，成长路上我更为有这样一位领路人而感到自豪和骄傲。

1994年起在崂山小学工作了18年、当了8年副校长的毛燕菁老师，称娄校长为"直爽的妈妈和温暖的姐姐"：

直爽女汉子

首先，娄校长有一双"火眼金睛"。你有啥不好、有啥问题，一定逃不过她这一关。她不仅给你指出，而且能帮你一起改掉。

因为她自己能做很好的榜样。所以我等不得不一边脸红，一边去改正。可能我对工作的高要求和"强迫症"也是从她那儿得来的。也因为这样，避免了很多工作上的麻烦，因为严格遵守规则，守好边界，这是保护一个校长的同时拥有校长权威的首要方面。

我其实是一个"马大哈"，东西经常找不到、一忙起来桌子就堆成山，有时复印材料，纸只用一面。娄校长总是批评我，并且告诉我，"有些纸是可以两面用的，经费来之不易我们要节约……"虽然当时感觉像被老师批评的小学生，但我照做了，做着做着，也形成了习惯。所以现在我还保留着纸两面用的习惯，这还挺符合现在勤俭节约的精神呢！不过虽然她一直批评我，我的乱桌子渐渐地把她也同化了。她笑着告诉我："我也被你感染了，也许有的时候有点乱，但这说明你工作挺勤奋，是不？"

我记得那年她阑尾结石手术，才刚休息了几天，马上就急着去工作了。在佩服她钢铁般的意志的同时，我也是看到了她非常热爱事业、热爱工作的那一面。在上班的时候也没有见她对着别人说这个痛，那个痛，而是仍旧振奋着精神，拖着尚未痊愈的身体去听课，去工作……

侠骨见柔情

她也非常的温柔善良。我一直记得当年我母亲因脑溢血突然去世，我打电话告诉她可能有一段时间我的工作需要其他同事完成。她当时跟我说："你不要去管这些，我会安排的！"然后她立刻赶到医院的太平间，和教导主任周梅芳老师一起陪着我，一边安慰我，一边抹着眼泪。当时我突然觉得：这样的校长，她像妈妈、像姐姐，令我感到无比的温暖，我愿意支持她，更加努力工作。所以这也在日后影响了我，让我在学校的管理当中，要求严格、遵守规范，同时对我们的师生家长们在心里又充满着爱，在他们需要的时候送去力所能及的支持和帮助。

记得在我离开崂山小学去育童小学担任党支部书记的时候，娄校长亲自送我，最后还给了我一个深深的拥抱，当时我心

里真的非常非常地舍不得。我觉得她对我的栽培和爱，不一定是春风化雨、和风细雨类型的，可却是真真实实，有血有肉。在我人生当中，注入了力量、勇敢、坚韧、执着和方向。这些对于一个校长来说尤为重要。

敬业求上进

作为一个校长来说，她非常的敬业和上进。她积极地听课、用心地帮老师们修改教案……是全校第一个评上浦东新区"学科带头人"、取得"中高"职称的。所以在我的眼中，她就是那个非常上进的"学神般的存在"。所以，在她的影响下，我和我的行政同事们都积极地在专业上进步，在工作上努力。

娄校长心胸非常宽广，只要下属提出有助于学校和个人发展的想法，她都会积极鼓励支持并帮助实现。我记得印象最深的一件事，就是当时我和她一起讨论出一个"家长直选"的方案，我觉得这是非常好玩的事，我非常非常努力、用心认真地做了，并且拍了个视频。没想到这个视频后来成为我评中高级职称的重要过程材料，而且顺利通过了。记得当时主考官还详细地询问了视频的细节，我如数家珍。回来以后娄校长除了祝贺我，还告诉我：机会总是留给有准备的人！所以，渐渐地，懵懂的我，变成了她逢人便经常称赞"不用扬鞭自奋蹄"的我。其实，她并不知道，在我心里，我当时是多么地希望要向她学习、要向她看齐……

2007年来到崂山西路小学前，方妹在浦东的一个名校里做着自己喜爱的数学教学工作。

"在新的学校，我遇到了人生中的伯乐，遇到了事业上的良师，遇到了一群积极向上、奋发有为的同事，我的状态全然不同，感觉自己又有了新的动力。"方妹老师回忆，"教学生涯中，第一次教二期课改教材，第一次做班主任，第一次作为骨干教师去带教，第一次挖空心思如何夯实基础，第一次担心学生测试不及格……种种的忐忑，万般的焦虑，开学的第一个月我竟然失声了，是领导的关心、同事的帮助、学生的懂事助我渡过了难关，给予了我进校后的第一份温暖。我确信,此后我就是崂山西路人了!"

原崂山西路小学现已发展为拥有两个校区、98名教职工、1 294名学生的中等规模学校。"这是一股什么样的力量,这是一群什么样的人儿,那就是一位理念先进、积极向上的校长,带领着一支肯干能干、稳定齐心的教师队伍闯出来的。"方妹老师总结为"一个人和一群人的力量"。

校长一定是个文化人,她会从各个层面有力地推动着学校文化的形成。

在校长的影响下,我校积极打造"厚重凝练"的环境文化,让教师幸福地工作;"和谐向上"的精神文化,让教师和谐地工作;"人本精细"的管理文化,让教师有效地工作。

厚重底蕴,凝练精深。陆家嘴校区小而精致,周浦校区花园单位。校园内处处可见体现底蕴的主题墙,关注师生发展,展示活动精彩。办公室里随处可见特色各异的温馨布置,紧张中不失活泼,团结中不失个性。走廊的珍藏区里满眼是往届毕业生的合影,回忆着过去,展望着未来。崂山的环境中,透着"厚重的底蕴,精深的凝练",工作在其中的老师怎能不幸福?

崂山校园的外在美,崂山校园的内在也美。一次诠释校名的活动,让身在其中的老师们道出了崂山小学的精神力量,同时也提升了校园文化认同感。"崂蕴匠心,山育蓓出;山劳为仁,学积成智;劳心育才,寄望远山"……这些校名的内涵解释,无不流露出师生们对崂山的恋恋情怀:"真正的教育应该是纯手工的,那是一种依靠积累、源于传承的工匠精神,这种精神无法瞬间获得、想要就有。杏坛之上,弦歌不辍,教师们耳提面命,一张嘴,一块黑板,三尺讲台,一支粉笔写春秋,一个好的教师应该要有'匠心'的执着——专注而简单。"校园的文化元素,在一次次活动中被挖掘、提升并不断拓展,凝聚着人心、鼓舞着士气、振奋着精神、激励了斗志,崂山小学得以一轮轮地优质发展。

在崂山校园里,没有上下级之分,有的只是同事和伙伴。有困难大家一起分担,有喜悦大家一起分享,有问题大家一起想办法,有任务大家一起来完成。上下班从不打卡,但老师们的心里

就有一张卡，无须监督，披星戴月是常有的事，遇到学校有重大活动的日子，老师们自然会早早地来，迟迟不回家。学校有爱地给到每位老师每月半天的调休时间，更贴心地为中老年教师额外增加调休时间，是回馈老师的辛勤付出。

这一切，有校长榜样的力量，有校长换位思考的体恤，也有人文关怀的体现。

校长就是一个主心骨，她能把信心和力量传递给团队里的每一个人。

校长常说：没有教师的稳定就没有学校的稳定，没有学校的稳定就没有学校的和谐，没有稳定与和谐又何谈发展？在开办新校区之前的几年，是崂山小学相对困难的时期。外界常常有很多我校要动荡的传闻，内部的老师也多少受影响，纷纷提出要调离学校。校长积极作为，先后采取了家访、谈心、手机短信，邀请身边同事、老领导一同交心等方式了解隐情，开展工作，并在党员组织生活、行政例会上开展分析与反思。结合"专题党员民主生活会"，讨论、商定以"稳定和谐，持续发展"为主题的专题民主生活会。在她的努力下，不少老师安心地留了下来，并在之后崂山小学的发展中获得了不同程度的成长，有的甚至走上了学校领导的岗位。校长的宽宏大度在此体现得淋漓尽致，唯才是举是她治理学校成功的秘籍。

校长同样也认为，机会往往是以苦难的面孔出现的，有危也有机。任何时候，需要自信，当校长都缺乏信心的时候，老师们干起来还会有劲吗？在最困难的时期，我们在做好自己的同时，积极向外界、向同行、向领导展示我们"小校虽小，但不弱"的一面。每一次的对外展示活动，学校上下同心协力，师生家长配合默契，用一次次的精彩表现换来了一阵阵的掌声、一声声的赞许。我们没有气馁，我们持续努力，最终等来了全校都为之欣喜的好消息——我们要开办新校区了。是的，努力了不一定成功，但成功一定是靠努力获得的。

一路走来，校长就是这样有困难迎难而上，有机会积极把握，是个成功的领路人。

校长就是一个规划员,会从全方位、多层次帮助教师规划成长。

"选择学校,就是选择教师。"校长主张发展学校,重在发展教师。

为打造专业型教师群体,我校实施了"四项工程",即针对教学新手的"青蓝工程"、成熟教师的"名师工程"、骨干教师的"导师工程"和全员学习的"教育工程"。

刚入校的见习教师和3—5年教龄的新教师,亟待正确的引领和入门式的指导。"青椒筑梦,寄望崂山"的"青蓝工程"就是来帮助教学新手的。见习期教师的带教协议签订、基地学习培训的学校全面支持、经验策略与智慧案例分享的定期举办、"崂山杯"教学竞赛全面开花……

5年教龄以上的老师,渐渐步入正轨的同时,开始形成了自己的教学特色,并向高一层次的职称评审努力。学校会及时下发当年职称评审的相关文件,提前让老师们了解政策和精神。搭建不同层次的教研、科研平台,创建各个教研、科研工作团队,有意识地鼓励和引导条件成熟的老师积极准备申报。学校职能部门会针对当年参加评审的老师进行专业指导和培训,小到表格如何填写才算规范、材料怎么装订合乎要求,大到面试听课准备时的团队参与、导师指导,学校各层面的领导都会关心到位。于老师们而言,这是个人的专业发展;于学校而言,这也是学校的专业队伍建设。

学校同样拥有丰厚的骨干教师资源,3位高级职称教师,19位中级职称教师,13位骨干教师,为校内的教师培训和发展提供了优质的资源。为了支持"青蓝工程",学校还设立了带教导师和学科导师等带教制度。有一位学科导师蔡朝晖老师在8年的时间里,不间断地手把手带教了8位新教师,不仅在工作学习上帮助他们尽快成长,同时在生活上也关心他们。几年来,这些青年教师正是在学校领导的关心和学科导师的引领下,迅速成长为合格教师,并且在各级各类比赛中屡屡获奖。这是对学科导师工作的肯定,也是对学校培养教师工作的肯定。

同时，学校也重视全体教师的全员学习，专门成立"教师成长工作坊"，为优化师资队伍制定了"教师专业发展三年规划"，除了立足自培之外，学校还用"请进来，走出去"的办法积极鼓励、支持教师参加各类培训。

在学校多措并举的规划下，学校已建立起一支师德风范与专业素质良好，学科分布与专业结构合理，各梯队相对稳定的教师队伍，保证了学校持续、稳定地发展。

方妹老师说：校骨干教师制度一路督促我在教学上紧跟教改步伐，及时更新教育理念，坚持进行数学课堂教学研究，立足于理论学习和课堂实践。每学期一次向全校教师开放展示课，每学年为老师们开设一次专题讲座或案例分享，使我在辐射骨干教师影响力的同时，也在不断积累自己的教育教学实绩。在经历了学校中级职称空岗数短缺、教科研论文不过关和教科研成果鉴定结果过期等一波三折后，2012年底我终于通过了中级职称的评审，加入了学校中级职称教师的队伍。

校长主张发展学校，重在发展教师，而发展教师，更重在校内骨干的引领。校长高瞻远瞩，常常鼓励校内中级职称老师积极向高级职称努力。我在评好中级职称、接手学校人事工作后，由于忙碌烦琐的行政工作一度让我的专业搁置，校长鼓励我两手都要抓，专业千万不能荒废。她全力支持校教研室申报各类区级课题，为各科教学搭建科研平台，我也在这个平台上进行了数学学科的实践研究，并撰写了研究案例。学校还聘请区科研员进行专业指导，不少青年教师的教科研文章在各级各类论文、科研成果比赛中获得佳绩。自2018年9月起，我被学校推荐报名参加了浦东新区小学数学学科工作坊，开展为期3学年的活动，与兄弟学校的骨干教师一起展示自己的教学风采，交流自己的心得体会，探讨教学中的热点问题，共商优化课堂教学的方法、策略。2019年是我专业发展奋进的一年，年初准备论文和材料，4月在区级课题结题会上进行论文交流，5月执教区级公开课，8月论文获发表，10—11月的上报评审材料、笔试、面试、答辩，再到12月底知晓结果。2019年一整年我可以算从头忙到了尾,但我觉得很充实,很有干劲,很有力量,因为全程有领导的支持、前辈的指导、同事的帮助、伙伴的关心,让我没有后顾之忧。

方妹老师最不能忘怀的,是她在迷茫困惑中学校领导给予的关爱:

  2013年是我个人发展的转变期,经历了分校区教导处的工作后,我正式踏上了接手学校人事工作的路,新兼职的一开始让我很困扰,专业和行政工作难以兼顾,我焦虑,我迷茫,一度对自己失去了信心,觉得自己什么都做不好。学校党政工领导意识到这个问题,先后来找我谈心,让我放下负担、放慢步骤推进工作。正因为有了领导的体恤、师傅的带教才有了我兼职工作的由生到熟、由熟到精,工作的热情也从低谷回到了高位。

  身边的人事同行们,个个兢兢业业,人人精通业务,但因为人事岗位工作的特殊性、专业性和延续性较强,往往会在这个岗位上一做就是十几年甚至直至退休,默默无闻,任劳任怨。而我却幸运之至,在2020年上半年被学校推荐参加为期一年的浦东新区青年干部培训班,有机会增长见识、拓宽视野,提高站位、加深认识,回来后能进一步推进基层人事工作的顺利开展。

  作为崂山小学的人事干部,工作之一就是为学校广发英雄帖,招兵买马壮队伍。自2013年起,我一共前前后后为学校招聘了71位新同事,她们现在正勤勤恳恳地耕耘在崂山小学这块沃土上,成就着孩子们,成就着自己!学校的美好前程中,有你有我还有她!

  此刻,我确信自己永远是"崂山人"!

离开崂山小学去日本已近四年的沈怡老师,回味起自己在崂山小学近十五年的教学生涯,感慨万千:"崂山小学留下了我教育成长路上的欣喜、泪水和汗水,亦是我人生路上的重要篇章。"她用"'随手之间'的缘分"回忆自己与我的相遇:

  回想2002年大学毕业季,上师大校园招聘会上,经济学类旅游管理专业的我主要关注着各大酒店、旅行社的招聘信息,只是无意间经过崂山小学的招聘台,只记得有位老师热情地递给我一份学校招聘简介:"没事,拿去随便看看吧。"我也就礼貌式地随手接下并塞进了包里。后来才得知这位老师是当时的校长助理,

并在我进入崂山小学后第二年被提拔为校长的娄凤校长,"随手之间"便成了我在崂山小学十五年的"老领导"。人生的某一个起点往往就在那么不经意间奇妙地开启了。就这样,跟从一位校长、在一所学校、从事一个职业,"从一而终"了近十五年。

真的就这么甘心当小学老师了吗?沈怡老师坦言,自己为了教育梦想从未动摇是不真实的。

记得进校时校长跟我讲过:"小学阶段的孩子真的很可爱,似懂非懂的年纪,'老师'在他们心目中的地位是近乎神圣的;想要更好地成长,就一定要做班主任,小学班主任可是会影响一个孩子一生的重要角色。"这样一席话,像种子一样埋在我的心中,让我始终能感受自己工作的价值,是我在一次次彷徨中依然能定下心来在小学校扎根的重要因素。

在崂山小学的成长道路上,沈怡老师深深体会到校长在带领学校发展中坚持以人为本的理念——关注学生和教师的成长。在崂山小学生源减少的那几年,学校邀请专家来校指导开展小班化教学的课题实践研究,旨在促进每一位学生全面而富有个性的发展。

十年磨一剑!在班主任工作岗位上磨了十一年后,校长给我的教育工作以新的挑战和机会。2014年我被调到周浦校区分管学校教科研和分校区德育工作。在行政岗位上,我更体会到渗透于学校领导团队的"以人为本"的发展理念。无论在我申报新一轮学校区级课题的选题上,还是在我德育工作中特定活动的开展,只要是有利于学生发展的,娄校长都给予极大的鼓励与支持。在确定学校"提升学生阅读能力"课题开展的方向后,"老领导"给予的肯定令我干劲十足;在课题推进过程中,又总能在关键之处给予适当的点拨,同时又在后勤、资源等各方面给予极大的支持;在开展德育活动中,当我突然提出开展针对学生礼仪教育的"微笑"活动方案时,校长肯定鼓舞的态度又令整个活动在两个校区同时开展赢得了相当的支持。感觉整个学校的发展力量被拧成一股绳,被牵引着向着一个方向前进——我们努力在办百姓家门口的新优质学校!

2017年,因为多方原因,沈怡老师举家到日本定居,不得不结束十五年的崂山小学教育职业生涯。

　　有太多不舍,我感激在"崂山"成长路上的引路人。在崂山小学的点点滴滴都是我人生路上巨大的财富。随着自己的孩子入学日本小学,使我有机会近距离了解到日本小学教育的方方面面,感受到日本在基础教育中"以人为本"理念的实在与透彻。于此再次反观崂山小学的发展,有一位眼中有人、心中有谱的有梦想的掌舵人,二十年如一日,不停地将这样的能量渗透并同化着崂山的一波波新生力量,期待崂山小学继续坚定步伐,迎来她的百年辉煌!

尾 声

凡是过往，皆为序章

静静梳理我在崂山小学这二十年，难忘而感动。"云山苍苍，江水泱泱，先生之风，山高水长。"山高水长，道不尽我发自肺腑的感谢、感恩与感怀。

2000年4月我经原浦东新区陆家嘴小教学区党总支批准，调任崂山西路小学（崂山小学的前身）校长助理，2001年9月被学区党总支提任为党支部副书记（以副代正，主持工作）。2004年3月的一天下午，一纸党政聘任的公示在校园里传开了，我被浦东新区社会发展局任命为崂山西路小学的校长兼书记。当天下午，我在外开会，并不在学校里。我被提任为校长的消息还是当晚一个老同学电话告知我的。突如其来的任命，要求我党政一肩挑，我内心确实很忐忑。那一晚我失眠了，我感谢上级组织与各级领导对我多年的培养与提携，我深感肩头的担子将会越来越沉了。我甚至有些惶恐，焦虑。

校长是学校的法人，需要直面学校所有的人、财、物矛盾，面对上任初期的种种困难，我只有依靠全体教职员工团结一致，共同应对。2004年9月，学校有学生300余名，教工44人（当时属于超编单位）。目前学校规模已经达到39个教学班，近1 300名学生，98名在编教职员工。学校曾于2013年、2018年和2020年三次荣获年度办学绩效考核"优秀三等奖"，我本人也多次被评为年度绩效考核"优秀"。是什么力量让崂山小学由小变大，实现跨越式发展的呢？

坚持梦想，抓住机遇，砺行致远！我们对教育一直怀有深深的情感。努力学习，快乐成长，这也是许许多多成功者的人生道理。我校坚持以"为每个孩子的成长奠基"为办学理念，为每个孩子的终身发展和幸福人生奠基。这已经成为我们每一个崂山人的价值追求。

抚今追昔，感慨万千，值此校庆之际，回顾并分享我们团队的成长和我的心路历程。如同我们的教育者要坚守教育初心，20年来我作为参与者、见证者、引领者，和老师们一起经历了扩校、并校的磨合，横跨陆家嘴和周浦、开办新校区的繁忙，兼并栖霞小学的考验。面对一个个困难，一次次挑战，我们始终坚信事在人为，办法总比困难多，一定要让崂山小学的孩子享受优质的教育，一定要办一所我们理想中的好学校。怎样的学校才是好学校？找准定位，是办好学校的前提。"找准位子，办出样子，创出牌子！"一所学校最美的风景在课堂，在操场，在礼堂。一个人的力量是有限的，一群人的智慧是无限的。

在崂山工作已有整整二十年，担任校长也已十八年了。回顾这些年来，可以说学校经历了四个发展阶段，其一，2004年至2008年，低谷期。那时学校的生源流失严重，教师人心浮动，办学设施相对简陋。我们一边建章立制，一边加强内涵建设，以四年规划《家校合作，和谐发展》为引领，在大校、名校林立的小陆家嘴地区，夹缝中求生存。时至2008年浦东新区人民政府督导室莅临我校开展了发展性教育督导，督导室的各位专家对崂山小学在逆境中求发展的办学行为给予了积极的评价，鼓励支持学校不断扩大影响。其二，2008年至2013年，成长期。我们以"加强融合，稳步发展"提高教学质量为根本，以家校合作为抓手，开展体艺特色教学，成功创建了浦东新区第二批素质教育实验校。2011年，我们开办了周浦新校区，"崂山人"斗志昂扬，继续前行。其三，2013年至2018年，上升期。我们注重内涵建设，通过课题研究带动课程课堂的变革。在多元合作中整体推进学校的发展，2016年学校成功申报浦东新区第三批新优质学校。"崂山人"变得更加自信了，但是学校规模的快速增长给我们的管理带来了挑战。其四，2018年至今，转型期。我们注重艺体特色发展，开展国际国内交流，以"强校良师优课程，文化润校优发展"为新一轮四年规划。以口琴、合唱、国际象棋为品牌开展多项的国际国内交流，拓宽师生视野，努力提升办学品质，丰厚文化底蕴。

20年弹指一挥间，但对于崂山小学来说，每一个阶段都是弥足珍贵。浦东教育实现均衡优质发展，我们倍感鼓舞。青岛崂山、东方艺术中心舞台、悉尼歌剧院、英国西厄勒姆小学，都留下了师生们的足迹。作为校长，我更是在冷静中反思，崂山小学成长的路径，成功的经验甚至是走过的弯路。在我看来崂山小学办学的可取之处是因为我们牢牢抓住了办学的两个关键点。其一，眼中有人。学校管理始终坚持以人为本，把学生成长、教师发展放在首位；其二，心中有谱。学校管理紧紧抓住学校发展的魂和根。学校的魂就是"为每个孩子的成长奠基"的办学理念，学校的根就是"办老百姓家门口新优质学校"这个办学目标。围绕着办学的魂和根，我们认真制定规划，规范执行规划，让规划落实育人目标，让规划引领学校发展。或许我们每个人都有这样的体会，人生就是充满了坎坷和机遇，即使道路是曲折的，只要我们坚持梦想，前途一定是光明的。20年了，我和我的中层团队一直坚守在崂山，多年的校长岗位历练，让我更加清晰管理者肩负的使命。首先，带领团队坚持教育梦想，脚踏实地，奋力争先。其次，依靠团队，勇于打破传统思维，抓住机遇，主动作为，从而提升学校的向心力和创造力。如果把学校团队比作是一支登山队，那么校长就是那个走在最前面举着旗帜的领队。从这个意义上说，崂山的20年就是我和"崂山人"正视现实，心怀希望，攻坚克难，追求进步的20年。微笑面对每一天，以积极的心态面对一切，努力成为最好的自己。

崂山小学的教师也像那一朵朵盛开的市花白玉兰，勇敢面对新课程改革的浪潮，学习改进，结伴前行。学校没有你我他，有的是共同的"我们"。"共创孩子幸福童年"，就是要培养他们感受幸福、追寻幸福、创造幸福的能力，而这些能力的提升，必须通过丰富的课程，让孩子们在学习中实践体验、掌握面向未来所具有的意识和本领。我们都说办什么样的教育、培养什么样的人就需要提供什么样的课程，我们也知道课程是学生接受教育的最大资源，是学生学会学习的主要渠道，而课程的品质决定了办学品质，决定了育人目标的达成。学校有什么样的课程，就会培养什么样的学生，在他们身上刻上学校的特色烙印。清晨、课间、午后，悠扬的口琴声常常不绝于耳；体育馆、跑道上、绿茵场内,跑、跳、踢,孩子们矫健的身影常常闪现在我们眼前。通过多年的努力,我校课程方案涵盖了基础型、拓展型、探究型三类课程,包括足球、口琴、国际象棋、手风琴等。我们要求全校学生人人参与拓展型课程学习。师资采用"1+N"的方式,"1"是指本校教师的资源,"N"是指挖掘的社区资源、家长资源、项目专家资源。通过多年的努力,我校已经开发出了几十门社团课程、近十门精品课程,足球、沪剧、合唱、手风琴、口琴、国际象棋等特色课程在市、区产生了一定的影响力,孩子们在各级各类比赛评比活动中摘金夺银、为校争光。

在上海东方艺术中心、悉尼歌剧院等各种平台上都留下了"崂山娃"精彩的身影。只有开放才会有活力,只有开放才能适应社会经济发展所带来的挑战,为此我们坚持打开校门,每学期都有安排分年级家长开放半日教学活动,校园开放日计划,每周一次家长驻校办公,陪餐活动。家长们走进学校督查,虽然增加了学校管理的强度和难度,但建立起的是家校合作共治的体系,家校合作成为学校发展的新能源,可以说家长成了学校教育的"合伙人",让孩子健康幸福成长已经成为学校和家长的共同心愿。

这个时代每天都在发生变化,崂山小学因努力发生着面向未来的变化,在全校师生的共同努力下,我们学校荣获了全国足球特色学校、上海市家庭教育示范校、上海市依法治校示范校等三十多项区级以上的集体荣誉,上海电视台、青年报等多家媒体都对学校做过报道。学校的发展也成就了我的进步,我感恩是浦东教育、是崂山小学这块土壤养育了我,我的师傅上海市特级校长张雪龙老师曾经说过这样一句话,当一名校长,唯有把自己全部的智慧和精力奉献给学校发展的时候,他才能够获得自身的成长。这句话让我感同身受,不管是过去、现在或未来,我们都要坚持梦想,不忘初心,砺行致远。孩子永远是我们心中的希望,办老百姓家门口的现代化优质学校永远是我们的追求。

后　记

　　本人自1987年中等师范毕业从事小学教育工作至今已经30余年，2000年到崂山小学工作至今也已20余年。《山高水长》是我"首秀"的一本书，萌发编书的念头，还得从准备迎接校庆说起。2021年是崂山小学60周年校庆年，也是学校承办周浦校区10周年。我在崂山的二十年，主要担任党政工作，对学校了如指掌，一草一木皆有情。2020年暑期一个偶然的机会，我和班子成员聊起了校庆年打算出本书的念头，大家都很理解、支持，尤其是两位前任校长武金凤老师、卫方老师听闻后也给予我编书工作以充分肯定和大力支持，这些都让我感奋不已。

　　以"山高水长"作书名，一是希望崂山之"山"越来越高；二是借范仲淹《严先生祠堂记》里"云山苍苍，江水泱泱，先生之风，山高水长"感恩60年来学校历任领导和教职员工为了学校的发展，为了教育事业的兴旺，付出的努力与贡献。非常期待已走过一甲子的崂山小学能够像高山流水一般，绵绵不断，再创辉煌。

　　本书第一个特点是真实。书中案例没有虚构。学校工作涉及理念、目标、举措、实效，涵盖教育教学、课程课堂、操场食堂、设施设备、队伍建设等。回顾走过的路，遇到的人，做过的事，唯有真实记录，才有意义。校长、书记的领导力取决于个人的眼界、胸怀与胆识，主要体现在宏观把控、判断与决策上，行政人员的思考力与执行力则体现在实践操作中。班主任、学科老师是建设学校、发展学校的中坚力量。没有精良的干部师资队伍，就没有学校的健康有序发展。这是硬道理！

　　本书第二个特点是朴实。书中有许多一线老师和孩子们的成长故事，有家长委员会代表们的见闻感悟，文字朴实无华。书中还有一些党政同行、师范同学、崂山老同事记叙了她们眼里的崂山小学和学校"掌门人"的点点滴滴。丝丝回忆，充满鼓励，情真意浓。繁华落尽见真诚！

　　我要感谢全体崂山教师对我的极大支持。"岂曰无衣？与子同袍。"2020年9月的一次教师大会上，我做了拟编书出版的动员部署后，"崂山编辑部"的成员们纷纷开始了回顾总结，大量生动的一线材料为本书提供了丰富的素材。我每次读稿，都情不自禁地感动、感恩、感怀！在此我还要特别感谢我的挚友、上海话剧艺术中心钱跃书记为编辑此书给予的真诚指导，感谢上海社会科学院出版社原社长陈军老师给予的热情帮助，感谢上海社会科学院出版社编辑周霈老师付出的辛勤努力。万分感谢我尊敬的著名学者鲍鹏山老师百忙中拨冗为此书撰写序言。

　　由于本人水平有限，时间仓促，书中一定有不当和错误之处，恳请广大读者批评指正。

娄　凤
2021年1月13日